读懂投资 先知未来

大咖智慧
THE GREAT WISDOM IN TRADING

成长陪跑
THE PERMANENT SUPPORTS FROM US

复合增长
COMPOUND GROWTH IN WEALTH

一站式视频学习训练平台

www.duoshou108.com

波浪实战十三讲

刘东声 著

山西出版传媒集团
山西人民出版社

图书在版编目(CIP)数据

波浪实战十三讲/刘东声著.--太原：山西人民出版社，2016.9(2023.8重印)

ISBN 978-7-203-09522-4

Ⅰ.①波… Ⅱ.①刘… Ⅲ.①股票投资-基本知识 Ⅳ.①F830.91

中国版本图书馆 CIP 数据核字(2016)第 044439 号

波浪实战十三讲

著　　者：刘东声
责任编辑：徐晓宇
出　版　者：山西出版传媒集团·山西人民出版社
地　　址：太原市建设南路 21 号
邮　　编：030012
发行营销：0351-4922220　4955996　4956039　4922127(传真)
天猫官网：http：//sxrmcbs.tmall.com　电话：0351-4922159
E-mail：sxskcb@163.com　发行部
　　　　　sxskcb@126.com　总编室
网　　址：www.sxskcb.com
经　销　者：山西出版传媒集团·山西人民出版社
承　印　者：廊坊市祥丰印刷有限公司
开　　本：710mm×1000mm　1/16
印　　张：16.5
字　　数：247 千字
版　　次：2016 年 9 月　第 1 版
印　　次：2023 年 8 月　第 2 次印刷
书　　号：ISBN 978-7-203-09522-4
定　　价：42.00 元

如有印装质量问题请与本社联系调换

前　言

每个人一旦进入股市，必然会接触到波浪理论。也许，你认为只看到了股价或指数的涨涨跌跌，并没有什么波浪理论。但也许你不知道，波浪理论恰恰就是一种为了认识并利用这些涨跌的关系，从中得到利润的工具。尤其是看指数或做投资组合的时候，波浪理论会产生神奇的效用。正如发现波浪理论的鼻祖艾略特所说的那样："在一个市场平均值中，股票的数量越多，它所遵循的波浪图形就越完备。"

在诸多股票分析方法中，波浪理论是最不可缺少、也是最难掌握的一种方法。先不说应用它时会出现的一些问题，仅仅是数清楚它的 144 个浪形，就足以让人花费不短的时间。而投身股市的人，每个人都希望用最短的时间，得到最大的利润率。几乎很少有人愿意拿出大量时间来研究一门深奥的理论。倘若在人们应用波浪理论去预测行情的时候，恰好出现了与其预测的结果相反的结果，那么，人们就会很容易放弃它。比如在上证指数 1849 点之前，很多对波浪理论理解不深的人，认为反弹应该走三波，至少还会再上涨到 2444 点之上。结果行情下跌了，因为信了波浪理论，不卖就被套牢了。再比如，在 2015 年初，认为推动浪已经完成任务，应该下跌。结果行情却在春节后震荡向上，并走出快速的连续上涨，因为信了波浪理论，结果踏空了。所以，许多最初对波浪理论"一见钟情"，并决心攻克这一"堡垒"的投资者，最后不得不"望浪兴叹"，遗憾地舍弃它。读完本书您会发现，作者也同样经历过类似的心路历程。但最终成为驾驭波浪理论的股市赢家。

从某种意义上说，这本书就是专为那些喜爱波浪理论、却不知怎样学习和掌握它的投资者撰写的。作者是中国第一代股民，并且具有传奇式的交易记录和丰富的实战经验，对波浪理论有着独到的理解。

"任何一只可以翻几倍、十几倍，乃至几十倍的大牛股，其上涨最大、最快的主升行情，都发生在第三浪或第五浪的上升途中。"无论是 2006 年、2007 年的地产、金融，还是 2013 年开始的创业板牛市，其中被作者捕捉到的大获利机会，都是发生在三浪或五浪之中。这是作者经过 20 多年对波浪理论的研究和观察之后得出的结论。

作为一名投资者，每天研究股市行情时，必然会面临三个问题：方向、空间、时间。也就是说，行情是涨是跌，涨多高，跌多深，或者盘整幅度多宽，行情开始和结束在什么时间，本书作者运用波浪理论原理，结合多年的股场实战经验，并列举多个案例，为您解答了这三个关键性的问题。

大量事实表明，波浪理论经过多年的发展与完善，的确具有其神奇的功效。

波浪理论具有深刻的哲理性。波浪理论与其说是一种分析预测的方法，不如说是一种合乎事物发展规律的推理。它不仅可以用于股市，还可以给人以思想上的启迪。

波浪理论有着抽象的形式美。它，大浪中含着小浪，小浪中含有更小的浪，更小的浪中含有更小的小浪……仿佛大海的潮汐，又好似人类的发展史，如同我们的人生道路，曲折不平，呈波浪式前进。望着这些美丽绝伦的浪形，每个人都会引发心灵的震撼。

股市理论种类繁多，其中经典理论大约有 13 种，其中最著名，也是比较难以掌握的，就是艾略特的波浪理论。因此，这一理论，常常被大家忽略。

波浪理论看似简单，实则相当复杂。可既然它是人类发现的一种理论方法，就应该也必须让它为人类服务。因此，那些渴望在股场奋力拼搏，渴望做出可喜成绩的投资者，都愿意接触它，了解它，学习它，并最终掌握它。

　　找到一种好方法，如同一个在大海中航行的人拥有一艘好船一样，可以载着你乘风破浪、所向披靡，顺利驶向理想的彼岸。

　　在投资市场中，拥有一种好方法，并学会灵活运用它，意味着你可能赚取最大利润，成为市场上最大的赢家。成为赢家，不仅仅是会赚钱，更重要的是，会躲过不必要承受的风险。就拿2015年下半年的"股灾"行情来说，本书作者就"神奇"地高位空仓。把前面赚得盆满钵满的账面利润，落袋为安。从本书作者的博客上，我们可以看到，他在行情到达高位区间的时刻，早就做好了行情进入调整浪的准备。相信波浪理论是一个很好的工具，帮助作者躲开了这次几乎"全民套牢"的股灾行情。

　　期望投资者通过阅读这本书，真正弄懂什么是波浪理论，并认识到波浪理论在股票市场珍贵的实用价值。

　　最后预祝您顺利踏上波浪理论这艘帆船，洒下一路欢声笑语，赚得钵满盆满。

樊玉英
2015年10月于北京

赞 言

东声是我的儿子。他妈生他那年，我已经四十五岁了。老来得子，自然就娇生惯养，被我惯坏了。到现在九十岁的我，偶尔还要为他做饭吃，他家务劳动的能力很差，这是我没有教育好他的一方面。

他从小学习成绩一般，但兴趣爱好广泛，只是常常是五分钟热度。我是没想到他能专心研究股票20多年。至今能靠股票自食其力，还出了一本书，还算有点成绩。

我受东声他爷爷"工业救国论"的影响，年轻时先是做水利方面的工作，后来因东声他奶奶瘫痪在床要回北京照顾，改行做汽车工程师，没做过与股票相关的工作。同时，也认为东声做股票这行不创造价值，只是赚钱而已。

我认为，影响股票行情的因素太多，所以没办法找到规律性的东西。东声做股票的方式方法，我早就听他说过的，但我的这个观点，对他也有一定的影响。同时，做这种炒股的工作，收入各方面也不够稳当。

但看到国家大力支持股市，他做股票，也算是一种支持国家建设的工作吧！我也就顺水推舟，从给他钱到股市开户，到今天也没再反对过。

现在他又要出第二本书了，是个成绩。著书立说，是我一辈子也没完成的事，因此我的那些发明创造，也就白搭了，文字能力差是我的一大缺点，所以，就不写太多了。

希望东声的这本新书，能为广大股民提供帮助，这也算是他为社会创造了一点价值。

这本书中肯定有很多缺点错误，也希望广大读者能给他批评建议。

作者九十岁的老父亲　刘湘元

刘湘元

2015 年 11 月 15 日

喜闻刘东声老师要把专题讲座《波浪理论应用技术讲座》讲义稿整理出版，我即在第一时间拜读了全篇书稿，文稿通篇语言流畅，通俗易懂，把波浪理论深邃的哲理给出了透沏的诠译，相信此书的出版，将是作者"兼济天下"宏愿的有效延续。艾略特的《波浪原理》问世至今已经过去半个多世纪。20 世纪 90 年代波浪理论传入中国后，无数征战股海的股友，进行过大量的探索，但终究没能改变股市一赚二平七亏的定律。刘东声老师是中国第一代股民，与波浪理论也有着曲折的"恋爱史"，他通过刻苦研读波浪理论，结合自己 20 多年来在中国股市积累的经验，对波浪理论加以深悟，并在实战中对波浪理论不断进行检验，终于成为驾驭波浪理论的股市赢家，成就了他传奇式的交易记录和丰富的实战经验，也使得本书今天能够展现在读者面前。作者在书中以波浪理论是用一种合乎逻辑的语言来阐述行情波动的逻辑；识别风险并规避风险，识别利润并抓住利润，这就是我们做股票投资要做的事，也是波浪理论能帮我们做到的事；我不要求波浪理论"准"，而是应用它给我提供一种方法和范围等概括性描述，为读者阐述了波浪理论是什么、为什么、怎么做的核心问题，书中运用大量的实战例举，为读者揭示如何利用波浪理论，在交易中挣钱的奥秘。相信能够读到本书的股友，一定会得到智慧的启迪，助你成为股市的赢家。

我有幸与刘东声老师结缘于浩如烟海的网络。是年，我结束了四十载的戎马生涯，为尽快度过适应期，家人建议我选择一个适合自己的"新阵地"，丰富生活。我也觉得自己还有余热，仍可继续发光，再说前些年我资助的山区特困儿童学业还没有完成，仍需继续资助。我决定尝试参与股票交易，为继续奉献社会，照顾家庭创造条件。我开始在网上搜索相关知识，积极进行知识准备时，发现了刘老师前几年出版的《你是股市赢家》一书，仅用一个晚上的时间就通读了全书，此后又在网上连续读到了刘老师的博客，使我对刘老师充满辩证唯物主义认识论的交易理念有了刻骨铭心的认同感，随即参加刘子股斋讲座，系统学习刘子思想，学会弄懂其交易方法，树立正确的交易理念。目前，我在这一思想的引领下，已经在股市开户建仓，并已达成从"首发命中"过渡到"首群覆盖"之目标，初战告捷，在股市赢家的路上稳健前行。

原南宁警备区副司令员兼参谋长　黄其冠

黄其冠

2015 年 11 月 15 日

刘东声先生深耕中国证券市场20年，而在这云波诡谲的几十年中国证券市场中，我们见证了无数人被人追捧成为神，又看到了无数神话的破灭和投资者的血泪。刘先生一直用自己总结的赢家思路指导着自己的操作和无数粉丝拥趸的投资逻辑。波浪理论看似是一门投身证券市场的基础课，被很多新投资者认为是"老黄历"。但正如武侠小说中所讲：大道至简，重剑无锋。我们就是要在这样看似没有规律的市场中，用科学总结出规律，用时间培养出经验，并应用到实战之中。这次刘东声先生用自己几十年的投资经验总结出的这一本书，没有教科书般的枯燥，更包含了无数实战的例子和背后的经验教训。希望这200多页的文字，可以成为诸位读者了解波浪理论以及在股市中掘金的第一把武器，并消化成为自己面对任何投资时的投资逻辑。在追逐财富的漫漫征途中，这本书将陪伴在你的左右。

北京人民广播电台财富大搜索节目主持人　姚　迪

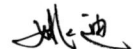

2015年11月16日

　　认识刘子（东声）师兄是很偶然的机遇，作为电台节目主持人，找到有特色的嘉宾，是挺值得开心的事。而刘子师兄的特色，就是人家点评行情，他偏偏就不说行情。他的口头禅"没有看法，只有做法"是句不错的广告语，差异化定位嘛，相信也是很多朋友记住他的关键。

　　当然实际上，他并不是真的没有看法，只是没有固定的看法而已，或者说，没有成见，只是同一时间制定好若干种行情变化的对策预案，这是一个成熟的投资者或者机构的风控习惯，所以他强调做法。正是因为很熟悉他的这种风格，所以当刘子师兄给我看他的新书《波浪实战十三讲》的时候，我甚为诧异———一个向来无招的人，给一个本应无招的理论写书，为什么要整出13招来呢？

　　从波浪理论的背景来说，它其实只是一种猜想。因为艾略特并没有给出严格的数学证明，因此也无法给出标准规范的使用方法。

　　要知道能够"被证明"是很重要的，特别是要证明从因到果的充分条件的正确性。资产定价模型证明了降息会导致资产升值，所以当降息的"因"出现的时候，我们就知道上涨的"果"已经不远了。

公平地说，艾略特无法证明，也许有他的时代限制。想要由果推因，需要比较复杂的数据挖掘方法，但当年的统计学还没有完善到今天的水准。尽管如此，波浪理论仍然能够解释很多经济现象，有价值所以才广为流传。如果非要找一个解释的逻辑，那应该就是人性。

艾略特喜欢研究的道琼斯指数，那就是由若干个股票组成，每天由无数的人交易而产生的结果。实际上反映的就是无量众生共业。当然这里头还有实体经济的反映，也是无数微观和宏观个体业力因果成熟时的显现。反过来说，正是因为有无量的业力参合，大波浪才有可能被进一步细分，不然大家标准都一致的，还拆个毛线啊？

了解了这个理论的背景，也许才能明白，既然人心是不定的，所谓"过去心不可得，现在心不可得，未来心不可得"，所以波浪理论本来就应该因势而变，无有定法。但如果一定要找方法论的话，就应该从人性入手去找突破口。

本书中，刘子师兄所提出的方法，正是围绕人性设计的解决方案。长久以来与刘子师兄做节目，我很理解他是如何为人性的弱点上锁，也明白他怎样才能安心地重仓让利润随价格奔跑。简单来说，就是用客观的价格管住主观的心，而注重形态和比率的波浪理论，正好给出了一个合理的指导方向，正好互为补足。

但到最后，这些技法也许都不是最紧要的环节，如果读者能够放下对于一招一式的执著，也许，你的收获才是最真、最多的。

广州市广播电视台"钱程无限"主播　雷　斌

2015 年 11 月 16 日

有人说，会数浪不如会数钱。通常波浪理论给人云里雾里的感觉。但作者刘子股斋主人刘东声大哥概括提炼成"十三招"，先让你着相，然后从看水不是水，到看水还是水。《波浪实战十三讲》带你洞悉趋势，顺势而为。

广东广播电视台财经广播《股市第一线》主持人　黎晓婷

2015 年 11 月 16 日

接到大师电话，说他要出一本讲波浪的书，我一向这么尊称刘东声先生，一是当年外形像大师，二是他的确皈依佛门。

记得几年前一次私募小范围茶叙，朋友带大师一进来，我直接开口就叫大师，为啥，发型、胡须、面相、衣着，布包就是专业的大师范。

回忆总是很美好。

一个心向佛，能随口背诵经书，还长期在庙里吃斋的人，我认为心性修为是比较高的，符合我们股市的特征，股市交易是大家心理心态心性的交易。

而良好的心态，不是突然就能建立，一定是基础功底扎实，又经历长期大量的交易实践，反复磨练才能换来良好心态，这一点尤为重要，不要空谈心态。这些年经历的一级市场，一级半市场，二级市场，的确让我站在对投资格局不一样的理解上。当一个投资者或投资公司在这个市场深度越深，广度越广，理解的境界，穿透的东西自然不一样，股市获利的方法有很多，就看你从哪一个角度进入。

而对交易技术，交易理论的掌握，对散户来说是触手可及，通过努力还是可以掌握的。股市的重要架构是从西方引进,当年的主要人才也是西方留学回来的,自然西方的交易理论在 A 股也是适用的,波浪理论的经典到今天仍然被基金经理、投资总监所推崇,而这本书又实用,没啥废话,纠正当前常见或罕见错误的,对波浪理论讲解干练有效的书我推荐给大家。同时也建议给您的基金经理、交易员人手一本。

CIFC 对冲基金联盟　秘书长

北京天蝎座资产管理有限公司　总裁

北京普众对冲联盟资产管理股份有限公司　董事长　孙海青

2015 年 11 月 17 日

目 录

第一讲　为什么要研究波浪理论 ·· 1

第二讲　波浪理论语言 ·· 9
 1. "推动五波回三波"具有哲学意义 ································ 11
 2. 波浪理论的语言 ·· 16
 3. 浪形之间的空间比例关系 ·· 18
 4. 浪形所用的时间 ·· 20
 5. 延伸浪 ·· 21
 6. 调整浪 ·· 23
 7. 不常见的浪形 ·· 26
 8. 双之字调整 ··· 27
 9. X 浪的出现 ·· 29

第三讲　如何判别浪形 ·· 33
 1. 通道 ··· 35
 2. 黄金分割 ··· 41
 3. 如何确定黄金分割计算中波段的起点和终点 ················ 44
 4. 费氏数列 ··· 46

5. 交替规则 ··· 48
6. 形态交替的原因 ·· 48
7. 时间上的交替规则 ·· 49
8. 交替规则在应用中的重点 ··· 49
9. 浪形与浪级的识别问题 ·· 50
10. 传统形态与浪形 ·· 52
11. 波浪理论语言要点总结 ·· 53

第四讲 波浪理论应用技术（一） ·· 57
1. 波浪理论应用导论 ·· 59
2. 找到未来浪 ··· 60
3. 中国股票交易的适中浪 ·· 63
4. 关于"隐藏浪"的问题 ·· 66
5. 波浪理论应用中"经常数不对"的问题 ··································· 68
6. 重合浪 ·· 71
7. B 浪 C 和三浪三的重合 ·· 72
8. 3-3 浪和 5 浪的重合浪 ··· 74

第五讲 波浪理论应用技术（二） ·· 77
1. B 浪 C 和五浪三重合 ··· 79
2. 五浪的延伸和三浪三的第三浪的延伸重合 ···························· 81
3. C 浪四和新的波段的第一浪的重合 ······································ 90
4. 三角形的重合浪 ··· 93
5. 获利了结位置 ·· 95
6. 下跌的重合浪 ·· 96
7. 三角形的 B 浪 D 和 C 浪的重合关系 ····································· 97
8. 止损位置 ·· 99
9. 获利目标位 ·· 100
10. 三角形的 B-B-E 和 3-2-C-3 ··· 100

11. 止损位置 ……………………………………………… 102
12. 重合浪形的小结 ……………………………………… 103

第六讲 重合位 ……………………………………………… 105

1. 重合位的买卖法则 …………………………………… 107
2. 关于获利位的参考位置 ……………………………… 111
3. C 浪四的高位和新浪形一浪的高点是一个重合位 … 112
4. 获利目标位置 ………………………………………… 114
5. 止损位置 ……………………………………………… 115
6. 四浪、五浪和 A 浪之间的重合位 …………………… 116
7. 关于重合浪与重合位的小结 ………………………… 118

第七讲 均线、指标与浪形 ……………………………… 121

1. 如何提高波浪理论预测的准确率 …………………… 123
2. 均线系统辅助波浪理论 ……………………………… 123
3. 摆动指标辅助判断波浪理论浪形 …………………… 127
4. KD 指标和波浪理论浪形 ……………………………… 129
5. MACD 指标与波浪理论浪形 ………………………… 131
6. MACD 红绿柱状线对买卖点提示的用法 …………… 133
7. BIAS 指标与波浪理论浪形 …………………………… 133
8. 其他技术分析指标与波浪理论相结合时的用法原则 … 135

第八讲 筹码分布等因素和浪形的关系 ……………… 137

1. 筹码分布在个股与大盘上的区别和差异 …………… 140
2. ZIG 指标与浪形 ……………………………………… 144
3. 基本面与浪形 ………………………………………… 148
4. 股票指数与浪形 ……………………………………… 151

第九讲 波浪理论在中国股市中的应用 ……………… 153

1. 利用波浪理论进行指数化投资 ……………………… 155

2. 波浪理论如何选股？ 160

第十讲　波浪理论的资金管理问题 177

1. 如何管理自己的资金 179
2. 资金上的浪形 186
3. 风险和利润的辩证关系 189

第十一讲　亚当理论在波浪理论中的应用 193

1. 亚当理论的基石——炒股的心态 195
2. 什么是亚当理论 196
3. 亚当理论的交易时机 200
4. 亚当理论的基本操作守则 202
5. 亚当理论的"心像化" 203
6. 亚当理论的"盲点" 204

第十二讲　波浪理论应用中的消失浪等特殊问题 207

1. 消息、新闻与波浪理论的关系 209
2. 个股消息与波浪理论的关系 211
3. 个股已经兑现的基本面变化与波浪理论 212
4. 消失浪——停牌或涨停造成的特殊浪形 215
5. 两种"消失浪"的比较 218
6. 艾略特波浪理论原著中的"消失浪" 220
7. 新股如何数浪 221
8. 小盘股上的"犯规"浪形 224

第十三讲　波浪理论史以及我和波浪理论的恋爱史 229

1. 艾略特和他的波浪理论 231
2. 我和波浪理论的"恋爱史" 235

附录　预测是一件多么不可能的事情 246

第一讲
为什么要研究波浪理论

  债券、股票和商品价格趋势,特别适于检验和论证波浪运动。……而且这里提供的所有原理,同样适用于记载着人类努力的任一领域的波浪运动。

——艾略特《波浪原理》

第一讲　为什么要研究波浪理论

很久以来就想和大家交流一下波浪理论，因为这是我多年来一直在运用的一种熟悉的方法。

之所以喜欢用它，是因为它本身就是一种成体系的技术分析预测的方法，并且具有独特之处。

好的技术分析方法，一定会同时回答三个问题：方向，空间，时间。因为我们做股票的投资人，研究行情时，就是要同时面对这三个问题。

行情是涨是跌，还是盘整？这是方向问题。

行情能涨多高？跌多深？或者盘整幅度有多宽？这是空间问题。

行情什么时候开始？什么时候结束？历时多久？这是时间问题。

波浪理论就是可以同时回答这三个问题的方法。不像其它方法，只能回答其中的一个问题。

举例来说，某指标低位金叉，说明行情上涨。准不准先不谈，它只回答了行情要上涨，但它不能回答行情能涨多高、涨多久的问题。

当然，投资者也可以用组合的方式，组合出一套方法，来回答方向、空间、时间的问题，却很难超越波浪理论。

在股市中，经过我20年来的观察，任何一只可以翻几倍、十几倍，乃至几十倍的大牛股，其上涨最大、最快的主升行情，都发生在第三浪或第五浪的上升途中。

如果我们能识别这主升的第三浪或第五浪，那么，我们就可以抓住这样的利润。上涨浪，就是波浪理论中的"推五回三"（后面会详细介绍）。

比如，我们可以抓住一个较大的主升浪，几乎可以完成短则一年长则一生的财富目标。

同时，我们也可以看到，任何股票的大级别的下跌，都是发生在A和C的下跌之中。那么，也就是说，学会运用波浪理论，我们就可以回避掉较大的下跌风险，就可以使我们规避投资的风险。

识别风险并规避风险，识别利润并抓住利润，这就是我们做股票投资要做的事，也是波浪理论能帮我们做到的事。

为了更好地让大家领会波浪理论，我在本书的开篇，先强调几个基本概念。

第一，波浪理论与其说是一种分析预测的方法，不如说是一种合乎逻辑的语言来陈述行情波动的逻辑。

第二，波浪理论现象——浪形，其本身是存在的。在股市中的波浪理论现象，我们只是通过价格来发现它，看到它。也就是说，它是通过价格来呈现出来的。（这也是艾略特先生所强调的，他认为，波浪理论是万事万物的法则。）

举个例子比喻一下，就像我们在夏天是不容易看到水蒸气的，我们在一杯开水上方，放一块玻璃，就可以看到有水滴流下来，让我们知道水蒸气的存在。或者，给一根铜丝通电，我们看不到电，但可以用试电笔，看到试电笔亮了，我们就会明白有电流从中通过。

这点很重要，重要在于无论是价值投资还是趋势投资，抑或主题投资，我们都是通过价格的波动产生利润。这个概念有利于我们认识到，真正推动股价运动的动力，从而使我们可以通过价格的波动，实现利润。

另外，从这个概念出发，我们也可以解释，股票停牌时所"丢失"的浪形问题，以及股票上市该从第几浪开始数浪的问题等等。

第三，波浪理论研究的是人类活动的规律，这也是艾略特先生强调的他的波浪理论的基础，它是人类活动的一个规律。

在艾略特的波浪理论当中，我们可以看到他对很多的数据，包括就业数据、城市人口流动、人类各种活动的产值，他都能用波浪理论来描述。

艾略特认为，波浪理论可以提示人类本身活动的规律性。如下图：

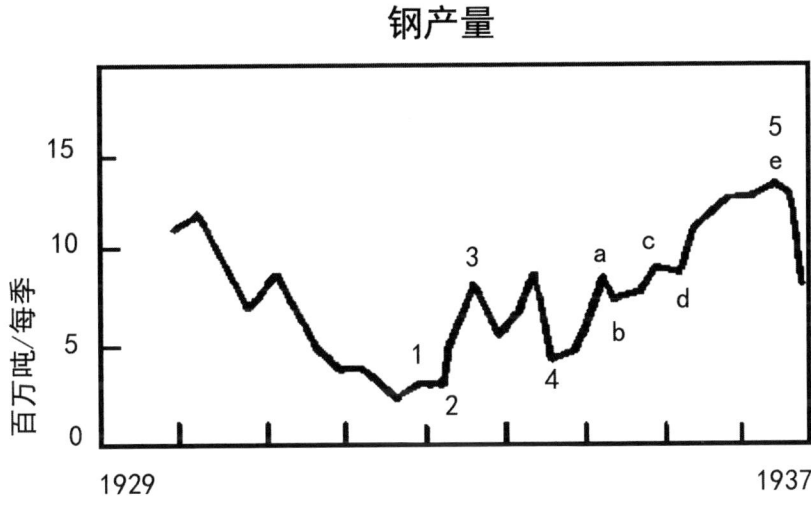

图 1-1　艾略特制作的图表

图 1-2

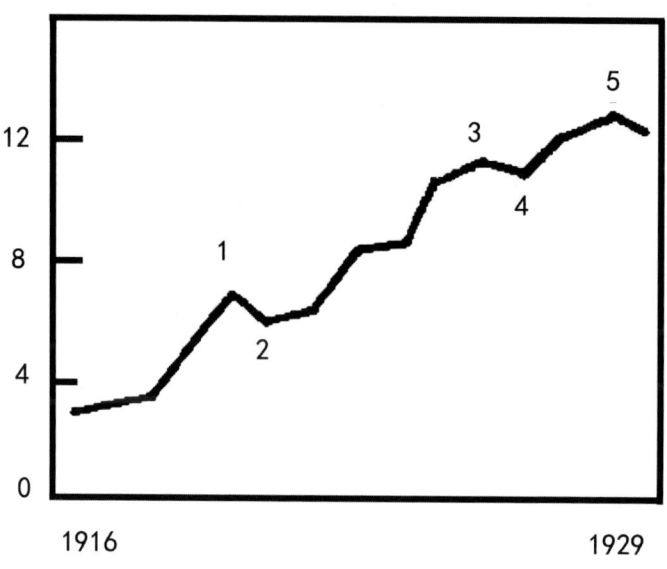

图 1-3

上面讲的三点,是本书先要给大家强调的。以期让读者对波浪理论有一个简单明了的认识。这也是很多书没有提到的。很多书往往都是直接谈方法,谈怎么准的问题,而这也是有偏颇的。

下面介绍本书的结构。

首先讲波浪理论的语言。

什么是一浪?什么是二浪?什么是三浪、四浪、五浪、A浪、B浪、C浪?还有三角形浪形等等,把这些浪形"语言"给大家介绍一下,这样大家就能读懂波浪理论这种描述行情波动逻辑的语言了。

之后重点讲重合浪和重合位,这也是本书一个非常重要的章节。

"重合浪"和"重合位"的概念及其用法,可能跟很多迷信波浪理论的人对波浪理论的理解是不一样的。甚至可以说艾略特先生本人在应用波浪理论的时候,都可能有忽略重合浪的作用或用法。

比如,他认为黄金会从20世纪30年代开始箱体震荡,一直盘整到

2300年。如图：艾略特预测黄金浪形图

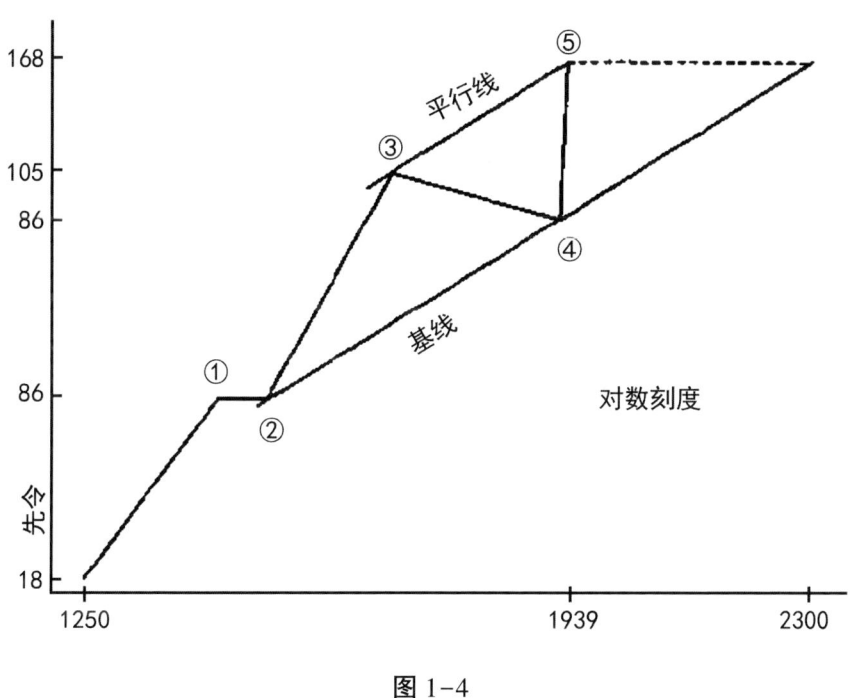

图 1-4

这一教条地、机械地使用波浪理论预测的结果，当然与实际结果差异甚大。甚至成了很多人抨击波浪理论的一大话柄。

本书再往下讲的就是不同浪形的特性和它的应用。

比如，一浪有什么特征，会结合这个浪形和指数的关系，会谈到选股，谈到应用。还有一个最重要的环节，会谈到波浪理论的止损位，以及结合波浪理论的资金管理。

有些熟知波浪理论的人，只知道波浪理论如何如何准，不知道波浪理论如何设计止损位的问题，这里就不再展开了。本书会详细讲述如何利用资金管理来控制风险，如何运用波浪理论获利等问题。

本书还会提到亚当理论，因为这也是一个我经常用到的方法。我常常会把波浪理论和亚当理论参照起来去思考行情。

再有就是关于波浪理论中的一些特殊问题。

比如说，上证指数计算基期是 1990 年 12 月，那么该指数是从几浪开始的问题。这是很多学习和应用波浪理论的人的一大困惑。同时还会解释最著名的话题——中国股市的一浪和四浪常常重叠，以及大一浪和大四浪为什么要相碰的问题。

最后介绍波浪理论的历史。简单说一说波浪理论的发展历史，包括艾略特本人传记的一些情况。讲他的一生是怎么过的，怎么发现波浪理论的，等等。

在这里强调一句，我说的是发现，不是发明。因为波浪现象是存在于股市之中的。不是说发明了什么，所以说只是发现。

其中，也会介绍波浪理论是怎么进入中国的。或者说我是怎么知道它的，以及我和波浪理论的"恋爱史"。

读了这些以后，我相信很多读者就会释然，原来波浪理论并没有传说中的那么神秘，竟然如此简单。这是因为，本书可以使你运用波浪理论去制订资金管理的交易计划。而不是仅仅像别的书里讲的那样，像推销一种"给行情算命的工具"。

好了，这一讲就说到这里，接下来，让我们一起共同探讨波浪理论。

第二讲
波浪理论语言

一个完整的运动由五个波浪构成。为什么是五而不是一些别的数字,这是一个宇宙之迷。

——艾略特《波浪原理》

1. "推动五波回三波" 具有哲学意义

我们按照循序渐进的方式，由浅入深。先讲波浪理论语言，再讲如何正确使用这种语言来描述行情。这也就是我常常说的，是"述"浪，不是数浪。

有了这个基础，我们再接着讲应用和更深层次的问题。

用我的定义：波浪理论，它是用一种合乎逻辑的语言，来阐述行情波动的逻辑。也可以换一个角度来说，就是波浪理论中的"推动五波回调三波"是一句废话！

为什么？以上涨浪来说，如果它是推动波，就会是上涨五波：涨一下——跌一下——涨一下——跌一下——再涨一下，就上涨了五波；再回调三波：跌一波——反弹一波——再跌一波。如图：基本的八浪形态

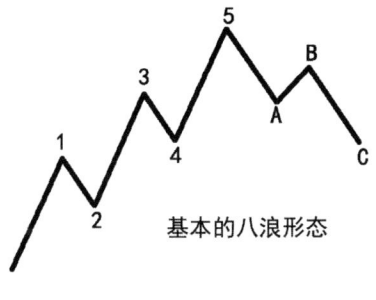

基本的八浪形态

图 2-1

如果不是这样，难道说在时间、空间基本等同的情况下，上涨三波又下跌了五波，还是上涨的，这可能吗？这是悖论！是不合乎逻辑的。

所以说，"推动五浪回三浪"，是一句"废话"。但恰恰是这句"废话"，才有它的哲学意义，因此，它是很值得我们研究的。

说句题外话，很多真理，乍看起来，都像是废话。但它们的确是

真理。

波浪理论告诉我们，什么行情是不可能发生的，因为行情毕竟是有它的趋势和强弱的。

举一个例子，也许并不恰当：在乒乓球比赛中，不可能出现双人拦网，打乒乓球的人，按照乒乓球的规则去打比赛。我们除了知道比赛中不可能出现双人拦网，只会出现乒乓球比赛的镜头之外，还可以按照乒乓球的规则观察比赛。从中我们也可以通过一些规律，来预测出比赛的结果。

艾略特认为，波浪理论是人类活动的一种规律。规律的特征，就是不断地自我重复。这也是波浪理论的一个特征。

艾略特认为，波浪理论要想通过价格来呈现出来，需要有一些前提条件。

第一，所有权分散的股份公司，体现出大量的商业活动。

为什么波浪理论的浪形，在指数和大盘股上更容易被发现。说白了，就是因为大盘股和指数更容易满足这一条。常常应用波浪理论的研究者会发现，在一些小盘股上，浪形往往呈现得不是那么规范。但我认为，小盘股或成份股较少的指数，不是不存在浪形，只是呈现得不太充分。

第二，一个普遍的便于交易的市场。

这个市场，一定是很普遍的市场，你的交易意图可以迅速地进入场内，完成交易。

第三，可靠的交易行为记录和公告。

这里所说的公告，不是上市公司的公告或报表，而是价格、成交的数据。这个数据要完整，要便于获得。这一点在今天不成问题。因为坐在家里，打开电脑，或人在外面，打开手机，都可以随时随地获得行情数据。在艾略特生活的那个时代，只能通过报刊杂志来公告行情数据。最快的可能是报价纸带，和电报差不多。但也不像今天这样方便、及时。

第四，对所有与股份公司有关的事务，包括财务有足够的统计。

也就是说，信息要公开。我认为，不患有三市（牛市、熊市、平衡市），唯患无三公（公开、公平、公正）。我们现在的市场肯定没问题。你想想，我们有伟大的三公原则。虽然，有极个别的上市公司在公开信息披露时犯规，但也会受到谴责。至于"违规成本"大小，不是本书讨论的范畴。

第五，当所有级别的浪形出现时，可以揭示它们的最高价和最低价日内的走势图。

这一条说的就是价格要细，现在要做到这一条不成问题。我们已经不是艾略特那个时代的通讯科技水平了。早些年，我在家用电脑通过图文电视信号接收行情，也可以达到每分钟 3~5 笔左右的速度，现在用网络，速度更快了。

满足了这五个条件，就能做到艾略特所说的"可以让有经验的眼睛发现完美呈现的浪形模式"。

还记得我们在前面谈到过波浪现象是本身存在的，只不过是通过价格来体现的吗？由于我们拥有现在的市场环境、报价系统的科技条件，所以更容易拥有波浪理论需要的背景。比艾略特的时代，更加有利于使用波浪理论。

艾略特在其著作中讲波浪理论之前，强调了波浪理论是自然的法则。他有生之年的最后一本著作，就是《自然的法则——宇宙的奥秘》。

他在书中强调一些数学的逻辑。比如分日夜分两个部分，就像行情的有涨有跌。他说人的身体分五个部分，头和四肢。四肢又有五个手指或脚趾。一般的花都分五个瓣，像叶子有五个分叉儿，等等。他把这些数字，都跟自然的规律联系了起来。

同时，他还运用一些古代西方数学和哲学的智慧，包括金字塔的一些数据之间的比例关系，甚至包括古希腊哲学中的一些内容。

这也是他丰富波浪理论学术背景的一种方式。毕竟在当时，波浪理论还是一个既年轻又不为人知的新理论。

可是我们发现，波浪理论里面却没有提到中国古代哲学的智慧，这也是很遗憾的一点。

在 1840 年的鸦片战争以后，中国的经济落后，国力衰退。而艾略特在研究波浪理论的时候，正是 1932 年以后的数年时间（艾略特 1948 年与世长辞）。那时候中国正处于内忧外患之中，也是在抗日战争时期。中国当时是一个弱国，不是一个强国。弱国的文化是很难传播到世界的，更不要说成为主流文化。

然而我们却可以看到，古代西方哲学的一些真谛，与东方哲学的一些真谛，其实是相通的，这说明古代先哲们的智慧是相通的。

让我们展开想象的羽翼，如果是今天，艾略特再重新研究波浪理论的话，我想他会借鉴很多东方的古老智慧。因为现在世界各地都有很多孔子学院，传播着中国古老文明和智慧。现在学中国话也是很热门的，而且在各个国家都有研究中国古代文化的机构或者学校。

那么我们在这里作一个补充，以中国古代智慧的角度来研究波浪理论。

首先，以佛学的角度来阐述波浪理论。

艾略特波浪理论语言，描述了行情的起始阶段、发展阶段、巩固阶段、逐渐走坏的阶段和之后进入下跌的阶段。

那么从佛教角度来讲，可以说就是成、住、坏、空四个过程。一浪、二浪可以说是"成"，三浪、四浪可以称为"住"，五浪和 A 浪可以称之为"坏"，之后再进入 B 浪和 C 浪的时候，就是所谓的"空"。因为"空"的时候，多头行情已经结束，正在酝酿着下一个成、住、坏、空的因果循环。

东方的古老智慧道教，也可以作为波浪理论的基础，给予诠释。

《周易·系辞》曰：一阴一阳之谓道。

《道德经》曰：一生二、二生三、三生万物。

波浪理论也是从一涨一跌开始研究，一涨一跌之后，形成了更大的循环，这个更大的循环，又在比它更大的循环之中重复着自己。

对波浪理论更恰当的诠释，也许是《周易》，大家也可以从周易的角度去想一想。

第二讲　波浪理论语言

《周易》中云：无极生太极，太极生两仪，两仪生四象，四象生八卦。这跟行情也是有一定关联的。

无极生太极：可以说波浪理论本身是存在的，通过交易产生了价格，我们在价格上可以看到波浪。这个就可以理解为无极生太极。

太极生两仪：有了价格，就有涨跌，涨和跌，就是两仪。

价格在绝大多数情况下是处于上涨和下跌之中的，盘整的时候是比较少的。而且完全的横向运动（就是由一个价不动，再到一个价还是不动），是比较少见的。比如说在涨停板和跌停板的时候，才会见到这种真正的百分之百的横向运动。

可实际上，这也应该理解为，是对一个上涨（下跌）的价格的肯定，并持续，使它没有再上涨（下跌），所以说应该是价格在涨跌之间变化的。这应该是波浪中的无极生太极，太极生两仪，涨跌就是两仪。这就与《周易》呼应了起来。

两仪生四象：四象是大家都知道的，研究《周易》的朋友更清楚。就是少阴、少阳，老阴和老阳。

一个阳爻和一个阴爻组成的少阴和少阳，两个阳爻和两个阴爻组成的老阴和老阳。那我们可以说一涨一跌和连涨连跌，或者大涨、大跌和小涨、小跌，也可以称之为四象。如图：少阴少阳老阴老阳

图 2-2

四象生八卦：在涨、跌、强、弱的不同组合当中，又形成了不同的行情形态，也可以说是形成了大小的波浪。

可以说这是东方古老智慧在股票中的运用。

多年以来，我一直有一个想法，就是把中国的《周易》与股票分析预测相结合，但是一直没有找到合适的方式。

首先，我对《周易》的研究太肤浅，还没有达到突破的高度。同时，现在很多应用《周易》分析预测股票的方式，我看了觉得不是很满意。这话题扯得有一点远，我们下面继续回来说波浪理论。

波浪理论这种语言，在描述行情的时候，说的不是高深的知识，而是一种朴素的常识。就是在介绍行情的涨跌、强弱之间的辩证关系，合乎逻辑的关系。所以我才说波浪理论是以一种合乎逻辑的语言，用来陈述行情波动的逻辑。

下面我正式介绍波浪理论的语言。

2. 波浪理论的语言

首先看下面这张图，这是行情的最基础的方式。

上面我们也说过，行情总是在涨跌之间变化的。

在这一涨一跌之中，可以细分为上涨部分和下跌部分。上涨的部分，又可以细分为推动的五波。下跌的部分又可分为回调的三波。如图：二浪分八浪

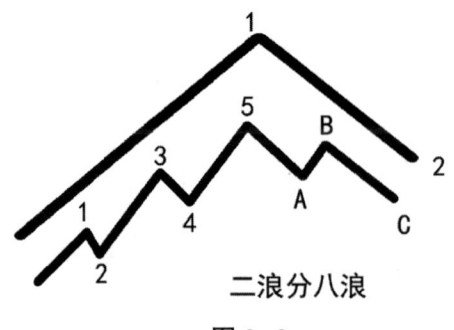

图 2-3

如上图所示，我们可以看到推动五波和回调的三波，共八个浪。

同时，这八个浪，还可以划分为更细的推动五波和回调三波。如图：8浪分34浪

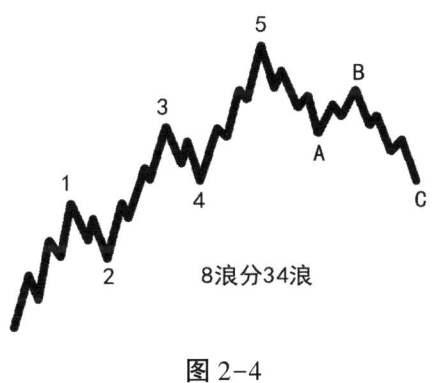

图 2-4

如上图所示，更细划分为"推五回三"结构，形成 34 个浪。

而这个更细的"推五回三"的结构，又是一个更大的循环中的一个部分。它也是大循环中的一涨一跌。如图：144 浪

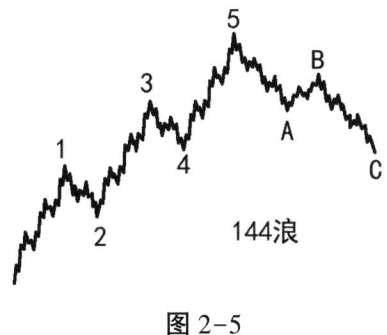

图 2-5

通过上面的阐述，我们可以知道，波浪理论是一种全盘考虑所有浪形关系的语言。上图示意的是波浪理论的一个完整的循环，一共是 144 浪。

比如同样是一波上涨行情，但它的性质不同。如下图：同样的行情模样不同的浪形性质

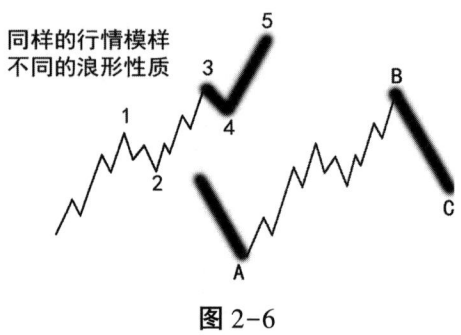

图 2-6

如图所示，左边是上涨趋势之中，接下来经过回调，还会上涨；右边是反弹之末，接下来有更大的下跌。

这种市场的涨跌格局和强弱关系，不用波浪理论语言描述，可能即使用一车话也说不清楚，而波浪理论把左边称为第三浪，右边称为B-C，简洁明了。

所以说，它是合乎逻辑的语言，是来描述行情波动的逻辑。

波浪理论认为，有三个问题是最主要的：浪形、比例、时间。

前面我谈到过，做股票、期货或者其它品种的交易，我们都要对行情进行分析预测。而且要同时回答三个问题：方向、空间、时间。波浪理论恰恰是通过浪形、比例和时间，回答了这三个问题。

浪形，表现的就是方向，而它又不是简单地表现一个方向，是表现一个方向的结构。前面，我们讲的那144浪的循环，就是最基础的波浪理论浪形，以及浪与浪之间的级别关系。

比例，就是浪与浪之间涨跌的空间关系。这正好回答了空间的问题。

时间，研究的就是浪形所用的时间周期。一般会和费氏数列有关。

波浪理论认为，浪和浪的比例是呈黄金分割比例的方式去运行的。下面介绍一下波浪与波浪之间的比例关系。

3. 浪形之间的空间比例关系

上涨的一浪结束之后，二浪回撤运行的时候。二浪回调的位置，可以

是一浪起点到终点的 0.382、0.618，或者是 50%。如下图：二浪的回撤位置

二浪的回撤位，有时候可以回撤一浪百分之百，但是不会跌破一浪的起点。

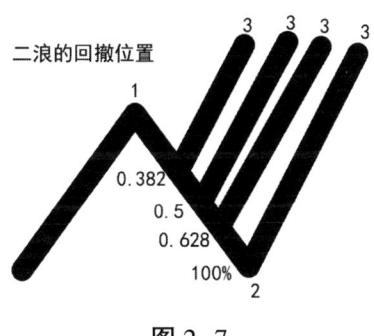

图 2-7

三浪往往是一浪的 1.68 倍、2.68 倍，乃至于 4.236 倍。这些都是黄金分割中常用的数字。是把 0.618 连续放大 1.618 倍得来的。1.618 和 0.618 也是黄金比例关系（费氏数列中详述）。

四浪的回调，可以把前面浪形吃掉 0.382、0.5 或者 0.618。但理论上说，不会跌破一浪的高点。也就是著名的"一浪的高点与四浪不该有任何重叠"的数浪规则。但这一"铁律"一样的规则，是在艾略特《自然法则——宇宙的奥秘》一书中才被提出来的。在最初的《波浪理论》一书中，是没有这一"教条"的。可以说，这是一种进步。但在中国股市中，尤其是一些小盘股中，不适宜用这一教条。

那么，这一规则，说的是什么意思？请回到"以一种合乎逻辑的语言来陈述行情波动的逻辑"这一思路上来，它说的就是，三浪涨得够强，如果不强，四浪跌得别太深太猛。否则，那就不一定是推动五浪的形态了。这一点，在本书的后面还会提到。

五浪的上涨幅度，可以是一浪起点到三浪高点的总体长度的 0.618，也可以是第一浪上涨幅度的百分之百，也就是 1∶1。

以上，说的是上涨浪形之间的比例关系。下面说调整浪当中的比例关系。

A 浪，一般来说是不会调整到四浪根部的，因为那里是整个调整的一个极限了。一般来讲，一个整个的 A、B、C 浪的调整，都会被四浪的空间所包容。所以，A 浪可以调整五浪的 0.382 或者 0.5，或者是 0.618 这样的比例关系。

B 浪，它是一个很没谱儿的反弹。它既可以反弹 A 浪的一半，或者是 0.618 倍，也可以创新高，因为它是一个变异型的调整浪。下面会讲到变异型（不规则）调整中的 B 浪会创新高的情形，也会谈到 B 浪的三角形。

C 浪，它有一个可以测算的关系，C 浪可以在四浪的范围之内去结束，还可以向 A 浪下方延伸 0.618。这个 0.618，是指 B 浪高点与 A 浪低点之间 0.618。但在我的实践中发现，从 A 浪的低点向下延伸 A 浪的高度 0.618 也可以。有时候甚至在 C 浪走得很弱的情况下，向下延伸 A 浪或 B 浪高度的 0.236、0.382 都是可以止跌的。

这方面的研究，我觉得没必要过深。我认为，底是涨出来的，顶是跌出来的。所以我们看到它止跌的时候，应该是在它回过头上涨以后，而不是逆势抄底。

上面讲的，就是浪形和比例。

4. 浪形所用的时间

艾略特波浪理论认为，每一个浪所经历的时间，与费氏数列相关（后面我们会讲到）。它会左右波浪的时间，他认为，在一定的时间窗口，会见到浪形的变盘点。

这就是波浪理论对浪形比例时间的解释。

艾略特在他的《波浪原理》和《自然法则——宇宙的奥秘》当中，强调的是第五浪往往是最长的一个浪。这跟他统计的数据，就是当时的道琼斯指数有关。从道指当时的走势来看，往往第五浪是走得比较长的一浪。

可是后来普莱切特认为，第三浪经常是最长的一波。

我个人认为，哪一浪都有可能是最长的一波，关键是看市场究竟是怎么走的，而不是我们主观地去猜测。这也是我对波浪理论的一个认识。

5. 延伸浪

波浪理论认为，第三浪不是最短的一波，而且认为第三浪或者第五浪经常会有延长。它是怎么延长的？如图：延伸浪在由推动五波组成的行情当中，它的第一浪或第三浪或第五浪，会走出独立的一波。也就是说，从浪形上看，从第一浪开始累计起来，可以数出来九个波浪。这也被台湾地区运用波浪理论的投资者称为"天九波"。如图：天九波、地九波。

具体可以分为几种情况：

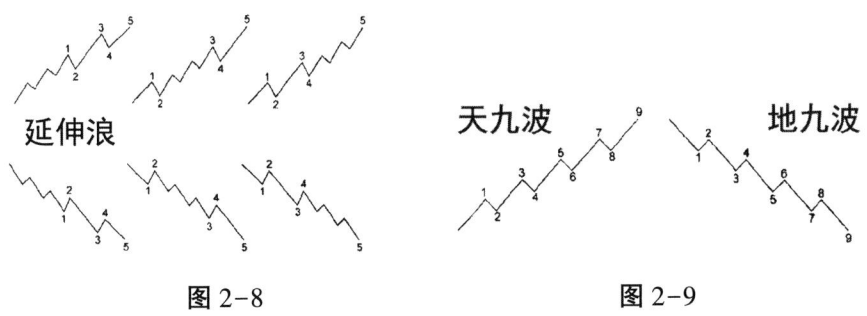

图 2-8　　　　　　　　　图 2-9

第一种，是不太常见的一浪延伸（如上图"延伸浪"）。第一浪走出了一个延长的五段形态，之后三浪上涨、四浪回调，接下来是第五浪的上涨。

第二种，如图 2-8 所示，三浪出现延长。一浪走的不是最长的，经过二浪的回撤之后，进入爆炸性三浪的上涨，三浪走出了独立的五波。这种情况是比较常见的。我们可以认为2006年到2007年的牛市行情当中，也是一个三浪延长的行情。如图：2007年的3-3

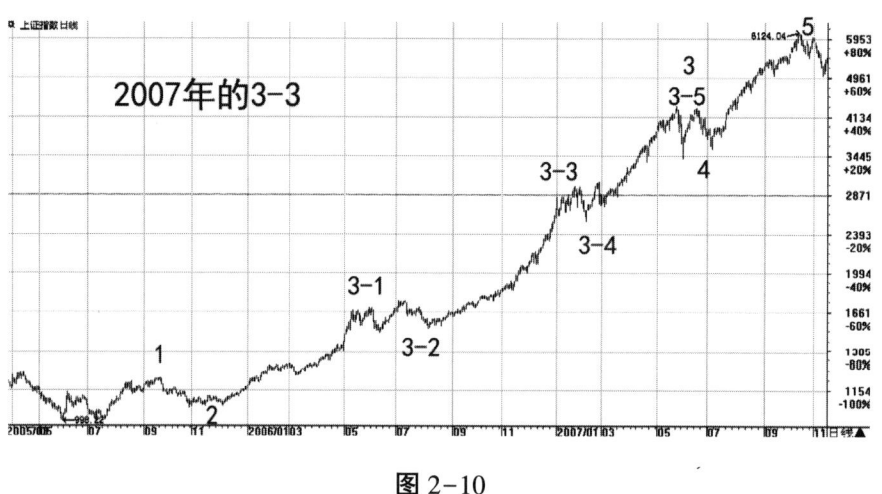

图 2-10

第三种，如图2-8所示，第五浪延长。一浪、二浪、三浪走完之后，经过四浪的回调，在五浪中走出延长波段，一个独立的五波行情。

如果五浪是延长浪，那么第一浪和第三浪的长度，倾向于等长。也就是说，上涨幅度是接近的。所谓："一三等长，五浪延伸"。

延长浪有一个规律性的现象。任何一个延长浪发生以后，另外两个浪的长度就接近相等。只不过里面要遵循一个"规矩"：三浪绝不会是最短的一波。

比如我们看到第一浪出现了延长，那么我们就知道，接下来的两个上涨波段，第三浪和第五浪，会长度接近。但是，第三浪应该长于第五浪。

如果我们经历了三浪延长的浪形，我们就知道，接下来的第五浪，很可能幅度和第一浪相仿。

如果我们发现一浪和三浪的高度相差不多，我们就知道，接下来的第五浪，很可能会是比前两波都要强的上涨延长浪。

6. 调整浪

调整浪最常见的方式，是三段式调整。就是刚才我们在前面讲到的浪形的 A、B、C 三段。

调整浪是比较复杂的形态。因为上涨浪是比较简单的，无非就是推动五波，或者说是其中一个延长。而调整浪就不一样，在浪形上就有几种可能。

第一种是之字调整。下跌五波，反弹三波，再下跌五波。

之字形状态也可以走出来第一段，走三波，第二段也走三波，第三段走五波的形态。如图：之字形调整浪

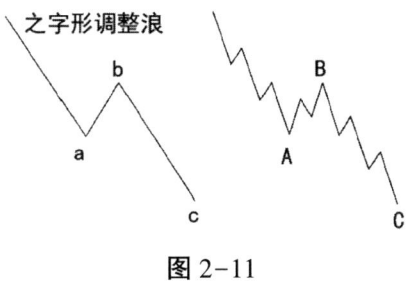

图 2-11

第二种是平台形。就是第一个浪走的是三波，A、B、C 的形态。之后第二段也是一个三段的 B 浪反弹。最后再走一个五段式的下跌。如图：平台形调整浪

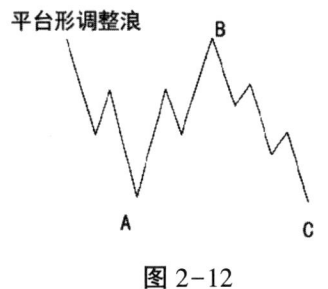

图 2-12

第三种是变异波,也叫不规则形调整。如下图所示,B浪是会创新高的。所谓B浪比前面上涨浪的高点还要高。但是有一个关键点,如果说B浪能够创新高的话,A段一定是走三波,不会是走五波。

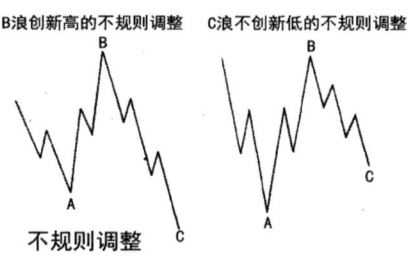

图 2-13

之后C段还是五段的下跌。

在变异的不规则调整浪中,C浪也可以不创新低。

调整中还有一种,就是三角形的调整浪。如图:三角形调整浪

三角形调整往往出现在四浪之中和B浪之中,但是它并不是必然出现在四浪和B浪之中。

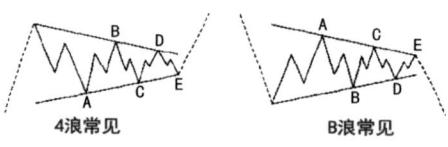

图 2-14

因为作为一个调整波来讲,就是反趋势地调整。推动五波当中的调整浪,会出现在二浪和四浪。那么下跌中的调整波,会出现在哪里?答案是:出现在B浪。

那么,波浪理论认为,二浪不会出现三角形,起码是在教科书上是这

么说的。

但是在我的读书笔记里，曾写下这样的话：

并不一定二浪中不会出现三角形调整浪，因为我们有时候在规模比较小的级别上的浪形，还是可能会见到。

比如2009年的反弹，就疑似出现过一次。如图：上证指数中出现过的三角形二浪

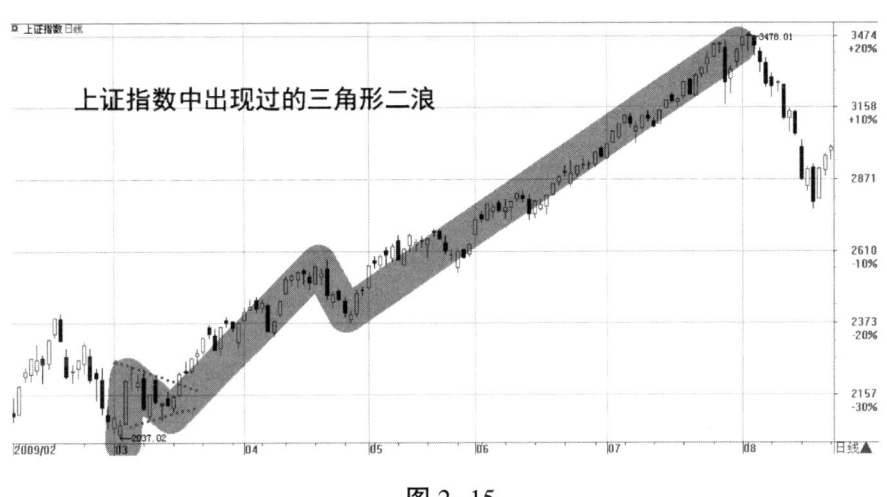

图 2-15

通过上面的陈述，我们知道了三角形调整波，常常会出现在四浪或B浪。下面我们讲三角形有几种浪形。

第一种，如图 2-14 "三角形调整浪" 所示，是收敛三角形。

第二种，是扩张三角形。如图：扩张的三角形调整浪

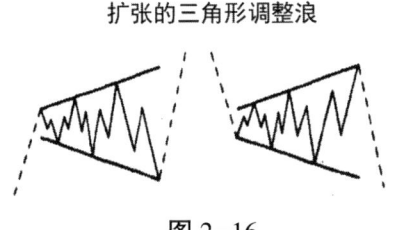

图 2-16

所谓的收敛三角形,就是浪形每一个子浪都越来越短,它一定会走五波。波浪理论记作 A、B、C、D、E 五波。

艾略特说,三角形浪形在面临突破的时候,它会选择与它第二个浪形——B 浪——的方向一致的突破方向。

也许是英文语法的关系,说得有点绕,不仔细想想还不太容易明白。说白了,就是行情会保持原有的趋势。三角形调整浪,只是一个中继形态。

比如四浪是一个三角形,那么 A 浪是下跌的,B 浪是上涨的,那么经过 C、D、E 之后,在选择突破方向时,就是向上突破(不管它是扩大的还是收敛的三角形)。这不就是说,还要恢复上涨趋势吗?

上面说的是常见的形态。下面说一些不常见的形态。

7. 不常见的浪形

楔形的第五浪,是一种特殊浪形,它是一种违背了最基础的"推五回三"常态的一种浪形。是上涨浪中的不常见形态。如图:楔形的第五浪。它的上涨和下跌,都是由三段式构成的,上涨的一浪是三段,二浪回调也是三段,三浪上涨还是三段,四浪的下跌也是三段,之后再进入三段的五浪上涨,从而完成了一个楔形的第五浪,之后进入下跌。

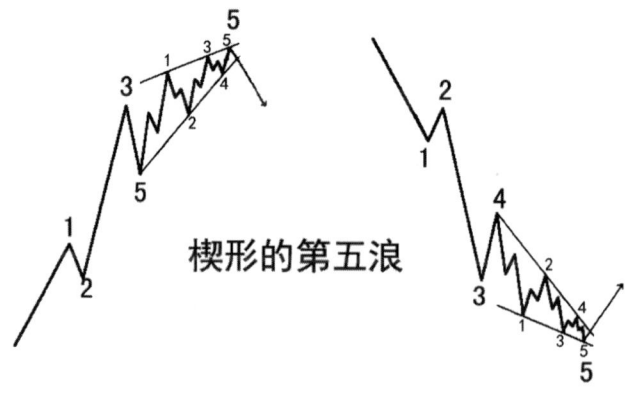

图 2-17

下跌浪的第五浪楔形，与上涨浪形态一致，只是方向相反。

这种浪形，往往出现在越涨越弱的结构当中，这时候可以允许一浪的最高点和四浪的最低点有所重叠。

在上证指数上，就有过这样的楔形五浪。如图：1994 年 325 点-2001 年 2245 点的楔形第五浪。2245 点是上证指数历史的重要高点，那么，它会不会是一个完整循环的高点？由于中国股市仅仅有二十几年的图表，暂时无法定论。但是，这是中国股市第一个较大循环的高点，目前暂无推翻的证据。也就是说，上述的楔形第五浪，或是第一大浪的第五浪，或是第一大浪的第三浪的第五浪。

图 2-18

8. 双之字调整

如图：双之字调整浪

这是一种比较大规模的调整，其实说起来是一个大三段式的调整，它是由 A、B、C 之后再走出一个反弹的三段式上涨，之后再走一个 A、B、C 三段式的下跌。

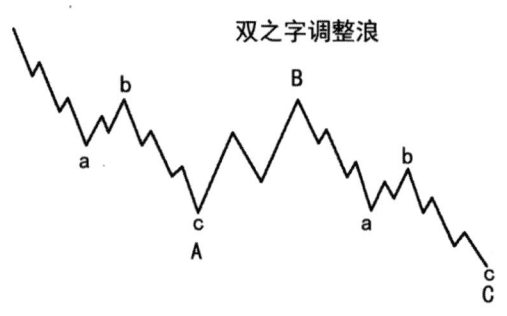

图 2-19

这是一个大的调整方式,这个方式往往是出现在一个大的牛市之后。上证指数 2245 点到 998 点,就是一个双之字的调整结构。如图:2245 点之后的双之字调整

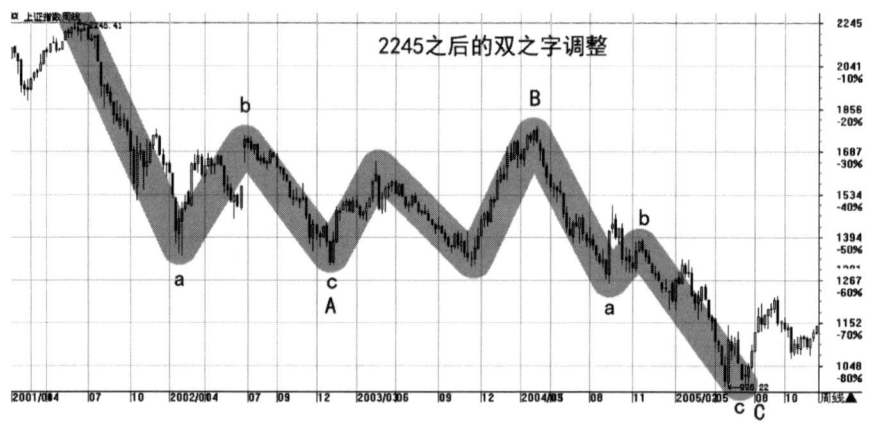

图 2-20

我现在很怀疑,上证指数从 6124 点到 1664 点,也是一个双之字的调整。如果是这样,那么上证指数 1664 点以来,已经进入新的牛市循环了。如图:2008 年的双之字调整是一个相对少见的现象。

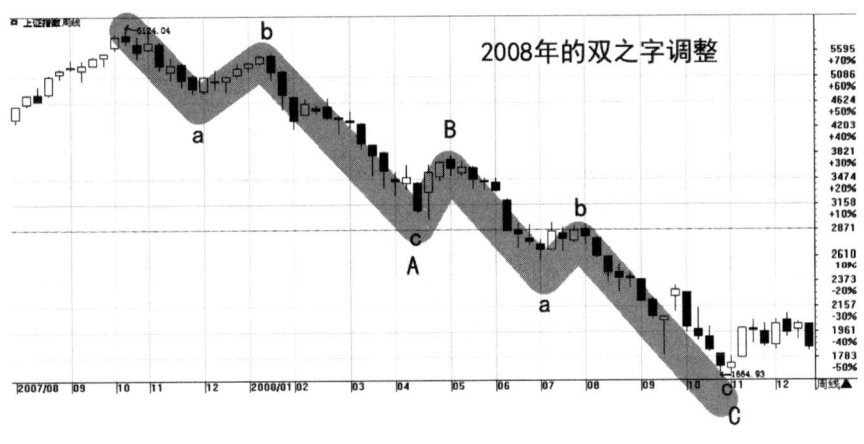

图 2-21

9. X 浪的出现

X 浪，在艾略特的原著当中是没有过多介绍过的。在艾略特的第一本书《波浪原理》当中，曾经提到过一个叫做"辅助循环"的提法，但没有展开。我觉得这个提法就是一个关于 X 浪的思考。如图：艾略特原书中的辅助循环图就是两个浪形的之间，需要一个浪进行衔接。那么，这种情形往往会出现在什么时候呢？显而易见，会出现在调整的结构之中。

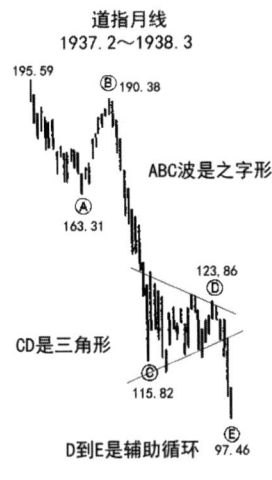

图 2-22

先介绍双重三。如图：双重三、三重三所示，出现一个 A、B、C 的调整之后，经过 X 浪的上涨过渡，又经过一个 A、B、C 的调整，就是所谓的双重三。

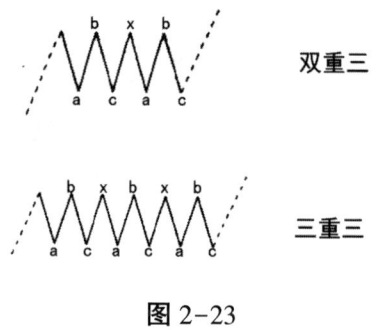

图 2-23

三重三，就是经过上述的双重三之后，在此基础上，再经过一个 X 浪，再经过一个 A、B、C 的调整。

这是艾略特在波浪理论的后期才提出的这种调整的格局。

也就是说，调整的模式是很复杂的，因为既然说波浪理论讲的是逻辑常识，那从这个角度我们怎么理解它的逻辑常识呢？

笔者认为，上涨趋势中的调整，就是在趋势当中的"非上涨"行情"。在上涨趋势当中，往往其下跌是很扭捏的。既然趋势还在，说明它有时候是由于上涨的力度不足，下跌力更不足，才会出现这种双重三、三重三的扭捏状态。这就是 X 浪出现的原因。

关于更复杂的调整浪形。这种调整浪形在中国股市并不是非常罕见。由于本书是研究如何利用波浪理论产生收益，而不是研究波浪理论的学问，因此，如果我们看到的是调整浪，而且有趋于复杂的可能，我们应该选择的是放弃交易！因为只有第一浪、第三浪和第五浪这样的有趋势、有力度、有速度的行情，才是我们所要通过波浪理论寻找的。

X 浪还会出现在 C 浪当中。

C 浪也会经过 A、B、C 三段式的结构，这个论点，我只在许沂光的书中见到过，而在其他地方还没有见到过。

在实践中，有时候确实会发现，C 段不是走五波。

比如，上证指数在2010年10月到2011年1月间的调整结构中，最后的下跌浪，就疑似一个带X浪的C浪。如图：带X浪的C浪。艾略特的波浪理论原文当中还提到一种现象：双回撤。如图：艾略特原著中的双回撤原文大意是这么说的：在一个五浪的延伸之后，会出现一跌一涨，他把这种浪形称为"双回撤"。

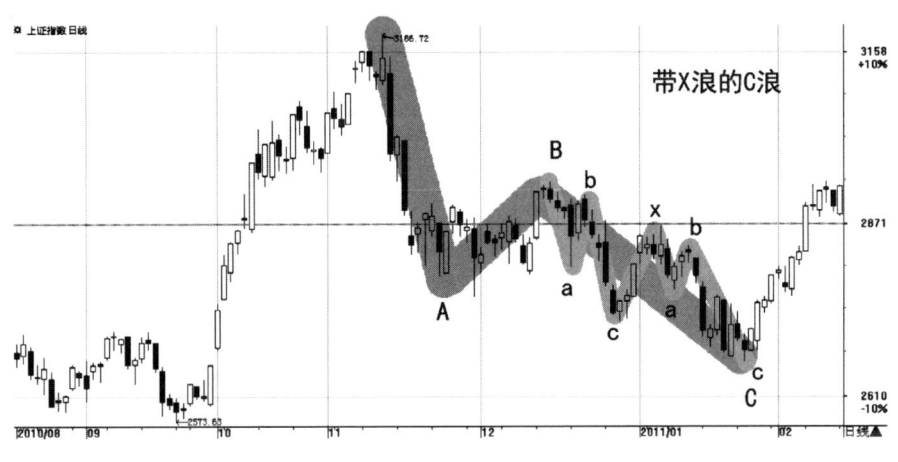

图2-24

其实我在看到这一点的时候，觉得它就是创新高的B浪反弹而已。

那么，他是怎么发现的？我怀疑是当时他在道琼斯指数上发现了不便于用前面我们介绍过的这些"波浪理论语言"陈述的一个浪形，于是就"发明"了一种"补充语言"，来描述这种浪形。

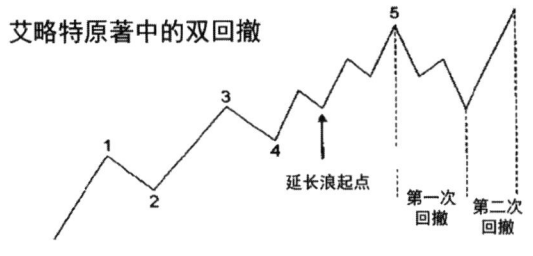

图2-25

既然波浪理论是一种用合乎逻辑的语言来描述行情波动的逻辑，前面我们介绍的语言已经足够了。所以，这个双回撤的现象，我们在这里不再过多地解释（我在这么多年的股海观察当中，还没有看到过双回撤现象）。

到这里，我给大家基本介绍完了所有的浪形。这就是波浪理论的大部分基础语言。

接下来我们要讲的是，对波浪语言的一些浪形、比例、时间的判别方式。比如它的交替规则、通道还有黄金比例，还有费氏数列的一些应用。

也许，可以把前面介绍的叫做波浪理论语言的"单词"，接下来讲的，是波浪理论语言的"语法"。

在下面，把我的一个口诀跟大家分享一下，一共28个字：

推动五波回调三，

三浪常长冲破天；（常长：经"常"最"长"。）

一顶四底不相碰，

C波五浪才走完。

希望这个口诀对大家记忆波浪理论语言有所帮助。

第三讲
如何判别浪形

当研究个股时人们会发现,一些个股上升时,另一些却在下跌或正经历着一个调整运动。但无论何时,绝大多数个股的变化,都将遵循与平均指数或总体市场结果相同的图形,并将分散汇入波浪现象之中。

——艾略特《波浪原理》

1. 通道

让我们继续学习"波浪语言"的下半部分。这一讲我们讲判别浪形空间和时间的基础方法。

在艾略特波浪理论的原著当中，他提到一个最重要的方法：通道法。

艾略特认为，行情是按浪形的趋势走的，推动有五波，回调有三波，就会形成通道。完美的通道是这样的：一浪的起点为通道的下轨，打到一浪高点的时候，是通道的上轨；二浪的回调打到通道的下轨；三浪上涨的高点再到上轨；四浪再到下轨；五浪触及了上轨开始向下；之后 A 浪跌破通道；B 浪回抽通道下轨；C 浪再向下下跌，就形成新的下跌通道。如下图是一个理想的波浪理论通道。

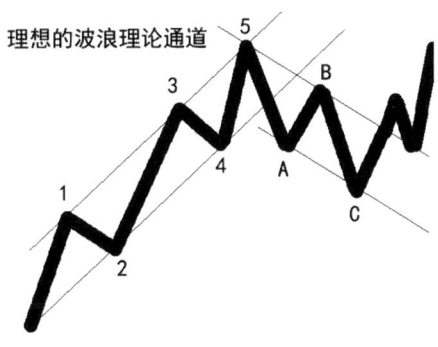

图 3-1

这个通道是完美的。这种图形在市场上也不是不可能发生的，只是经常会变。我们要根据行情的变化而变化我们对行情的观点，所以艾略特也注意到了这一点，于是他用这样的方法来预测。艾略特也进行了融通，他是怎么做的？

如下图所示，当行情出现了一浪和二浪的浪形，二浪走完的时候，他把一浪的起点和二浪的终点连成一条线，作为支撑线，把一浪的高点与这条支撑线的平行线形成了上涨的通道。

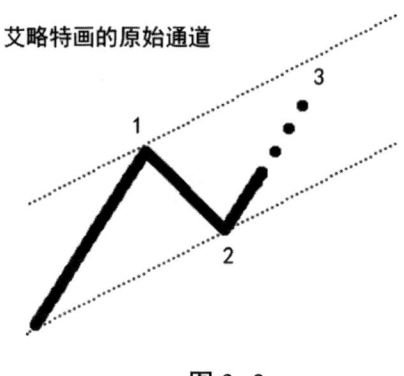

图 3-2

他认为这个通道的上轨，应该是三浪的高点，称为原始通道。如图：艾略特画的原始通道。可是往往会有"意外"情况——三浪"出轨"。就像我们前面谈到的口诀一样："三浪常长冲破天"，它经常是最长的一波。也就是说，三浪突破了上轨。这时候，就需要修正通道。那么，他又是怎么修正的呢？如图：艾略特画的修正通道。当三浪走完之后，把三浪的高点和一浪的高点作为一条连线，之后通过二浪的低点画一条平行线，就会找到四浪的支撑。

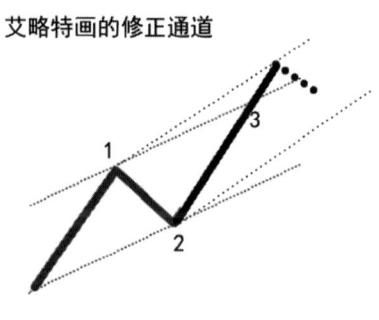

图 3-3

固然，这个支撑点常常可以找到，但它也经常会发生跌破的现象。如图：四浪跌破通道的现象，这就又需要修正通道。

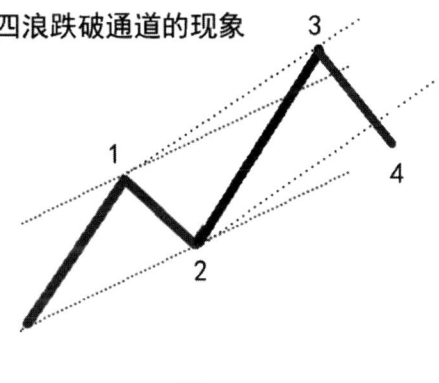

图 3-4

当有了四浪的低点之后，再进行预测，二浪的低点和四浪的低点做一条连线，经过三浪高点再画一条新的通道。

希望能够测出五浪的高点。但遗憾的是，也常常找不到，或超过通道上轨。如图：五浪穿越通道。艾略特也强调过，五浪的高点经常会穿越或者是到不了波浪的上轨，恰好到达通道上轨的时候并不多见。

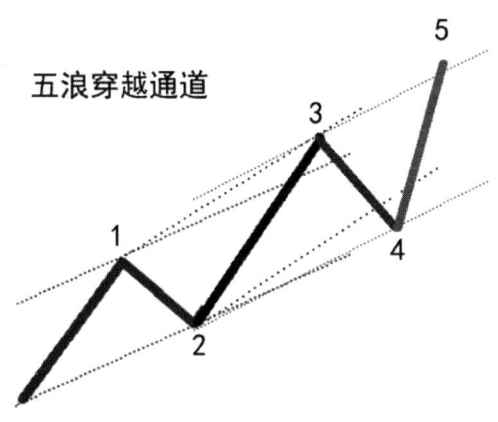

图 3-5

这是艾略特对上涨通道的预测。如此这般的经常随时调整，等于说根本没有任何预测的意义。

以002056横店东磁来说，2010年在其以明显的推动浪形向上大幅度拓展空间的时候，通道的作用就是"画了，破了，改了，再破，破了，再改"。还不如不画通道，只画支撑，破支撑则应选择离场的交易方式。如图：不听话的通道。我在运用波浪理论的时候，往往不是特别注重通道的用法，作为通道来讲，它其实也是为了预测行情的高点。

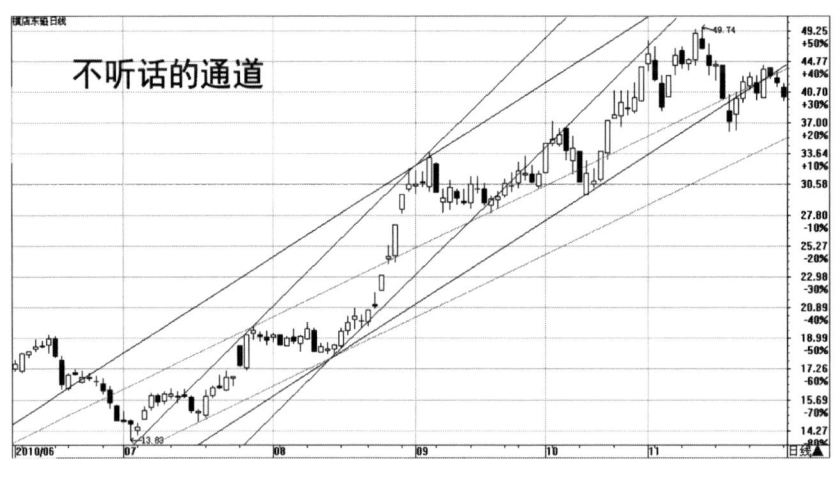

图 3-6

在这里强调一下我的观点：顶是跌出来的，底是涨出来的。

股谚有云："涨不言顶，跌不言底"。

服从趋势第一！

我的十六字箴言：服从趋势，遵守纪律，重视强弱，合理估值。服从趋势，是其中最重要的四个字。

上涨趋势中，最重要的是支撑线，就是下面的低点连线。下跌的时候，重要的是压力线，就是高点的连线。这是最重要的线。所以上涨的时候，找到支撑线是最重要的。

艾略特在讲波浪通道的时候，强调了一点，这一点是我们应该可以借鉴到的。他主张在观察浪形的时候用对数坐标。

波浪理论的三个要素：浪形、比例、时间。为了有利于观察浪形，在对数坐标图上，确实比在算术坐标图上强得多（有些软件的叫法不同，有把算术坐标叫普通坐标的）。

比如上证指数1990年12月的95点到1992年5月1429点，上涨了15倍。但仅仅是上涨了1334点，比不了2005年到2007年上证指数的上涨5000多点。可是实际上，后者的幅度没有前者大。这在对数坐标上，就非常明显。如图：上证指数对数坐标、普通坐标比较图。举例来说，你用普通坐标（算术坐标）来看一个图，一只股票从10元涨到20元，这是一个涨了10元的波段。之后又回调到了15元，从15元涨到25元。这两波的力度好象是一样的。可是实际上是这样的吗？不是的。

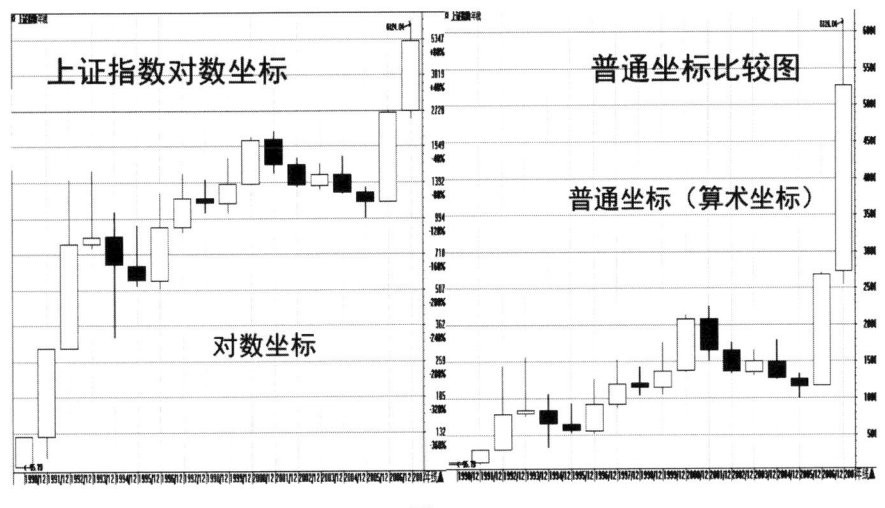

图 3-7

因为第一次涨了10元，是从10元涨到20元，翻了一倍！第二次是从15元涨到了25元，仅仅是上涨了66%（即：10÷15×100%=66%）。这两个上涨幅度明显是不一样的。

这个时候在对数坐标图上就可以清晰地看到这一点。

要想让这两个波段幅度一样，第二波上涨就要从15元涨到30元，要涨出15元来。

同时，通过对数坐标，便于我们在识别浪形时观察到两点：

1. 识别第三浪不是最短的一波的时候。

举例：第一浪从10元涨到了20元，第二浪回调到了15元，第三浪上涨高度是11元，从15元涨到了26元。看上去三浪不是最短的一波，实际上这一波比第一波要短。那么这是不是第三浪，就值得怀疑了。这就是对数坐标的作用。

2. 便于我们识别，如果三浪延长，一浪和五浪是等长的关系。所谓等长的关系，也不只是看算术坐标这么简单。

艾略特最初提出，他重视的是通道的作用。艾略特认为，有时候通道看似要突破，实际上并未突破，或突破不多。

正如前面讲到的建立通道的方法那样，他把三浪的起点和四浪的终点进行连线，之后在三浪的高点画平行线。这时候，第五浪如果在算术坐标的情况下，可能会出现突破上轨。也就是说，五浪会超过上升的平行线上轨。可是在对数坐标上，有时候就不会超过，如图：1928年对数坐标图上的道琼斯指数。他是想通过对数坐标，来实现通道的作用，这是艾略特对通道的理解。

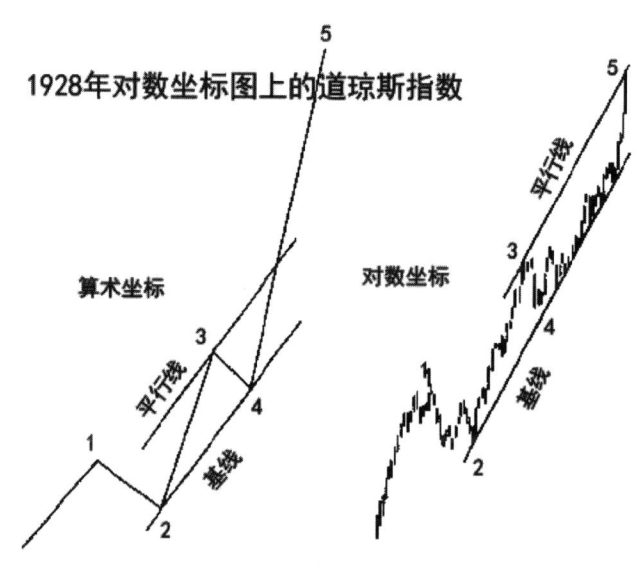

图3-8

总结一句话，我觉得通道（尤其是上涨通道上轨或下跌通道下轨）在实际当中的作用，可以参考，但作用不是最大的。作用最大的还是趋势线的支撑（压力）作用，也就是上涨通道的下轨的支撑作用，和下跌通道的上轨的压力作用。

2. 黄金分割

黄金分割，在波浪理论中的作用和应用如下：

黄金分割，是一个比较神奇的数学现象，它很早就在西方古代的几何学中出现过。

有几个关键的数值：

最重要的是 0.618。一切都是从这里派生出来的。

1 减 0.618 的结果，或者 0.618 乘以 0.618 的结果，是 0.382，它也是一个黄金分割数字。

还有 0.191，就是一半的 0.382；还有 1 减去 0.191 得出的结果，是 0.809；还有两个 0.618 得出的是 1.236。

还有把黄金分割再度分割，比如说 0.618 的一度分割是 0.382，0.382 的再度黄金分割，是 0.236。

1.618×1.618 的结果是 2.618，1.618 的三次方的结果是 4.236。

这些数字，是按照一定的 0.618 的比例关系演算出来的。

在研究波浪理论的时候，如何运用黄金分割？

它主要回答的是波浪理论的空间问题，波浪理论是一种用合乎逻辑的语言来陈述行情波动的逻辑。这个语言在陈述三个方面：方向、空间、时间。

波浪理论在陈述空间的时候，就用得到黄金分割的比例。

比如，二浪的回调，最大可以达到 100% 的回撤，但是一般情况下，会跌一浪高度的 0.618 或者跌一半。

上涨的第三浪的时候,会涨出一浪的1.618、2.618或者是4.236的高度,一浪的高度乘以这些黄金数字,再加上二浪的低点,就会得出三浪的高点。

黄金分割的计算结果,未必会得出与通道上轨位置一样的结果。

黄金分割是我比较重视的。确实,我们常常会发现,在黄金分割的用法上,三浪的高点和一浪之间是有着黄金比例关系的,而且在下跌的时候,跟黄金分割的关系也是密不可分的。

这里我试举例说明一下:比如说2007年上证指数从6124点下跌到2008年的1664点,实际上就是对2005年的低点998点到6124点的四度黄金分割得到的点位。

(6124-998)点×0.618×0.618×0.618×0.618+998=1745点

与1664点只差81个点误差,不到2%。如图:2008年上证指数的四度黄金分割

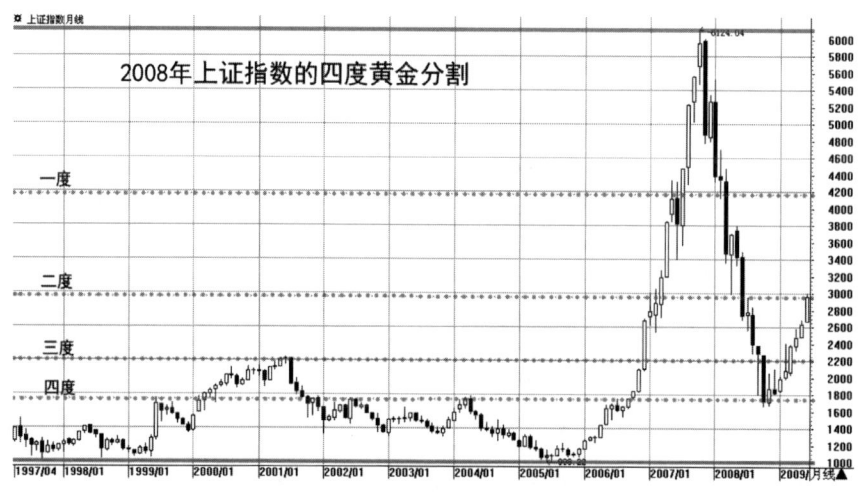

图3-9

再举一个例子说明黄金分割。上证指数从6124点下跌的第一波止跌后,反弹的高度也是次高点到反弹起点之间的0.618的位置。如图:上证指数的0.618反弹。这是在波段之间的黄金分割比例关系。

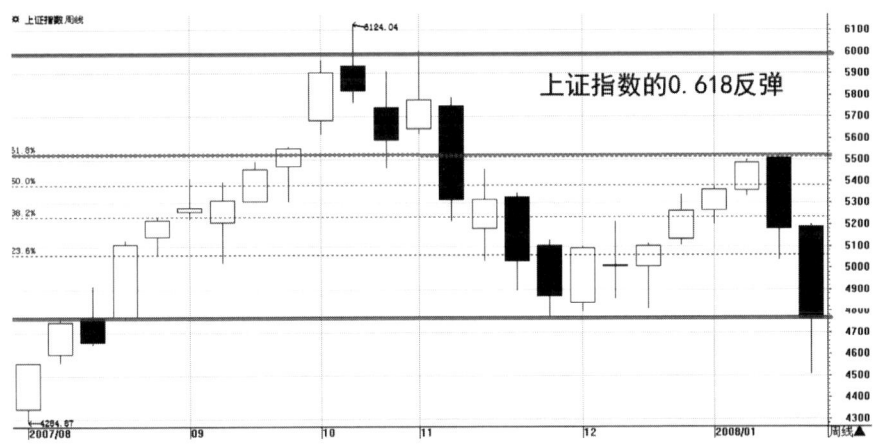

图 3-10

黄金分割的重点在于,任何相邻的反方向的两波,涨跌幅度互成比例关系。

后一波如果是前一波的回调或反弹,幅度比前一波小,其比例关系就是 0.618、0.5、0.382。

或者前一波是反弹或回调,后一波比前一波大,其两波之间的比例关系,就是 1.618、2.618、1.236 等比例。

黄金分割的比例关系,也适用于同向的相邻两波计算比例。

一浪和三浪,或者说是五浪和三浪,就是同方向的两波,或者是 A 浪和 C 浪,也是同方向相邻的两波。

我们也讲到过三浪是一浪的 1.618、2.618、3.618 倍,或者五浪是一浪到三浪整体高度的 0.618 倍,或者说是五浪和一浪基本上是等长。

我们也说过 A 浪和 C 浪的关系,可以是 A 浪的高度从 A 浪的低点向下延伸 0.618,或者是 0.236、0.382,都是黄金分割的比例。

这就是我们研究黄金分割的根本原因,其实就是研究浪形之间的比例关系。而它所回答的是空间的问题。

再给大家提供一个我实战当中的重要技巧:"不要钻牛角尖"。

有时候，黄金分割是一个比例"带"。为什么黄金分割会有效？就是因为这个理论认为，图形走起来是很协调的，是很和谐的。因为价格反映的是人的心理变化，看上去不会上窜下跳，很稳定。然而实际上，这是一个群体无意识的结果，它所形成的是渐进的、比较协调的图形。

最美的协调是什么关系？是黄金比例关系。但那是一个"带"，不要执著于一个"点"。有人把黄金分割点位算到小数点后多少位，那是没有必要的。

3. 如何确定黄金分割计算中波段的起点和终点

黄金分割位的应用难度在于，准确找到起点和终点。当我们要计算某两个波段之间的比例关系时，起点和终点是否可以选得合适与准确，成为了一个关键的因素。

假设C浪的五个子浪走完了，应该开始进入反弹，市场也出现了一些反弹的征兆。这时，是计算最后一个下跌浪C浪的第五浪反弹的比例？还是计算C浪总下跌空间的反弹比例？

比如，经过对市场的综合分析（下面会讲到），第一波上涨的幅度可能不会很强。那么到底是针对总C浪下跌空间，反弹0.191的比例？还是针对最近的小波下跌波段——C浪5，反弹一半或者是0.618的比例？

这时候，你也许会因为找不到合适的起点和终点来计算黄金分割，而感到纠结。

在实战中，我是这样做的：把两个都算出来。

把总下跌的幅度算出来，反弹0.236也好，反弹0.191、0.382也好，分别是什么位置。之后再算一小波，反弹的0.5是在哪里？0.382在哪里？0.618在哪里？或者比它还高一些，反弹它的下跌幅度的1.382位置在哪里？你可能会发现，这两组黄金分割位，虽然是起点终点取值不同（一个是取大波段，一个是取小波段），但可能会有重合的比例位置，也就是说，有一条线是重合的。

或许，大格局反弹的 0.382 位置，恰恰是眼前这一波反弹的 0.809 的位置。

2008 年底，上证指数见到 1664 点出现反弹，针对前一个高点 2333 点反弹 0.618 的位置，与针对前二个高点 2952 的反弹 0.382 的位置，都是 2050 点一带。市场最终也是在这一位置上出现调整，震荡了 40 多个交易日，两个月左右的时间。如图：上证指数 2008 年底针对两个高点的黄金分割位重合。这个时候就有意思了，这个点位可能是有效的，因为这就不是一个孤证，而是有两个黄金比例都支持了这个点。

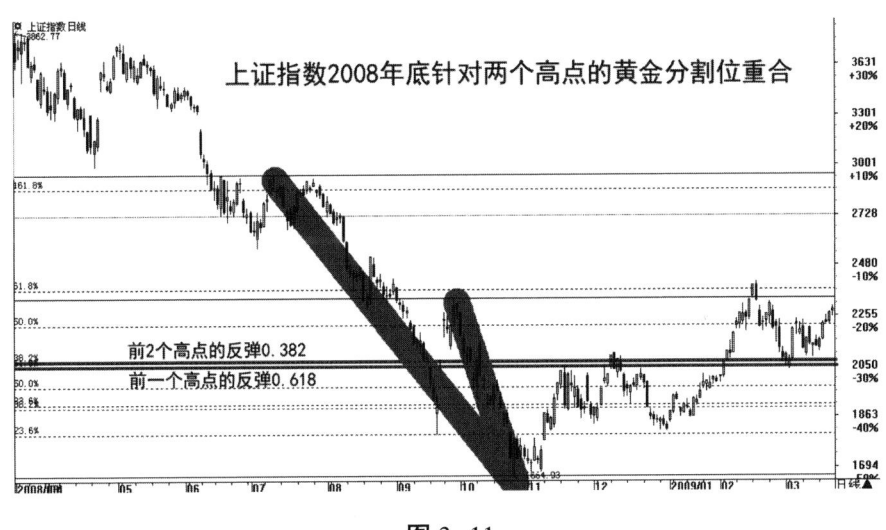

图 3-11

即便是这样，我也觉得对于黄金分割来讲，只是一个重要的参考，重要的还是看浪形能不能走完，浪形之间的比例，还是按照市场自然的法则去走的。

黄金分割能够给我们一个比较明晰的参考，这个参考是判别强弱，不是判别趋势。

趋势是由市场固有的规律形成，我们能够一眼看出来，而不是猜出来。

4. 费氏数列

费氏数列，也就是斐波纳奇数列，是里昂纳多·斐波纳奇在13世纪发现的一组神奇的数字。

费氏数列每一个数字之间，有一定的关系。

把两个相邻的神奇数字相加，得到后面的一个神奇数字，依此类推，直到无穷。

费氏数列是1、1、2、3、5、8、13、21、34、55、89、144、233、377、610、987、1597、2584、4181、6765、10946、17711……一直到无限大。

之间的关系是：1和1相加等于2；1和2相加等于3；3和前面的2相加等于5；5和前面的3相加等于8；8和前面的5相加等于13……依次类推，可以得到无穷大。

费氏数列有一个神奇的特点，就是它的任何两个相邻的数字，数字越大，越接近黄金分割比例。当然1和1不是，1和2的黄金分割点是0.5，2和3的黄金分割点是0.666，3和5就是0.6，0.618比较接近了，5和8的比例就更接近了，越来越接近。

比如，144除以233的结果是0.618025751072。这个数值就比较接近0.618，而且数值越大，就越接近0.618。

费氏数列还有一个神奇的特点，就是一个数的两倍减去后面的一个数，得出来的结果，也会是费氏数列当中的一个。

比如说2乘2减3等于1，3乘2减5等于1，5乘2减8等于2，8乘2减13等于3，13乘2减21等于5，21乘2减34等于8……得出的结果，还是费氏数列中的一个数字。

当然，费氏数列也叫黄金数字，因为有很多神奇的特点，所以又叫神奇数字。毕竟我们讨论的不是数学，而是投资交易中的波浪理论应用，这

第三讲 如何判别浪形

一点我们就不多讲了。

这个数字很神奇,艾略特先生把它引用过来,他认为波浪运行的周期性,会跟费氏数列有关系。艾略特在他的书中画过一张图,道指曾经在1921~1929年走了8年的周期,同时1921~1942年又是21年的周期,这些都是跟费氏数列有关联的。如图:道指21年周期图。中国股市未必会出现这么巧妙、这么吻合的现象,当然,中国股市也会看到13周的时间窗口,34日的时间窗口等等。

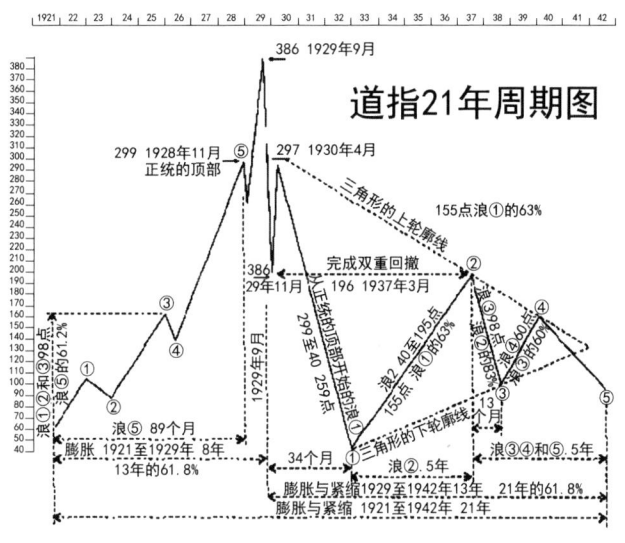

图 3-12

但中国股市有时会出现中国的特色。比如,"七七四十九",是中国传统的数字。我们可以看到,上证指数2001年从2245点到2005年的历史低点998点,就是经历了49个月。

但是我主张我固有的观点,要尊重行情自身呈现出来的规律,不要去猜,不要主观臆断。

我主张让行情自己去走,我们去发现。比如,前面发现有一波一浪的上涨，它所用的时间，也不是神奇的数字，走了25天（或者有人说这是两个13的左右，或5个5，也是费氏数字，这未免过于教条了）。

我们可以认为，它接下来的调整所需时间，应该是黄金分割的比例。可以调整前一波所用一半的时间，黄金分割0.5。那就是说，大概调整12、13天；25乘以0.618，等于15.45，也就是15、16天。

对于费氏数字在波浪理论实战应用中的意义，没必要去生搬硬套，我们只要知道它的精髓是"在时间上也是要有比例关系的"，就足够了。

以上，是在时间上的因素。

5. 交替规则

交替规则，在波浪理论语言当中，认为行情应该是交替的。在应用上主要体现在二浪和四浪的交替当中。

如果说二浪走的是平台形，那么四浪可能就不走平台形。

我强调一下，是"可能"，不是"绝对"。但艾略特强调的是绝对。

比如，四浪可能不走平台形，就可能走一个之字形，或者是一个三角形。或者，如果二浪走的是之字形，那么四浪走的是平台形或者是三角形。

当然，往往三角形只出现在四浪，这是常见的现象。

6. 形态交替的原因

形态上交替的原因是什么？比如，二浪走了一个之字形的调整，到了四浪的时候，有些人就会用惯性思维去等待之字形的到来，有些人就不会等之字形。因为他知道，最多就会走一个之字形。比如说，一浪从5元涨到了6元，二浪跌到了5.5元，之后反弹到了5.8元，又跌到了5.2元，是之字形的结构。当三浪涨起来，涨到了10元的时候，进行四浪调整。

比如，四浪的 A 浪跌到了 9 元，四浪的 B 浪反弹到 9.5 元。这时候，第三次下跌，就会有人不等股价破 9 元，因为大家都知道，破 9 元之后，很可能跟上次一样，最多跌几毛钱，就会涨起来。于是乎，就会有人在 9 元之上开始介入。这样一来，9 元就不会被跌破，就形成了一个平台形。或者如此这般再反复两次，将其称为三角形四浪。

市场总会出现新的花样来迷惑我们，这就是形态交替的根本原因。

7. 时间上的交替规则

还有一个交替规则，是时间上的交替规则。

如果二浪比较短暂，那么四浪会比较漫长。同样，二浪比较漫长，四浪就会比较短暂。

怎样用眼睛来判断？我还是主张让市场去说话。

波浪理论研究的是什么？是浪形、比例、时间，回答的是方向、空间、时间等三个问题，是以合乎逻辑的语言，来陈述行情波动的逻辑。这是我一再强调的概念。

既然如此，举例：我们看到一浪走了 30 天，二浪到底要走多少天？如果二浪走了 30 多天甚至更久，那我们就可以认为二浪是比较冗长的。之后，我们就可以认为四浪可能会比较短暂。因为二浪的时间比一浪长太多了。

同理，一浪如果走了 30 天，二浪走了 5、6 天，或者是 10 天以内，那么我们认为这个比例是比较合适的，或者是偏短的，这就有可能在四浪的时候，我们会发现，它的时间会比较长一些。这就是交替规则。

8. 交替规则在应用中的重点

当我们发现前面的二浪走的时间过短时，就要警惕四浪的风险。就算没有空间的风险，也会有时间的风险。也就是说，四浪经过很长的三角形整理，或者是平台形整理之后，仍然没有上涨。因为二浪太短了，需要四浪进行充分的消化。

我再强调一次，波浪理论是合乎逻辑的语言，陈述行情波动的逻辑，为什么会交替呢？

比如说二浪经过的时间太短，很多想买股票的人还没来得及买，就涨起来了。到了四浪的时候，这些踏空的人还想去买。因为踏空的人在二浪没买到，三浪又不敢追，在四浪回调的时候仍想去买。可是，这时候三浪和一浪合计起来的巨大获利盘又想卖。这就要进行充分的换手，直到达成共识，最后再走向第五浪。

反之同理。如果二浪走的比较冗长，比较久，我们就可以知道，在二浪当中已经有充分的建仓，达成共识后再进行上涨。到了四浪的时候，涨得太多了，只有一部分人信心不足，出掉了，或者说所谓的主力洗盘、震仓，虽然过程比较短暂，时间太久，趋势就要变了。这就是短暂的四浪形成的原因。之后，经过这次很短暂的四浪动荡，就会出现第五浪的上涨。

9. 浪形与浪级的识别问题

大家可以回忆一下，一个完整的循环一共有144浪，大浪套小浪，小浪里面还有子浪。这样的关系，听起来复杂，看起来也晕。那么，为什么很多人不愿意用波浪理论呢？就是因为觉得这种大浪套小浪的逻辑关系太复杂了。

实际上，这是一种常识，是一种强弱之间的关系，不要想得太复杂。当我们识别浪形的时候，就是要考虑到每个浪所占的时间和空间要互成比例关系。

比如在下跌浪的时候，尽管调整浪是比较复杂的浪形，一个A浪走了三天，B浪反弹了三个月，之后再经过一个两年的C浪，肯定是不对的。

这种情况就是严重的比例失调，这就是为什么说要用"常识"来判断浪形大小的原因。

为什么前面要用费氏数列、黄金分割？它讲的就是浪形之间要呈比例关系。而且大浪和子浪之间，有的时候确实是容易混淆的，这个时候我们也要想到这种"常识"。

不要套浪形去走，而是要看浪形是怎么走的。我们用波浪理论语言来形容它，是要合乎逻辑的。

我这里用一个比喻，来说明浪形在时间上的差异。

中国人的名字，一般都是两三个字。最多的我见过一个小女孩的名字，是五个字。第一个字是父亲的姓，最后一个字是母亲的姓，中间是三个字的名字。这是我见过最长的汉族人的名字。

一般中国汉族人的名字，最短的是两个字，如李白、杜甫，绝大多数的是"刘东声"这样三个字的名字。

这就是名字字数的差异，可以两个字、三个字、四个字、甚至是五个字，之间的差异好像就很大了。

但是文章就不一样。比如说同样一篇撰写今日盘口记录的文章，就我个人的习惯来说，多则五六百字，少则三四百，是这样的比例关系，它的相差就不会特别大。

小子浪之间的时间和空间比例，差异相对较大，这就像长名字与短名字之间的差距一样。

大浪形之间的时间与空间比例，差异相对小，这就像盘口记录的篇幅差异不会太大一样。

有的时候，细微的浪形有可能会出现局部的浪形不成比例的情况。比如一浪用时3分钟，三浪会走半个小时，那么后面还有一个15分钟的第五浪。

分时上可能会有差别太悬殊的浪形，但是一旦到了日线、周线、月线、年线的时候，不可能有这么大的区别。比例上就不能有失协调，而且我们在抓住利润的时候，抓住的实际上也是大的浪形结构，尤其是周线、月线上的浪形结构。这样我们才能够形成更大的利益。

在这样的浪形结构中，是不会出现浪形比例关系太失协调的现象的。

10. 传统形态与浪形

下面我们用传统的形态来佐证一下波浪理论的浪形判断。

前面我们谈到，浪形要符合逻辑。为了解释这种行情波动的逻辑，我们还有一个传统的工具叫价格形态。

我们都知道，股票在走势上有头肩底、有双底（W底）、有双头（M头）等等形态。

在行情运行出一个头肩底的时候，是不是很像C浪之末？如图，C浪末期与上涨初期形成的头肩底，可以从中看到，辰州矿业在C浪的下跌末期，形成了左肩，到了三浪之初，完成了头肩底形态的结构。

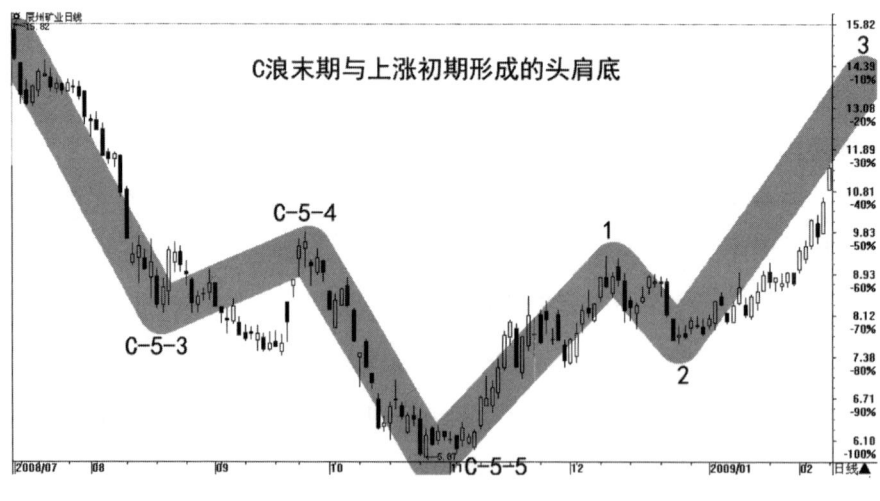

图 3-13

同样，还有双底。如图：浪形中的W底

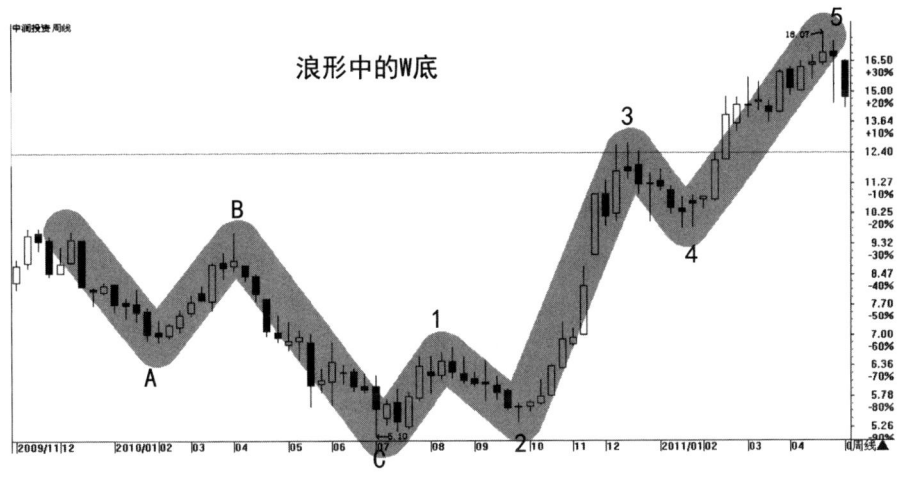

图 3-14

如图所示,中润投资 C 浪的下跌末期和 1 浪上涨,形成了双底的左半部分,2 浪回调和 3 浪上涨并突破 1 浪高点,完成了双底形态的全部。

也就是说,从这种形态上也可以帮我们来辅助识别浪形。更重要的是,浪形还可以帮助我们来辅助判断形态是否成功。

我们见过很多双底变成 M 头又跌下来,或双头变成 W 底又涨上去的情况。在这种情况下,我们就可以从这些浪形的细微结构中,看出其形态上的差异,并且通过对形态的判断,提高一些成功率。

11. 波浪理论语言要点总结

讲到这里,基本上就算把波浪理论语言的初级内容讲完了。

到此为止,基本上多数是在"抄袭",因为这些内容是被许多人讲了许多遍、基本上讲烂的内容。

为什么我还要再讲?因为我讲的,和别人讲的顺序和逻辑是不一样的,我讲的方式是以我学习、应用波浪理论的心路历程为重要参照的。

这部分不是本书的重点,如果有人认为我讲的内容不够详细或不够明白,可以阅读艾略特原著,或《期货市场技术分析》中波浪理论一章。

既然波浪理论是用一种合乎逻辑的语言来陈述行情波动的逻辑,那么我们就要用介绍一种语言的方式来介绍它,因为我就是用这样的思路学习波浪理论的。

我是走过了很多坎坷、经历了很多困惑之后,才得到了这个系统的思路。

波浪理论回答了三个问题,就是任何分析体系必须面对的三个问题:方向、空间、时间。对应于波浪理论,就是波浪理论的浪形、比例、时间。

在介绍浪形语言的时候,艾略特给我们介绍了什么是一浪、二浪、三浪、四浪、五浪,什么是 A 浪、B 浪?

我们也知道了在上涨的推动五波当中又出现了延长浪。

我们也介绍了调整当中会有平台形、之字形、不规则形,还有三角形、双重三、三重三,我们还知道了大的双之字的调整,也知道了五浪的楔形,还知道了 X 浪的出现。

在浪形上,我们还知道了交替规则和形态交替出现的原因。

在浪形的比例关系上,我们知道了以黄金分割为主来找比例关系。

黄金分割是研究两个相邻浪之间的,不管是同向的,还是反向的黄金比例关系。

我们还讲到了 4 浪的空间,会消化全部的 A、B、C 三个调整浪的下跌。

一浪的顶部和四浪的底部,是不会相碰和重叠的。

这是在回答空间的问题。

我们还知道一浪是不会破启动点的,因为起点是不会被跌破的。

我们还谈到了通道,通道是一浪底和二浪底之间的连线,与一浪高点的平行线形成的通道。还讲到了对数坐标的作用。

在时间上,我们讲了费氏数列和它的应用。经常会不准怎么办?经过

第三讲　如何判别浪形

我的修正，是把实际经历的时间，按黄金分割的比例进行计算，重新找到浪形之间，所跨时间的比例关系。

到此为止，我们已经认识了波浪理论的语言。做一个比喻，大家完成了一个"识字"，接下来就是要"读书"、"写文章"了。

"读书"，就是开始对实际行情中的浪形运行进行识别，识别不同的浪级。

"写文章"，就是对未来的浪形进行预测。

我们要做的就是，做股票非做不可的工作——分析和预测。

在这里可以给大家留一个作业：运用你掌握的现有的波浪理论语言，在上证指数或者你手中的品种，或者是你目标的品种上，去数一数浪。相信你也会发现很多问题，你发现的困惑和问题，也就是我们接下来要讨论的内容。

第四讲
波浪理论应用技术（一）

股市高等级的运动，特别是运行超过几个月的中级运动和运行超过几年的原始级运动，总能见到终点，见到巨大的价格调整和长期趋势线的尽头。而识别调整浪的终止点位也同样重要，因为这是能重新确立非常有利可图的长期方向的价格区域。

——艾略特《波浪原理》

1. 波浪理论应用导论

在我看过的很多讲波浪理论的书中，讲完本书前面的波浪理论浪形的结构、关系等内容之后，全书也就结束了。谈到应用内容的书很少，然而我这本书的重点内容，才刚刚开始。

艾略特在他的原著《波浪原理》和《自然法则——宇宙的奥秘》当中，也讲了波浪理论的应用，但似乎只重点介绍了一个应用的方法：

当发现了一浪、二浪、三浪、四浪的图形之后，就认为后面是一个第五浪。艾略特认为，五浪经常会延伸，会反复延伸。他主张买了股票之后，在第五浪的第五浪的第五浪的第五浪上去卖出。好像不到第五浪的第五浪的第五浪的第五浪的第五浪，就不要卖出，这是艾略特的应用方法。如图：一厢情愿的完美交易

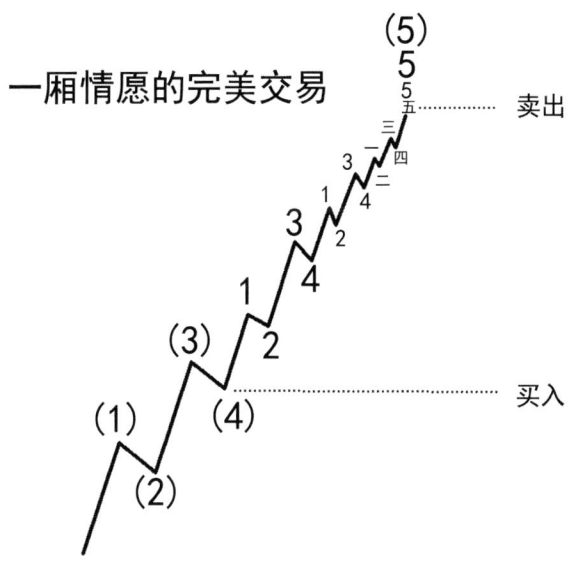

图 4-1

可是，本章既然讨论的是波浪理论的应用，那么就要从实际出发。我认为，实际上，艾略特的应用方法，可以说是没有太多现实意义的。

波浪理论的应用技术，应当应用在哪里？

我们做股票，或者是做期货，或者是做外汇。总而言之，是在行情涨跌之间进行买卖的一种交易行为，因此，我们就要对行情进行分析和预测。预测的目的，就是利润识别技术和风险识别技术的应用。

首先，在这里给利润识别技术和风险识别技术下一个定义：

那么，什么叫利润？什么叫风险？知道这个概念之后，我们再去谈怎么识别它。

利润，就是你预期的行情，和实际经历的行情基本是一致的。而且你从中通过开仓和平仓的交易动作，实现了获得差价收益的目的。这就是利润的形成。

风险，就是实际结果和预期结果之间的差异，也就是说，你预期将发生的行情，和实际发生的行情之间的差异度。差异越大，风险越大，这就是我们定义的风险。

比如，你买入股票以后，认为它会上涨，结果它却下跌了。你认为它应该上涨两块钱，结果它却下跌了三块钱。这里边就有不是三块钱的风险，而是有五块钱的风险。因为你的预期结果是涨两块，实际是跌三块。

这就是风险和利润的定义。

2. 找到未来浪

中国股市这么多年来，到 2010 年的期指问世之前，一直是单边的交易。你只能做多获利，不能做空。现在有了期指，还有了融资融券，那么我们可以说，利润不仅仅是多头利润，空头行情也会有利润。

我们在识别利润的时候，就是在识别未来浪形会怎么走，预测未来浪形会怎么走，就是运用波浪理论预测的过程。

那么，什么是识别风险呢？就是当我们对行情预期的结果与实际结果之间，差异度过大的时候，我们将控制住这个风险。

利润识别是为了发现利润，风险识别就是为了控制风险。波浪理论在这方面，是可以给我们以帮助的。

我常常说，当行情跟我预测的"不太一样"不是问题，当"太不一样"时就该控制风险。

"分析预测"其实是一个词组，是先分析后预测。

从波浪理论的角度来谈这个问题，就是先分析今天以前浪形是一个什么性质，今天以后是什么浪形，就很容易清楚了。

举个例子说，比如紫鑫药业在 2010 年 7 月到 9 月间，我们可以看到，走出明显的一组由五个子浪构成的一个推动浪形，并且随后走出的又是三段式的调整浪形，符合一浪上涨和二浪回调的浪形特征。那么我们可以做出预测，之后还有一波更大的上涨，因为它是第三浪的上涨。如图：紫鑫药业的浪形分析预测。如图所示，前面对一浪上涨和二浪调整的判断是分析，认为后面第三浪会发生，就叫预测。

我们看到了上证 380 指数在 2011 年 4 月中旬到 5 月中旬的子浪，当中出现了反弹三波的情况，并没有五个推动浪的特征。于是，我们再看到它回落的时候，我们就可以这样认为，这是下跌波形中的一个反弹浪，接下来是一个与前期下跌浪同级别的下跌浪的概率比较大。如图：上证 380 指数 2011 年 4 月的三段式反弹。前面的部分是分析，后面的部分是预测。

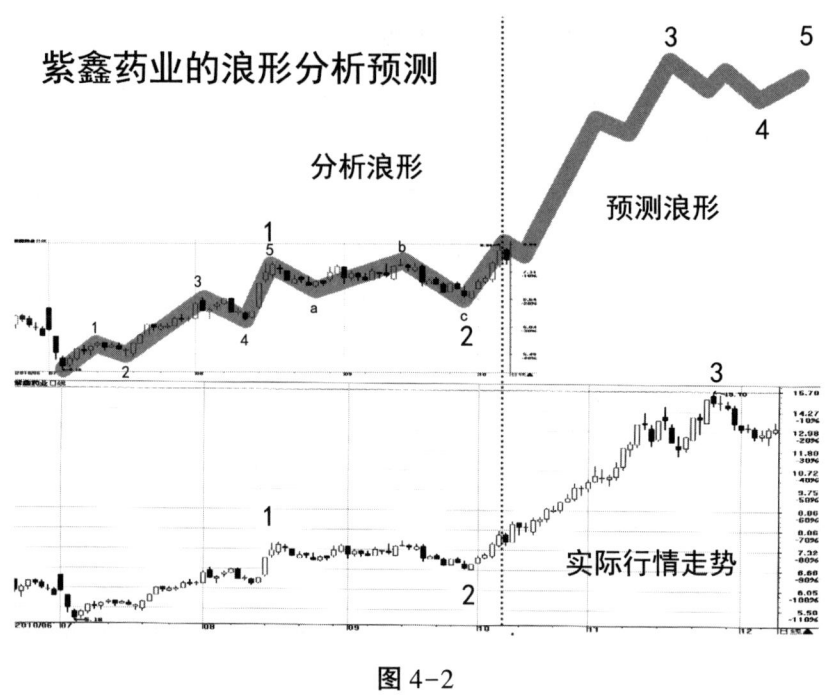

图 4-2

这就需要你把前面讲的内容——波浪理论的语言,大浪套小浪,小浪中还有小浪……各各子浪之间的关系,不同浪形之间形成的形态,要烂熟于脑,自然就很容易达到能够分析也能够预测的水平。

波浪理论是一种语言,它是用一种合乎逻辑的语言来描述行情波动的逻辑。这是本书中会反复出现的重点句。

通过我的应用经验,是在描述过去浪形的时候,往往指数甚至于包括绝大多数个股,可以说是一浪都不差。我们可以认为,对未来的描述也应该是这样——一浪不差。

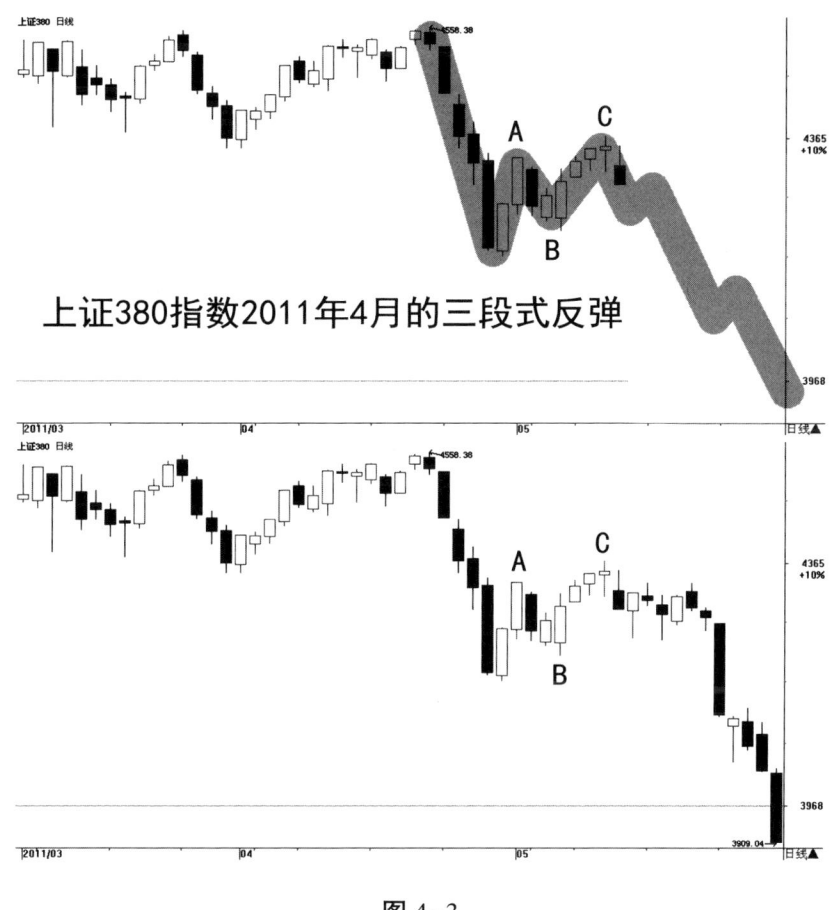

图 4-3

毕竟这种方式方法，就是用一种合乎逻辑的语言来描述行情波动的逻辑。因为行情就是按照逻辑走的，也就是说，行情是可以分析和预测的。

3. 中国股票交易的适中浪

我们来分析预测什么样的级别行情才是最有利于获利的？以中国股市为例，我主张应该分析的是像 1996 年那样的上涨大波段，和像 2005 年到 2007 年这样的上涨大波段。如图：中国股票交易的适中浪

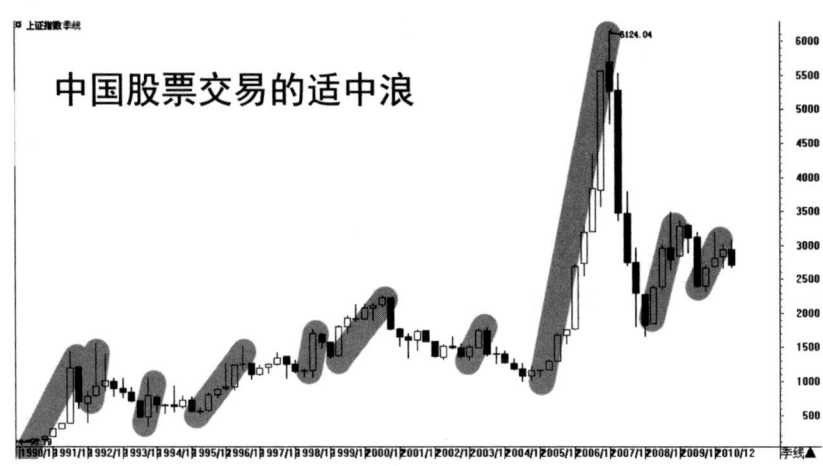

图 4-4

看起来好像是笔者在主张做长线,实际上不是。

做长线这个概念,可以说是来自于国外。因为国外要想实现大的收益,除非是用融资融券的方式(透支交易),你只能够在长线中获得比较大的投资收益。

我曾经在能够看外盘个股的软件当中,看到过一只当时被称为"大牛股"的股票,它用三年的时间才涨了一倍。这种速度,不做长线怎么能得到比较高的收益呢?

可是中国股市却不是这样。中国股市在某些品种上,它的弹性是非常大的。

我们来看一看,中国股市和美国股市的弹性比较:如图:上证指数与道琼斯指数。道琼斯指数从20世纪80年代的1000多点,一直涨到2007年的14198点,这用了近20年的时间,才涨了10倍多。

而中国不可同日而语。

上证指数从1990年的起点——100点,经过仅仅17年的上涨,2007年最高点位到达6124点,这是60倍。

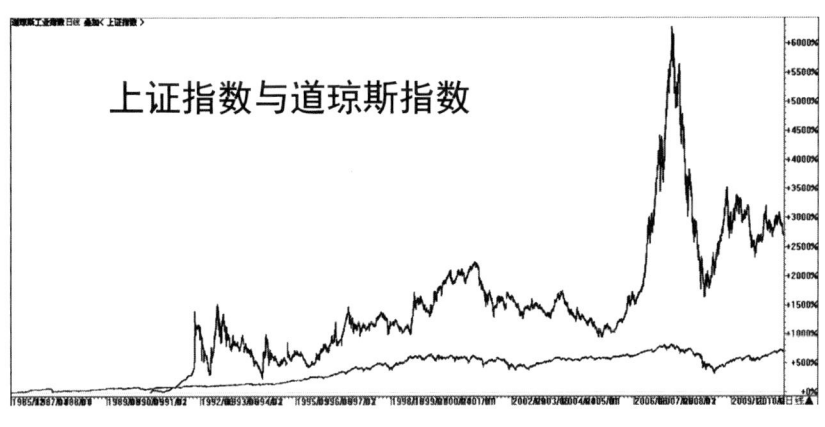

图 4-5

也许有人会说，上证指数是综合指数，道琼斯指数是成份股指数。好！我们也有成份股指数——深圳成指。深证成指从 396 点起步，到了 2007 年上涨到 19600 点，上涨了 49 倍！

中国股市行情有着非常大的弹性，非常大的涨幅空间。如图：深证成指与道琼斯指数。所以，在中国股市用波浪理论做波段，就应该找到时间长短、空间大小适中的浪形。也就是我常说的，周线、月线上可见波段。

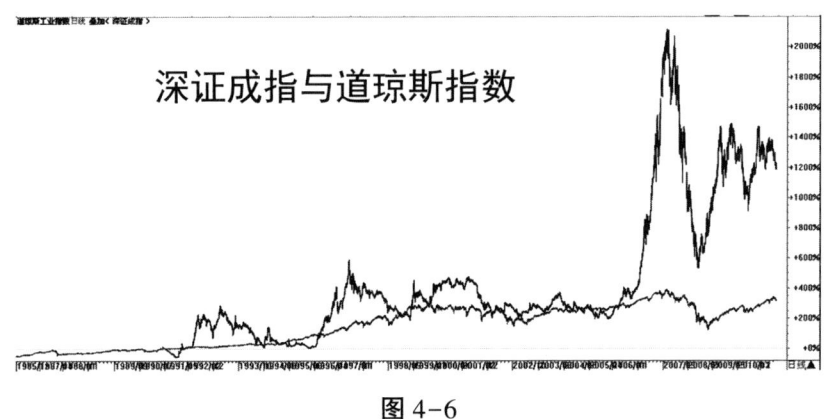

图 4-6

因为在不同的品种上，弹性决定了该长该短的问题，而不是我们主观的臆断。

举个例子，比如在国债上，它是在利率的涨跌范围内波动的投资品种。怎么能做太密集的短线交易呢？交易的理由之一是，买了这只国债以后，因为加息，发现它的收益率不如新的国债品种收益更高，不如这时候卖掉它去买新的国债。这是做国债交易的一个估值、一个思路。所以，在国债交易中，由于其弹性太小，就没法做频繁的短线。

同理，在沪深300股指期货上，针对你的保证金来讲，单日震幅常常达到百分之二三十的幅度。这怎么能够去做长线呢？就算你知道下跌以后还能够上涨，可是，指数下跌百分之十几以后，你的资金就已经全部被爆仓。后面再涨起来，跟你也没关系了。同样，当你已经在期指上实现了一倍或者两倍收益的时候，只要指数稍有回档，你的利润将损失一半或者是一多半。何必损失这么大的利润幅度呢？

更不要说，期指合约是有到期时间的。交割日一到，不想平仓也得强制平仓。

所以，期指就没法做长线。在期指上交易，图表分辨率只能是小时图，甚至是更细一些的半小时图、十五分钟图、五分钟图。从中找到浪形，进行分析预测。

上面的内容，主要是让我们找到适中浪，加以研究和利用。同时，在适中浪上，我们才能找到我们能够得到的利润。

我们之所以研究波浪理论，不是为了应付考试，或撰写论文，而是为了实际应用，是为了拿到差价的利润，控制风险。这是我们研究波浪理论的根本目的。

4. 关于"隐藏浪"的问题

选择到了适中浪，在对其进行分析的时候，有时我们会发现，我们想判断这一浪形的子浪关系时，在图表上却可能看不到。

举例：上证指数 2010 年 4 月中旬，从 3181 点一直跌倒了 2245 点的这一波下跌当中。从 3181 点跌至 2319 点，在月线图上只能看到一个浪形，也就是月线连续收了三根阴线。我们在里边似乎找不到更细的浪形了。如图：2010 年的隐藏浪。如果认为 2010 年高点跌下来是一个五浪下跌的话，好像少了一浪。

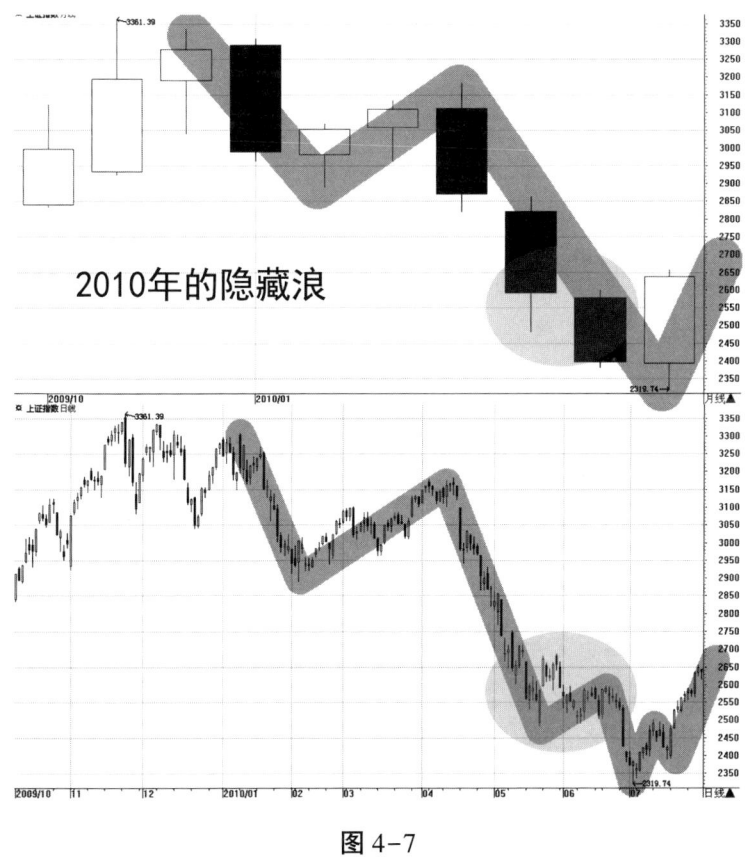

图 4-7

我们要判断的是月线上可见的浪形。可是我们看不到这个浪形怎么办？

可以把时间分辨率再调高一些，从日线、周线上看。

如图所示，在日线图上，我们就可以看到，在 2481 点一带，形成过一个呈三角形的四浪整理。

用这种方法，我们就可以看到，从2010年初的3200多点的高点开始，出现连续下行的五波推动式的下跌浪。

而且我们还可以认为，由于在一浪和二浪用的时间过久，于是乎三浪走完之后，根据交替规则，四浪出现了时间的缩短。那么，五浪的时间也可以较一浪所用的时间缩短。

这样一来，我们在周线和日线图上，就能看到这样一个清晰的五波下跌了。

5. 波浪理论应用中"经常数不对"的问题

在运用波浪理论数浪的时候，很多波浪理论的应用者发现，自己数出来的浪形，与未来的走势好像总是对不上号。这严重打击了波浪理论初学者的积极性。因为他们发现，波浪理论根本就不准。

实际上，你对未来浪形的判断错误，其根本原因，是你对过去浪形的判断不对。

除了刚才提到的"隐藏浪"被你丢失了，还有一个重要原因，你过分地迷信波浪理论。你在那里完全是在套浪，而不是用眼睛去看一个浪形波段的涨跌强弱的逻辑关系。

根据涨跌强弱的逻辑，对过去的浪形进行了正确的判断之后，自然就能够得到对未来浪的一个正确认识。

再举一个例子：那是2010年在接受北京电视台采访的时候，我做出的一次准确的预测。如图：3186之后的重合浪下跌。在2010年的4月中旬，那还是在期指问世之前的时候，我去北京电视台做了一档节目——天下财经栏目周末版。

在现场，主持人问我对于未来行情的观点。当时在场的还有两个分析师，有人认为会冲高回落，有人认为还要涨起来。

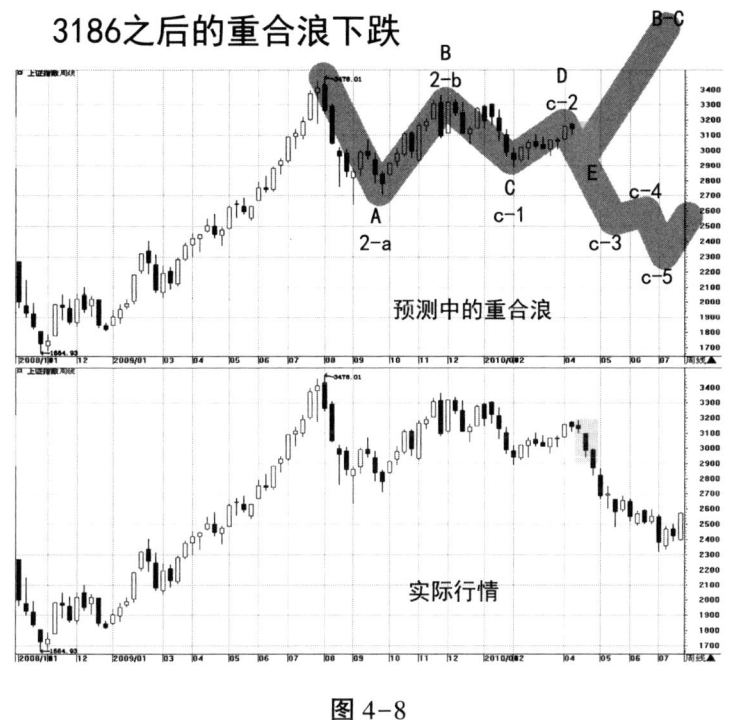

图 4-8

当时我认为接下来是要有一轮下跌的走势,当时我还开玩笑地写下来,是"吓跌"的走势。

事后,果然在期指问世以后,行情出现了下跌。当然,在节目中我就曾经说过,未来的下跌跟期指的问世是没有关系的。

下跌之后,又请我去解释。我说这只是波浪理论的一个预测结果,现在也跌破了支撑位。那么向下还要运行这个 C 浪的下跌推动浪。

事后证明,行情和我预测的走势差不多。

我不是只会看空的死空,后来在微观世界里对底部的预测也很准确。当时胡紫薇和程文卫还在那里讨论,自然灾害会对行情有利空作用等等,我则表示坚持看多。

先不谈这些,这里接着谈上面说的"吓跌",我是怎么预测出来的?

首先,还是要从一种合乎逻辑的语言来陈述行情波动的逻辑这个角度来理解应用波浪理论。

从 6124 点跌到 1664 点，这是一波下跌的行情。

它可以是一个整体下跌过程的第一段，也就是说 A、B、C 三浪当中的 A 段。

它也可以是一个完整 A、B、C 调整浪，或双之字的完整调整浪形。

这是说有两种可能。那么接下来的上涨，也会出现两种可能：

一种可能是：直接开始新的上涨大浪形。其也是在涨跌之间，以推五回三的形态上涨。

还有一种可能：只是走一个 B 浪反弹，B 浪也要走三波，是 A、B、C 的三段式结构。

看当时的形态，上证指数从 1664 点上涨起来以后，有一个看似五波推动的形态。之后，以八周左右为一个波段，一跌一涨地走了四个波段。

到这时候，行情就有两种可能：

第一，当时在 3181 点以前的这一波小的上涨，可能是 B-B-D 浪。这是 B 浪走的一个三角形形态，当时正是处于 D 的高点。如上图"3186 之后的重合浪下跌"。

接下来有一个 E 段的下跌，那么 E 段的下跌之后，可能不会跌很深。但是，会下跌。跌完之后，再进行上涨。且会涨到 3478 点以上。

第二，这是另一种可能。既然前面是一个五段上涨形态，可以理解为一浪。也就是说，从 6124 点到 1664 点已经走完了一个完整的下跌的循环。既然是一个新的上涨五浪，那么 1664 点到 3478 点只是第一浪。之后进入的是一个二浪的调整。如上图"3186 之后的重合浪下跌"所示。

那么在二浪调整当中，从 3478 点跌到 2639 点，之后再反弹起来，这是二浪的 A 和 B 浪的结构。之后再往下跌，是进入了二浪的 C 段。当时冲击 3181 的时候，恰恰是 2-C-2 浪的反弹。也就是说，接下来是一个 2-C-3 浪的下跌。

两种浪形判断，同时指向了一种下跌的方向。这就说明下跌的概率非常高。

这个例子当中的 B-B-E 浪和 2-C-3 浪，就是我常常讲的重合浪。

你看，在 3181 点的位置，无论前面的 1664 点是不是一个完整调整的低点，都要经历一段下跌的走势。于是乎，我称之为"重合浪"。

这也是本书接下来要讲的一个重点。

6. 重合浪

说波浪理论不好的人，在攻击波浪理论的时候，说得最多的就是"千人千浪"。意思是不同的人数会数出不同的浪形，总有人数对，但不一定有用。

我说，千人千浪太费劲了，干嘛要千人？我一人就可以数出一千种浪来。

就是说对过去的浪形，也要有多种可能性的判断，对波浪理论有错误理解的人，往往是对过去的浪只数出一种可能，而且不加修正。对未来的浪也只数出一种可能，也不加以修正。生搬硬套，必然处处碰壁。

千万别忘了，预测的定义是什么？

预测是为了预备而进行量化的推测，是根据现有数据中的规律，来进行的推测，这就是预测。而不是根据这样的情况，必然会出现那样的情况，在股市行情中，是没有这种绝对的必然关系的。

我们为什么要讨论重合浪的问题，也是为了提高波浪理论在应用中的作用。因为波浪理论，就是一种合乎逻辑的语言来描述行情波动的逻辑，当它把行情的未来这个走势的几种可能描述出来的时候，我们就可以根据它来对行情进行交易上的准备了。

对利润进行有效地捕捉安排，对风险进行有效的控制计划。后面我们还会谈资金管理的问题，这里埋下一个伏笔，先不谈。

在重合浪出现的时候，无论是按哪一种浪形去走，它都指向一个方向，就像前面举的那个例子一样。

当时是，无论是哪个方向都指向要有一波下跌出现，于是乎，自然行情下跌就成为了一种最大的可能。

在重合浪当中有多种可能。下面我把我经常用到和发现的几种重合浪，给大家介绍一下。

7. B 浪 C 和三浪三的重合

如图"2009 年初上证指数 B-C 和 3-3 的重合浪"所示，前面出现了五波的推动，之后经过了一个三段式的 A 段的下跌。或者是二浪的全部三段式回调。这是对"过去浪"的描述，这也算是一个重合浪的判断。

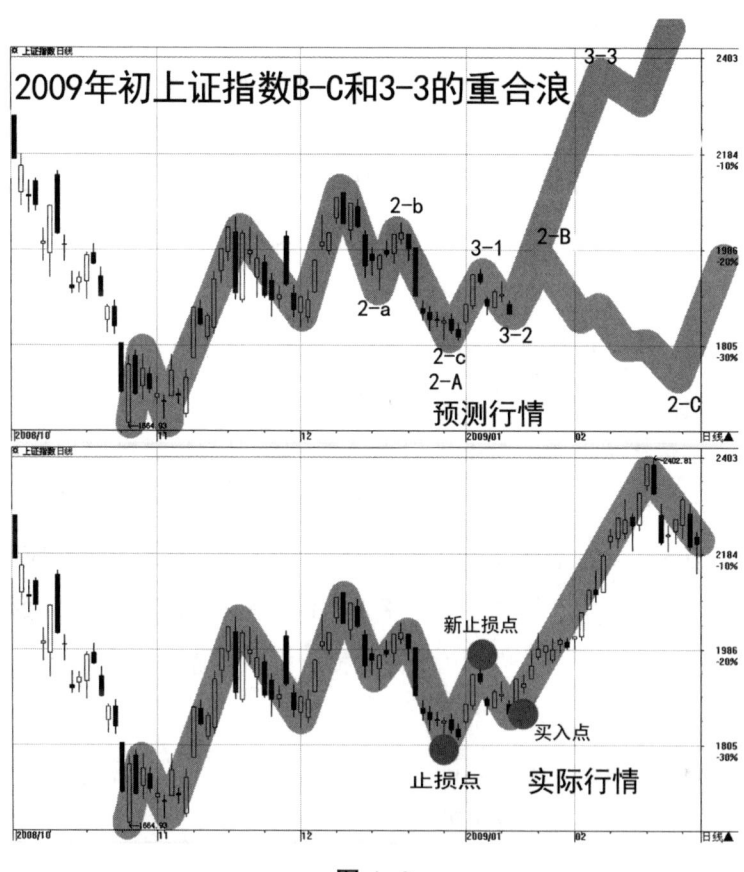

图 4-9

第四讲　波浪理论应用技术（一）

之后，行情再经过一涨一跌。这时候有两种可能，但都指向了一个方向——上涨。

第一种上涨是 B-C。如图所示，前面是一个五浪推动，之后接下来只是一个 A 段下跌，之后的一涨一跌，是 B 浪反弹中的 A 和 B。B 浪是 A、B、C 三段，经过 B 浪 C 的上涨，之后才进入 C 浪的下跌。

第二种上涨是 3-3。前面是一组五个浪的上涨，经过 ABC 的下跌之后，已经完整了全部的二浪调整。接下来要进入的是推动五波的上涨。那么这一涨一跌，就是 3-1 浪和 3-2 浪，之后是 3-3 浪的上涨。

如图所示，B-C 的反弹和 3-1 的上涨，这两个波段是重合的。

有的人为什么数浪有数不准的时候，就是主观臆断，自以为是。比如上述的浪形，错误应用波浪理论的人，就会认为接下来必然是三段，结果如果上涨，他就会踏空。或者认为必然是上涨的三浪三，结果下跌，他就会被套牢。这是对波浪理论的错误应用。

正确的应用是，我们应该知道，未来两种可能性都存在。尤其是在浪形数据不全的情况下，如果只是这么一个五波推动和三波回落的话，那么之后两种可能是都存在的。

我们正确的做法是制订交易计划。

第一我们经过多种方法去分析之后，认为 3-3 浪出现的可能性是很大的。我们可以在回落到图中标识的"买入点"时介入，同时以前面的低点为止损点。

当行情涨起来了，我们需要随时调整新的止损位。当行情上涨出一段空间，我们可以把图中小一浪的高点作为"新止损点"。

利润在增加，止损位也同时上调。这是我们做股票的正确方法之一——利润保护。

同时我们也要在前面小三波下跌的低点下方，做一个本金的止损位。如果行情跌破了这个低点，那就可能不是 3-3 浪的结构了，因为三浪二是不可能跌破三浪一的起点的。

这就是 B-C 和 3-3 的重合浪分析预测和应用。

8.3-3 浪和 5 浪的重合浪

下图是一个"富贵险中求"的重合浪形，为什么叫富贵险中求？就因为其风险和利润都很大。

这就是三浪三和第五浪的重合浪。如图：梅花集团的 5 浪和 3-3 浪重合。以 600873 梅花集团为例，我们看到了前面有四个向上运动的浪形，之后又走出来了要冲高的态势，而且放量很大。

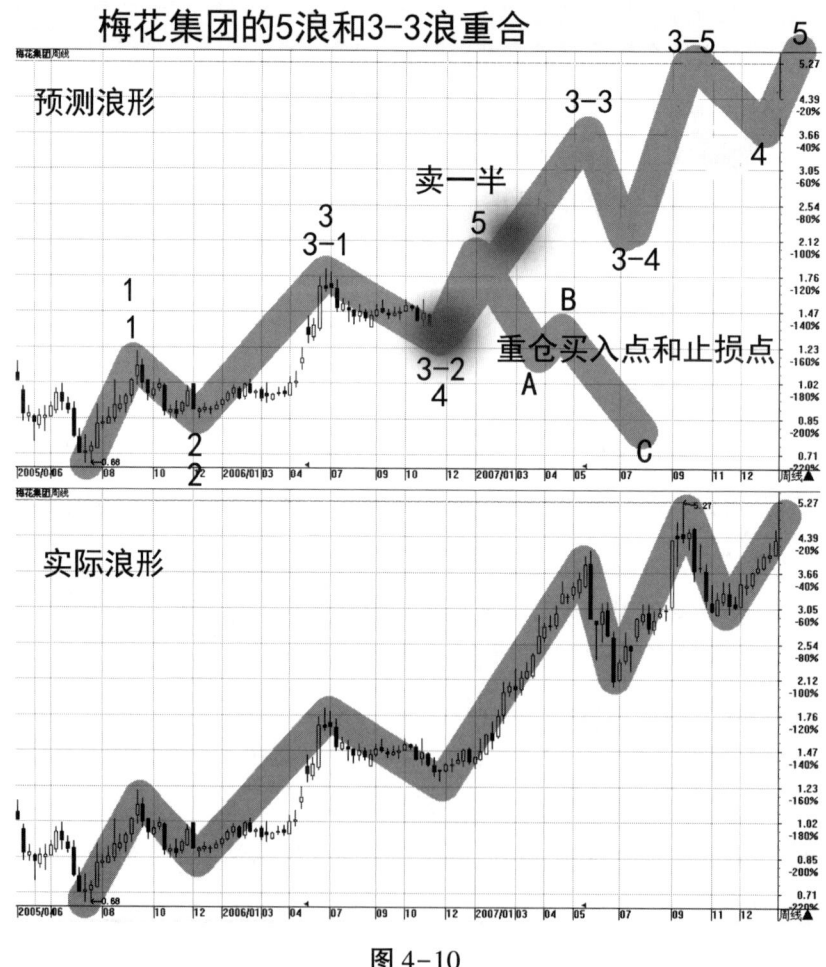

图 4-10

第四讲 波浪理论应用技术（一）

这时候可能就是要走出第五浪。第五浪在放量。天量见天价，见到高点之后，就要振荡向下了。这是一种可能。

还有另一种可能，这里是三浪延伸浪的第三浪刚刚开始。前面的一浪、二浪、三浪都是对的。但是前面图中显示的第三浪的上涨，实际上是3-1浪。经过的回调不是四浪，而是3-2浪，接下来是爆炸性的3-3浪。这时也需要爆炸性的成交量的配合。

在《波浪原理》一书中，艾略特也强调了成交量要配合波浪的形态。

上述这两个浪形短期来看，都指向了上涨，是一个重合浪，它的上涨概率是很大的，成功率很高的。

这种情况下，我们就可以把这个浪的起点——不管是四浪低点，还是这个三浪二的低点，作为止损点，重仓介入。

之后，涨起来出现了这个第五浪，或者说三浪三涨，我们在疑似第五浪高点的时候，要减掉一半手中的股票。

减仓后对行情进行观察。如果真的行情出现了加速，不管它是五浪在走延长浪（这也是有可能的），还是三浪三开始了，当行情强市确立了，我们再把卖掉的股票买回来。之后，再重新根据波浪理论找到新的利润止蚀位。

如果，我们发现行情不是这样的，只不过是一个第五浪而已，行情很快就跌下来了。

前面我们讲到过，一个调整可能会在前面的四浪区间获得支撑。

这个时候，我们已经在疑似第五浪高点的时候卖掉了一半的筹码，在四浪底部区域如果能支撑住，再起来的话，就逢高了结剩下的筹码。如果支撑不住，就在破掉低点之后止损卖出。

这样一来，等于我们用了半仓或者说我们原来买入量的一半的资金，获得了一个第五浪的利润。

比如说买了一万股，在疑似第五浪的时候卖掉了五千股，再跌回来的时候，几乎是没挣钱，平本就卖掉了，术语叫平推。但还是得到了五千股的利润。虽然没得到一万股的利润，但也是有利润的。既然是在一个高位了，还能拿到一个五千股的利润，应该比较满意了。

第五讲
波浪理论应用技术(二)

在一个市场平均值中股票的数量越多,它所遵循的波浪图形就越完备。

——艾略特《波浪原理》

1. B 浪 C 和五浪三重合

这一节讲的内容，跟前面讲的 B 浪 C 和三浪三的重合有些雷同，但不完全一样。

它的重要区别在于，前面讲的只是一个五浪。这里说的这个五浪三的前面，却出现了两个五波的上涨。如图：B 浪 C 和 5 浪 3 重合。

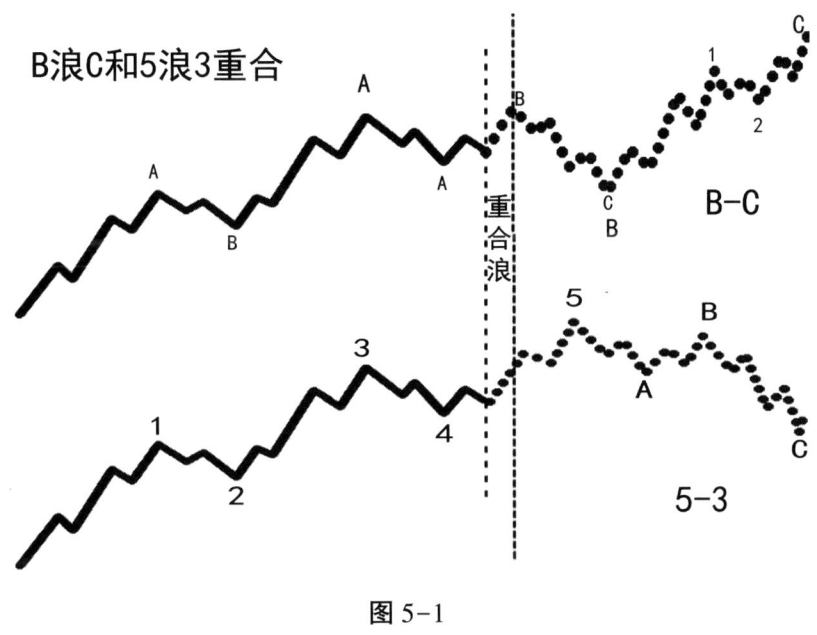

图 5-1

先说 B 的可能：如图所示，就是前面有两个五波推动浪的上涨之后，它有可能是一个大的 B 浪中的 A 浪。这种浪形结构，也是五、三、五的上涨过程。

之后是一个 B 浪回落，B 浪回落当中，会有一个 B-A 的下跌和 B-B 的反弹，之后是 B-C 的下跌。

上述的 B-B 的反弹当中也是三段，分 A、B、C。这个 C 段是上涨的，这是对于"B 浪 C"的描述。

上述浪形，也可以解释为五浪三。

如图所示，五浪三的结构前面，有两个推动浪的上涨和一个调整波段。它的结构也是五、三、五（和上述浪形重合），之后也经历了一个 A、B、C 的三段式的调整。这是一个第四浪的调整。第四浪的调整之后，进入的是第五浪的上涨。先是五浪一的上涨，之后是五浪二的回落，接下来是五浪三的上涨。

这一波上涨，和前面说的 B 浪 C 是一样的。

大家可以看到，同样是一个高点的回落，浪形判断不同，形态是一样的。

同样是回落后的上涨，浪形定性却不同：

一个是反弹 B 浪中的 C 段上涨，一个是五浪中的一浪、二浪之后的三浪的上涨，但浪形也是重合的。这是一个重合浪的形态。

这个重合浪形，在交易时应用起来，它的成功率会很高。为什么？因为它的趋势十分明朗。

前面已经有五、三、五的上涨浪形的推动浪，后面再出现一浪上涨的概率是非常大的。无论是一个像样的 B-B 的反弹（之后还是 B-C 的大上涨浪），还是第五浪的上涨，都是强市格局。

我们可以用黄金分割或通道法，找到获利离场的位置。也可以用短期支撑线，作为利润保护的止蚀位，以此设离场位置。

那么，这个重合浪的止损位应该设在哪里？应该是 B 浪（或第五浪）的起点。

如果这个重合浪不是一个短期的调整，而是一个中期的下跌，那么它下跌的形态，就会走反复的五波推动式的下跌。

我认为，B 浪的起点处，或者是五浪的起点处，就应该作为止损点。这个止损点，如果被跌破，那么后面的浪形，乐观地看，可能会跌一小波，然后会再涨起来。悲观地看，可能是一个继续下跌的过程。

这就是 B 浪 C 和五浪三重合的形态及应用。

这个重合浪形很常见，例如沪深 300 指数。如图：沪深 300 指数上的 B-C 和 5-3 的重合浪

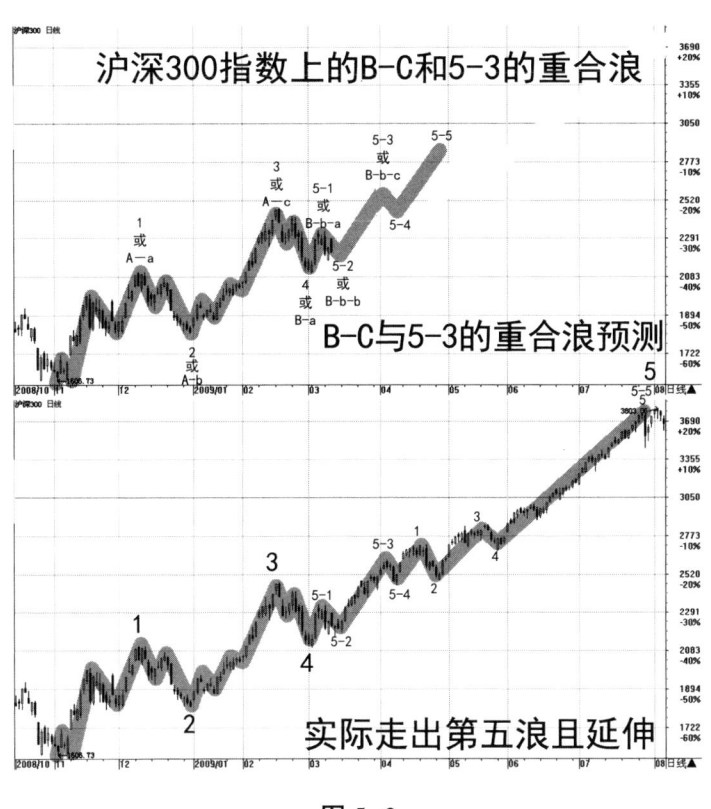

图 5-2

2. 五浪的延伸和三浪三的第三浪的延伸重合

我在前面也讲过第五浪和三浪三的延伸重合浪。这次讲的，跟上面有雷同点，但也有不同点。

这里我要说的是，不同点在哪里，第五浪和三浪三的延伸重合浪会出

现在大牛市当中，前提是，在行情确实很强的时候，趋势持续力度很强的时候。如图：5浪延伸和3-3-3浪重合。如图"5浪延伸和3-3-3浪重合"所示，我们发现，前面的虽然是一浪、二浪、三浪、四浪，就是五、三、五、三的结构出现了，就是一个推动浪接一个调整浪，重复了两次，这个结构出现以后，接下来的浪形，可能是第五浪。艾略特认为，第五浪是最有可能出现延伸的。

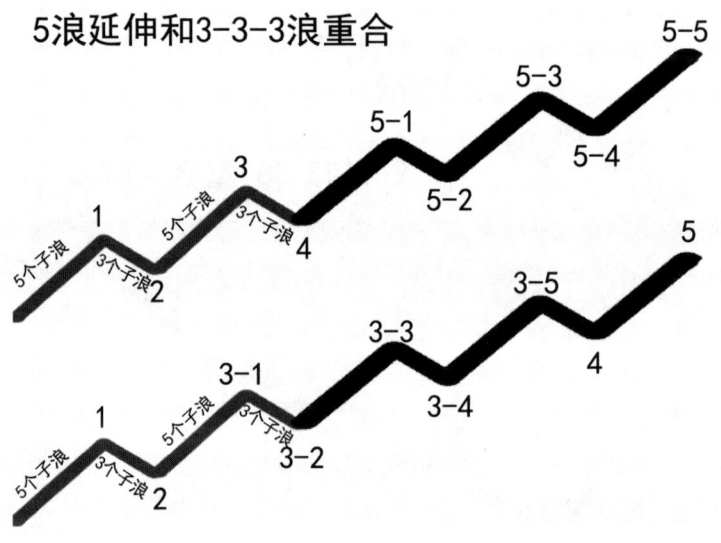

图 5-3

但同时，如图"5浪延伸和3-3-3浪重合"所示，也可能是一个第三浪的第三浪正在运行中。

那么到底它有没有可能是第五浪延伸？或者说这种重合概率是不是更高？

我们有一个依据来判断：一三等长，五浪延伸。

在本书前面的基础知识中，我曾经讲过，就是一浪和三浪如果等长的话，那么五浪会延伸。在这个浪形当中，当我们发现一浪和三浪是等长的，那有可能五浪是延伸的。

浪形示意图：3-1浪高度低于1浪，同样的理由，如上图所示的一浪、三浪比例不是等长，图中的3-1浪（第二段的上涨），它比1浪（第一段上涨）还短一些。这时候我们应该知道，它可能不是一个推动的第三浪了，它有可能只是第三浪的第一浪，接下来要完成第三浪中的一组五个延伸浪。

当我们有理由确认延伸浪已经出现，且再经过一涨一跌之后，后面还会有上涨空间。

如图"5浪延伸和3-3-3浪重合"所示：

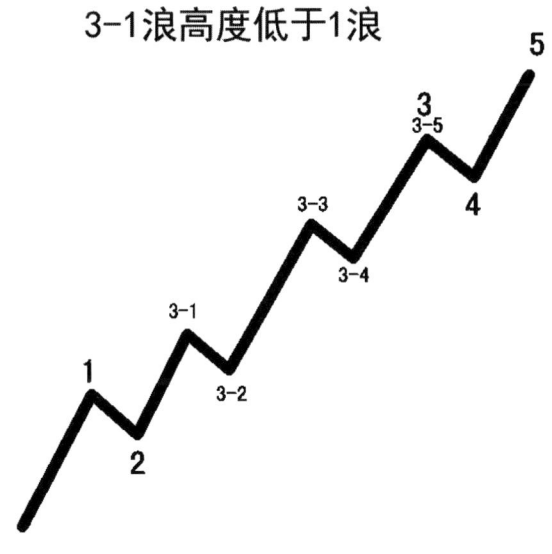

图 5-4

如果是五浪延伸，五浪一和五浪二的一涨一跌将会出现。

如果是三浪的延伸的话，也就出现了三浪三和三浪四的回调。

这时候我们已经看到一涨一跌反复了六次，离"天九波"还差三个波段。更应该确定，可能后面还有更长的延伸浪。

但这里要特别强调的是，我们看到的下跌一定是调整形态，下跌浪形在小级别的浪形上，不应该出现五波的推动形态，而应该是一个比较"扭捏"的下跌方式，或只是三波式下跌，或者是一个三角形的形态。这时候确立它向上的概率会更大。

我说过：只有可计划的亏损，没有可计划的利润。这时候我们也要考虑到止损的问题。

下图是止损位示意图：5浪延伸和3-3浪重合的止损位

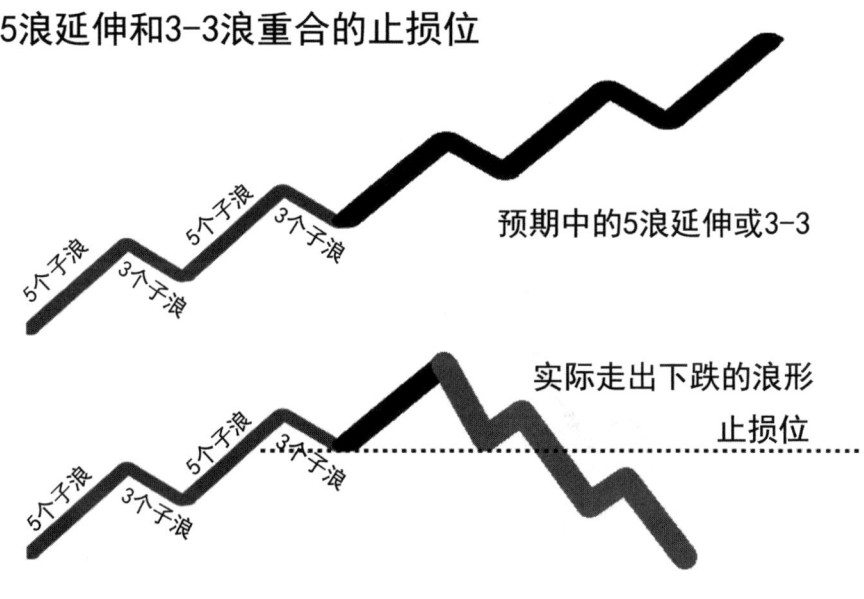

图 5-5

如图所示，止损位置就是前面一波回调的低点。

如果是重合浪中的第一种浪形（五浪延伸），止损位就是五浪的起点。

第五讲　波浪理论应用技术（二）

如果是重合浪中的第二种浪形（三浪三），止损位就是三浪二的低点。

因为那里是第五浪的起点，或者三浪三的起点。这个位置如果被跌破了，那么最乐观的估计，也只是后面是一个第五浪，这只是一个四浪B创新高的格局。如果不乐观地估计的话，他可能是自此要跌下去了。

如果我们发现利用上述重合浪买入后，行情是往上大涨的，而且我们的利润也是快速增加的时候，那么，我们就要把浪形前期的每一个高点作为完成兑现动作的利润止蚀位。

因为这时候，如果是三浪三延伸的话，那么它往下的调整是三浪三的第四浪。第三浪的第四浪是不可能跌破第三浪的第一浪的高点的。

关于这一点，我们在前面讲的基础概念里有相关阐述："一顶四底不相碰"。

那么，如果这是一个五浪的延伸的话，五浪的延伸也一样会出现在新的上涨浪形当中，它不应该跌破第五浪的第一浪的高点，最起码是第一浪的起点。

虽然它们是牛市中最具爆炸性的推动波，也要有止损的或利润保护止蚀位。

当这个重合浪的一波走完五浪形态，到达高位的时候，接下来的行情就有两个分别了。如图：暴涨后的区别。其一，这是五浪延伸已经到达了头部区间，如图下半部分所示。其二，这是一个三浪延伸。经过了四浪调整，后面还有一个第五浪的上涨，如图上半部分所示。

这是一个面临纠结的时候。怎么办？我的策略是，还是让市场去走。

在这个位置上，与前面应对 3-3 浪和 5 浪重合的方法一样，就是在疑似五浪五的高点位置，卖掉持仓的一半。

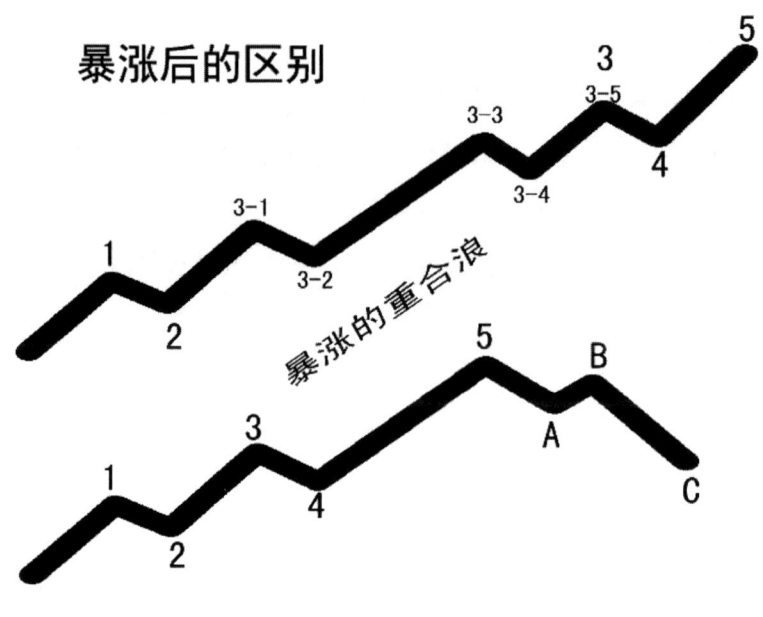

图 5-6

如果经过了调整，走出了大的向下调整的浪形结构，我们没有在高位空仓，只丢掉了一部分仓位的利润，但不是本金。

既然行情选择了大规模的调整，这时候我们一定要在三浪一的高点，或者说是五浪一的高点上卖出股票，这只是减少了我们的利润。

如果我们留下来一半的仓位，等待行情的变化。之后经过整理又上涨了，走出了延伸的三浪之后的第五浪。那这一半的仓位，就给我们带来了一半的利润。不必满仓去抓这个头部的利润，在末涨波段的时候，要保持一个谨慎的态度。

当然，如果前面对应的第一浪的长度足够长，那我们仍然可以在突破前期延伸的第三浪高点的时候，再次买回卖出的筹码。

前提是，如果一浪和第五浪是等长关系的话，也就是说，如果突破三浪的高点，还有很大空间的话，我们再把前期减掉的仓位买回来。之后，再在高位上分批了结，或者等到它出现转向形态之后，我们再离场。

再强调一下，五浪延伸和三浪三的延伸重合浪的应用，多半出现在大牛市的大牛股里面。

600644 乐山电力曾经走出过这样的浪形。如图：乐山电力的 5 浪延伸和 3-3 的重合浪

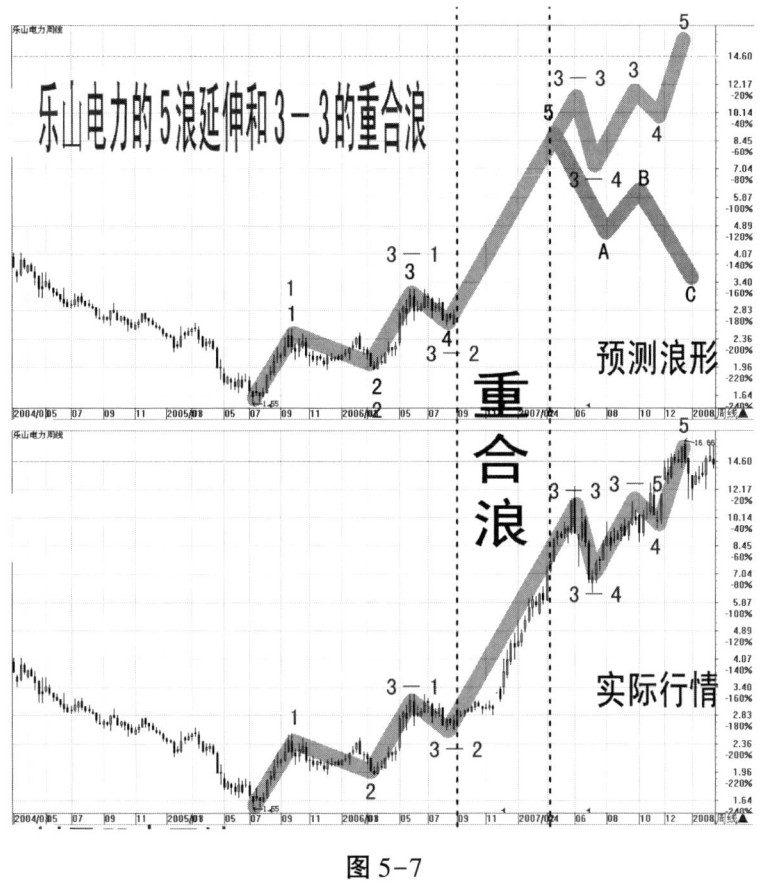

图 5-7

如图所示，前面两个上涨的波段已经改变了下跌的趋势，同时市场的背景也是牛市。这时候，行情最大可能就是走五浪延伸或 3 浪 3 的加速上涨。该股自重合浪发生后，每一个子浪的低点均未被后一个子浪跌

破过。所以，操作时，把前一个子浪的低点作为止损是很合乎市场逻辑的。

A-4、B-A、5-1 的重合浪形（如图）

示意图：A-4、B-A、5-1 的重合浪

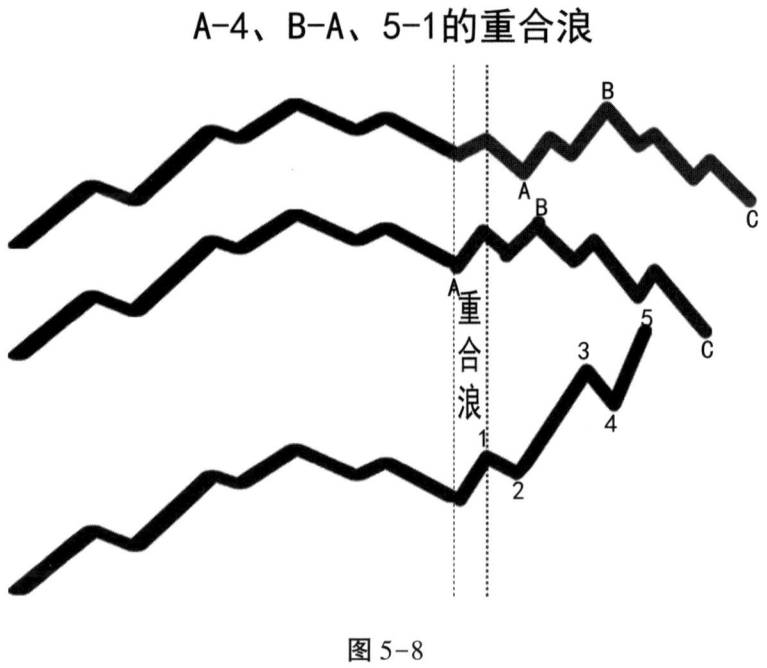

图 5-8

如图所示，五段式的 A 浪 4，三浪式的 A 浪之后的 B 浪 A，还有第五浪的第一浪开始，这些浪形也是重合浪的关系。

五段式的 A，发生了 A 浪一、A 浪二，A 浪三，走到这的时候，它和 A 浪是三段式的结构，A 浪 A、A 浪 B、A 浪 C 也是这样的三段。

同时，三段式的四浪（4-A 浪、4-B 浪、4-C 浪）形态走完之后，和上述的浪形也是重合的。

如果是第一种浪形，A 浪是一个五段式，那么经过 A 浪一、A 浪二、A 浪三，这时会走出 A 浪四的反弹（虽然 A 浪五要进入下跌，之后才是一

个反弹的波段。但反弹的高点，应该是高于 A 浪三的低点）。

如果是第二种浪形，A 浪下跌是 3 段式，那我们买入点就是一个低点。A 浪的三段跌完后，就进入反弹了（但之后还要进入 C 浪的下跌）。

如果是第三种浪形，已经完成了推动波之前三段式的调整，接下来是第五浪也好，是第三浪也好，总之是一个新的上涨推动浪的开始。

上述的上涨重合浪在应用上，是有区别的。

第一，如果这是一个上涨趋势非常明朗的态势的话，换言之，它很像一个四浪的结构，或者很像一个二浪的结构。那么，这时候我们的做法是，开仓买入做多。

第二，如果不是上涨趋势非常明朗的态势的话，而是在一个震荡市，或小级别上涨浪形当中，在应用上，我主张，假如这时候仓中持有品种的话，不要盲目杀跌，也不要作为一种开仓买入的方式，只可以是一个暂时不卖的理由。

因为我们可以再等一等，看行情是不是有反弹的可能？也就是看行情上涨的概率是不是够大？

因为如果是一个弱势结构的话，只是一个小级别浪形出现的话，那么后面有可能出现 C 浪的下跌，甚至是 A 浪就走出一个延伸浪的跳水式下跌。

比如说 A 浪三是延伸的，那接下来跌得会很深。或者说是 A 段的下跌深度，达到了 B 浪反弹都不能让你解套的地步。所以说，买入是要慎重的。

在卖出的时候，如果遇到这种情况，倒可以审慎一下。这就是这个浪形的用法，它是一个有一点危险的重合浪。

2010 年 4 月到 7 月，海通股份在调整之后，走出了较大的上涨行情。其见底回升的位置，就是一个这样的重合浪结构。如图：海通集团的 A-4、B-A、5-1 的重合浪

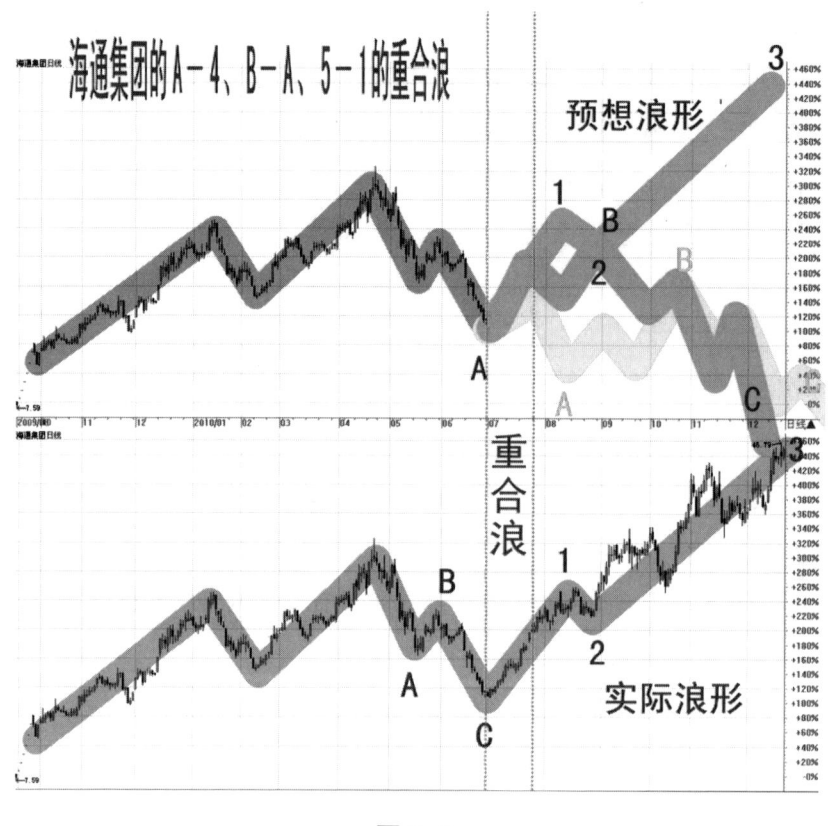

图 5-9

3. C 浪四和新的波段的第一浪的重合

重合浪的应用,还有一个作用,就是解决一些波段是不是同一级别子浪的问题。

关于 C-4 和新的波段的第一浪的重合,举一个具体的例子:2010 年 7 月前后,在上证指数中是出现过这种浪形的。如图:上证指数出现的 C-4 和第 1 子浪的重合浪

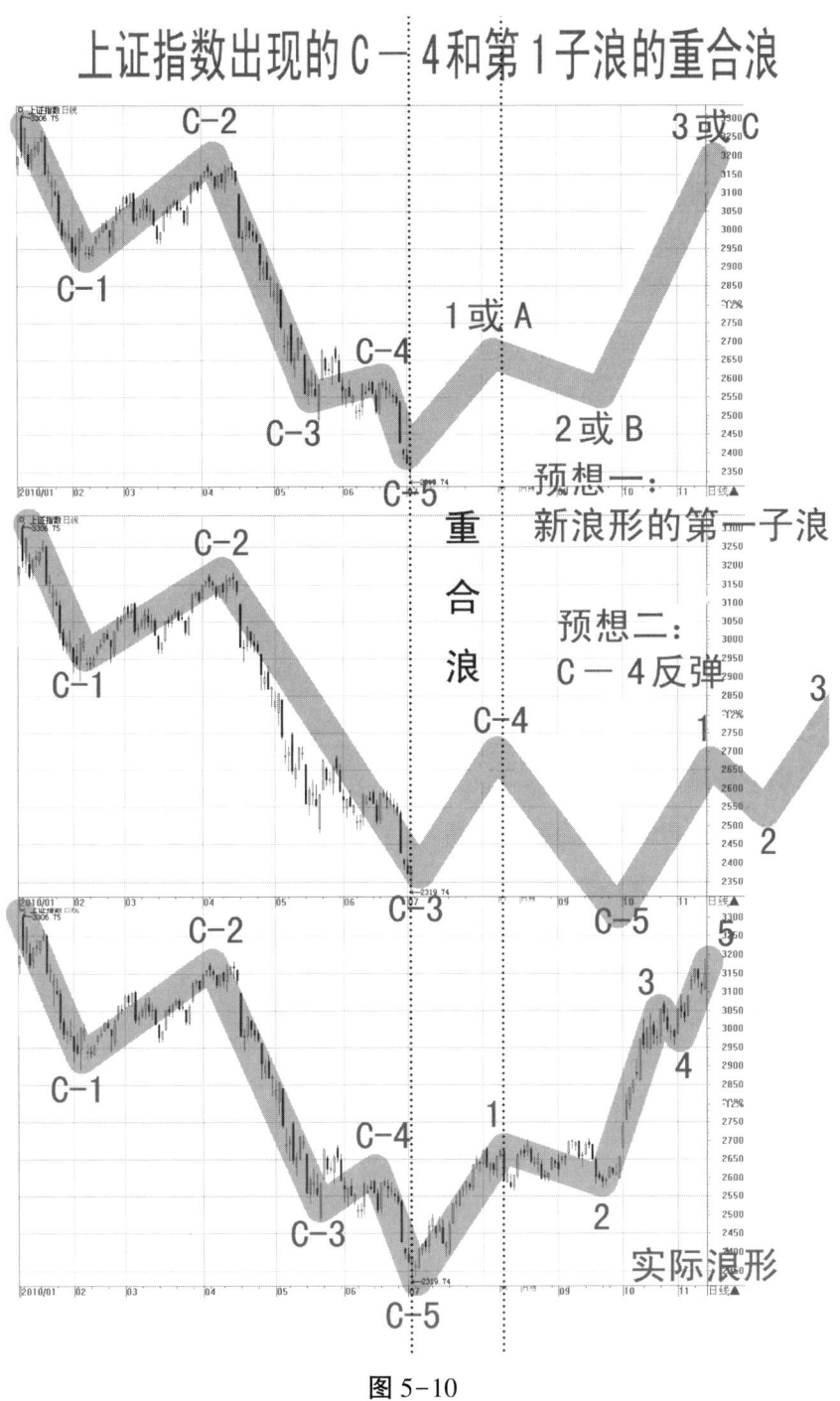

图 5-10

如图所示，上证指数从3000多点跌下来以后，可以理解为是五段式的下跌。那么接下来的反弹，应该是新的上涨波段。

上证指数确实从2319点涨到了2700点一线。这时候，我们还有一种对浪形的理解：前期的2481点一带，跟前期的下跌不是同级别的浪形，而是一个更小的小子浪。也就是说，下跌过程当中的五段式的下跌，还缺少一浪——C-4浪。

这时候2319到达2700点一线的反弹，只能理解为是一次反弹，之后还有一个下跌浪。这段反弹就是上面缺少的一浪，是一个C-4浪的反弹。

按照上述理解，3000多点到2319这是一个C浪，那么C浪的四浪，和新浪形的一浪就是重合的浪形。

怎么算重合呢？是因为对前期2481平台的定性问题。它是不是一个小子浪，还是一个五段式当中的浪形？

如果认为这是一个C浪4的反弹，那么在未来的行情当中，虽然会经过C-5的下跌，但还是会出现上涨行情。在上涨行情中，超过这个四浪区间的概率是很大的。

因为五段式的下跌之后，可能是一个C浪的结束，那接下来是一个新的更大级别的循环上涨。

从波浪理论一个完整的周期——144浪图当中，C段的下跌之后（除了A浪之外），后面基本都是一个相对比较有规模的上涨。

所以说，它的高点肯定会高于C-4浪的区间。哪怕是A段的下跌，如果是在A-C浪的四浪过程中的话，未来的B浪的反弹，也会超过A-C浪的四浪位置。

这个重合浪适合于抄大底时的应用。但不宜重仓，因为后面毕竟有C浪走出延伸浪连续大暴跌的可能。同时，在这一重合浪的应用技术中，也要有止损位的设置。

那么，应该在哪里设置止损位呢？就上图来说，就是2319以下的位置，因为这是新上涨浪形的1浪起点。跌破了这个点，虽然后面上涨的可能性是有的，但万一出现了C浪走出延伸浪，就有万劫不复的深套可能。所以，宁可在跌破2319时先止损，等行情超过2700点以上的时候，重新介入。

4. 三角形的重合浪

先讲四浪D和五浪一的重合。

在三角形形态中，它是分A、B、C、D、E五波来完成的。因为三角形一般是出现在四浪的时候，所以，这里只说后面是五浪的重合关系。如图：4-D和5-1的重合浪。当三角形的四浪出现A段、B段和C段的时候，C段没有创出新低。但这时候也可以理解为另一种可能，它就是一个不创新低的变异的调整形态，或者叫不规则形态（在不规则调整形态中，是允许B浪既不创新高，C浪也不创新低的这种形态出现的）。

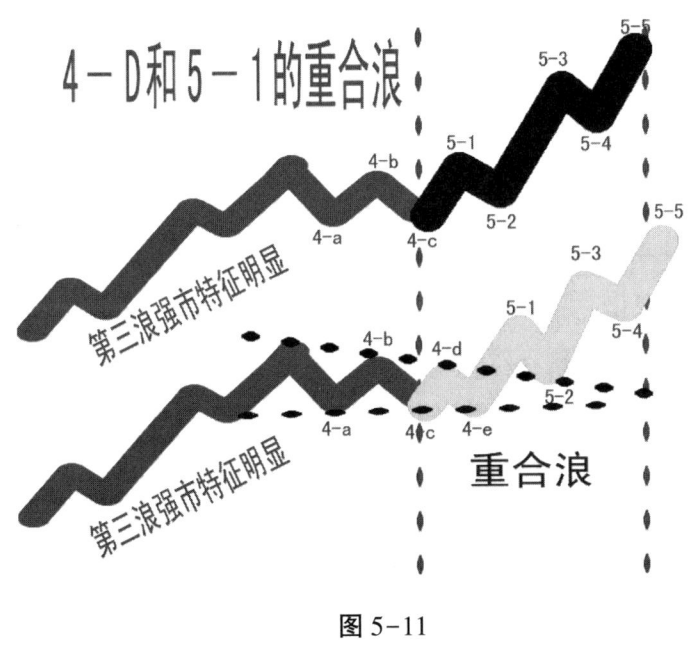

图5-11

当这种形态出现的时候，我们就可以认为，后面的一涨一跌，再一涨，这就是新的第五浪中的一浪、二浪和三浪。

同时，就算不是这种浪形，它也可以是四浪中三角形结构内 A、B、C 走完之后 D 段和 E 段，最后走的是第五浪的突然向上。

这就是一种重合浪的关系。

这里面有一个小的区别，如果是第五浪的上涨已经开始的话，那么不应该跌破前面的小 C 浪的低点。因为这是由五浪一和五浪二的关系决定的，五浪二是不能跌破五浪一的低点的。

如果跌破了这个低点，也算正常。因为什么呢？因为这可能是三角形的一浪向下走的假突破。

这时候我们止损位应该设在哪里？应该设在四浪的第一波下跌的 A 段的低点以下。

如果是跌到了这个低点以下，那么下面可能会出现更复杂的调整，还会有低点出现。

或者我们可以把这个止损位设在三浪中的四子浪的低点。因为在波浪理论的浪形空间关系中，我们也提到过："调整浪是可以在前一个级别的四浪中，得到充分的消化，并得到支撑的。"那么这就是四浪的止损位。

如图：三角形演化为向下推动浪

如果我们判断无误，前面确实是一个推动的一、二、三、四浪的关系，那后面第五浪出现的概率是很高的。因为不管是三角形的四浪，还是一个不创新低不规则形态的调整波段，后面都是一个五浪创新高的形态。

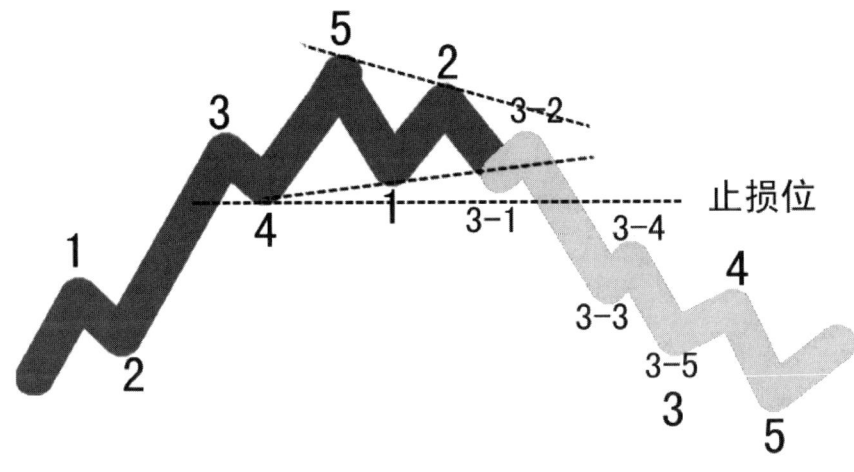

图 5-12

5. 获利了结位置

这个重合浪的获利了结位置，我们可以考虑用黄金分割的比例关系去测算第五浪高点。它可以跟三浪成 0.618 的关系，或者是从一浪到三浪之间总高度的 0.618 的关系，它也可以是与一浪有等长的关系，这就是获利了结点。

当然，止损点要重于获利点，因为我们在做股票的时候，要注意的是控制风险，这有时候是比抓住利润更重要的。

这是三角形四浪和五浪形态的一个重合。

实际行情中，2007 年年中在 600188 兖州煤业上就是一个实例。如图：兖州煤业的 4-D 和 5-1 的重合浪

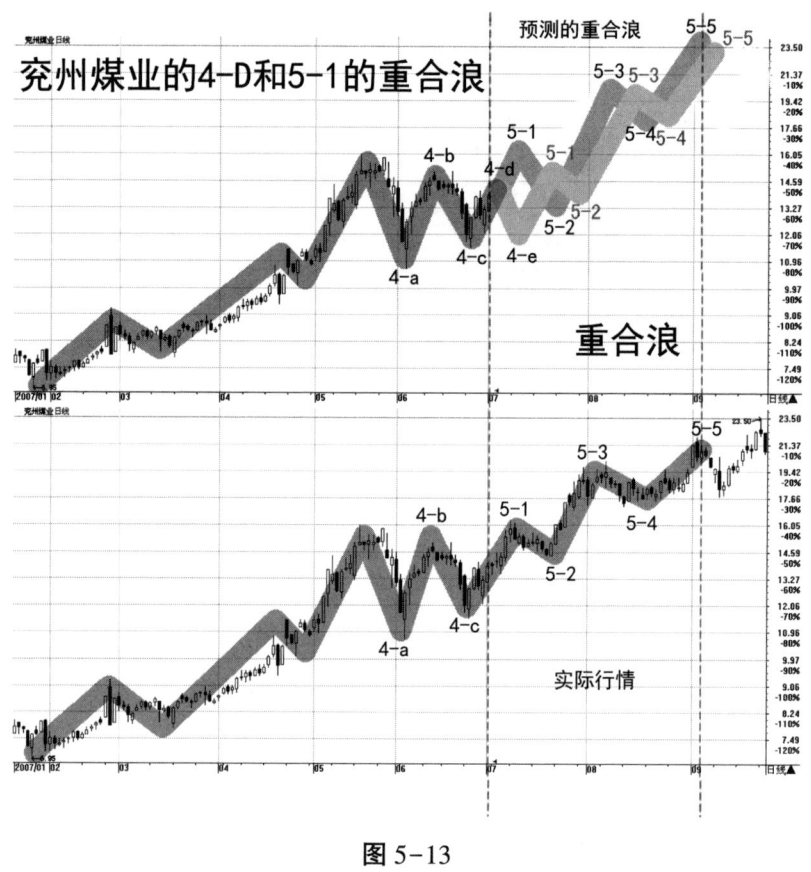

图 5-13

6. 下跌的重合浪

以上讲的，基本都是上涨浪的重合，就是无论它怎么重合都是上涨的，下面我们讲下跌浪中的一些重合浪形的关系。

为什么要研究下跌重合浪呢？

因为在当今股市，已经有了融资融券，已经有了股指期货，因此，我们可以在下跌概率很高的情况下，得到利润，是空头的利润。这也是我们研究下跌重合浪的目的。

7. 三角形的 B 浪 D 和 C 浪的重合关系

当我们发现前面是一个上涨浪的结束，那么接下来就该进入调整了。我们发现了一个 A 段的下跌，之后的 B 浪有可能要走三角形的波段。因为我们接下来又看到了一个 B 浪 A 的反弹，和 B 浪 B 的回落，但没有创新低，之后，又出现了一个 B 浪 C 的上涨，也没有创新高。

那么这时候，又出现了一波小的回落，并且又没有创新低，于是，我们可以怀疑 B 浪可能要走三角形。这一波小的回落，就是 B-D 的回落。

当它再出现一次反弹的时候，如果这个反弹又没有创新高，我们就可以大胆地进行推测，接下来是一个下跌的走势。因为这次小反弹，疑似 B-E。

为什么这么说？就因为如果这个三角形 B 浪，是 A、B、C、D、E 五段走完的话，那么接下来的浪形，就是一个下跌浪，即 C 浪。如图：B 浪的三角形

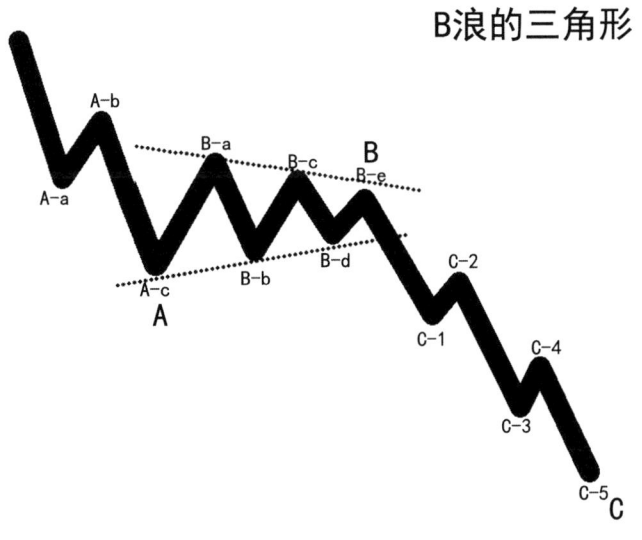

图 5-14

如果这个 B 浪是一个变异的形态（不规则的形态），就是 A 浪反弹之后，B 浪没有创新低，C 浪也没有创新高。证明这只是一个收敛态势。接下来，还是要走 C 浪——这个向下推动浪的 C 浪一、C 浪二、C 浪三、C 浪四、C 浪五。如图：B 浪 C 反弹失败

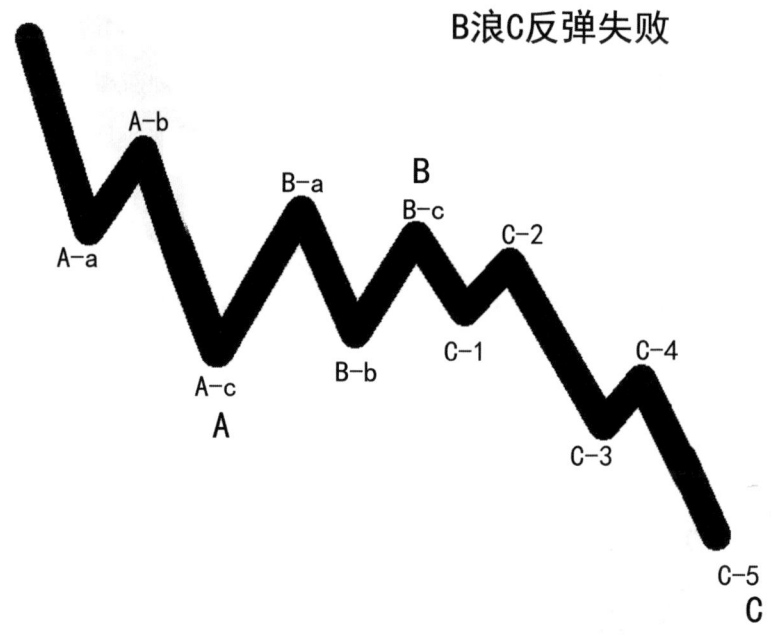

图 5-15

那么我们可以看到，"B 浪的三角形"图中的三角形 B 浪中的 D 和 E，和"B 浪 C 反弹失败"图中的 C 浪中一浪和二浪，是重合浪的关系。

那么，接下来是 C 浪一，或 C 浪三的下跌。

所以我们获利的目标，就可以定在 C 浪下跌的做空上。

我们知道，C 浪的下跌，是调整结构的一个主跌段，而且它是概率很高的一个主跌段。

我们可以在这里吃到空头差价的利润。

8. 止损位置

这个重合浪,也是要有止损位的。这个空头的止损位应放在 B 浪反弹的高点上。因为如果它要超过了 B 浪的高点,乃至于超出很多的话,我们可能对这个浪形的判断是错的。因为这可能是一个新上涨浪的开始。如图:做空的止损位

如图所示,我们前面认为 B 浪的 A 段,是一个新的上涨的一浪,我们认为 B 浪的 B 段,C 段和 D 段,是这个新的上涨浪的一个调整浪。之后,我们认为的这个 B 浪 E 的上涨,实际上是新上涨浪形的主升段了,它不会再跌下来。这时候它会超过我们认为的 B 浪 A 段很高的位置。

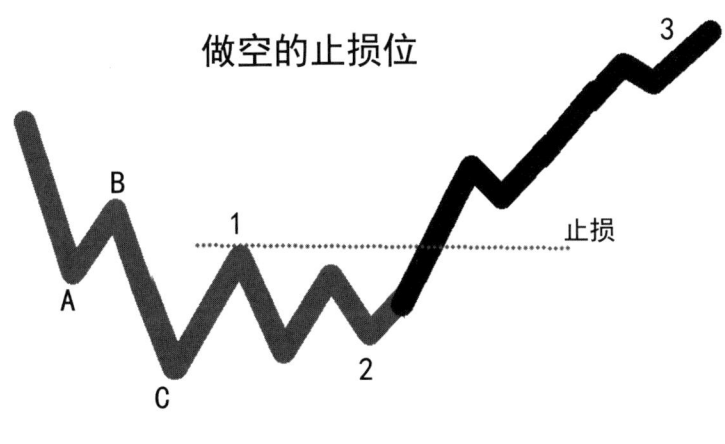

图 5-16

这是对于这个重合浪的止损位的设置。

9. 获利目标位

获利了结的位置是哪里？如果我们的判断是对的，我们就会看到一波猛烈的下跌，它的下跌幅度，应该是 A 段的高度向下延伸 0.618 的位置。这就是我们可以得到空头利润获利了结的时候。或者，我们可以把止损位放在前一波的低点，或者高点上。

为什么呢？因为又是"一顶四底不相碰"的道理。

C 三浪虽然是在 C 浪下跌当中，三浪跌完出现四浪反弹，有可能跟 C 浪二接触。因为毕竟它是一个逆势的调整波，它可以不严格地遵守"一顶四底不相碰"的"规定"。

但是，这种情况也应该是少见的，所以会把 C 浪一的低点作为一个止损位。当然最好的方法是看大的格局，用总体的更高级别的浪形结构去参照获利的位置。

10. 三角形的 B-B-E 和 3-2-C-3

还有一种重合浪，三角形的 B 浪 E 和上涨三浪的第二浪的回调之中的 C 段的第三浪，也是有这个重合的。前面我也举了一个实际的例子，这里再阐述一遍。

这个可以用实际的走势图形来解释，就像前面我提到的这张图。如图：3186 之后的重合浪下跌。

第一种理解：在 2010 年 4 月中旬前后，上证指数从 1664 点涨到 3478 点，如果我们把 1664 点开始的行情理解为反弹的话，之后进入了一个震荡区间。我们可以理解为这是一个 B-B 浪的震荡。

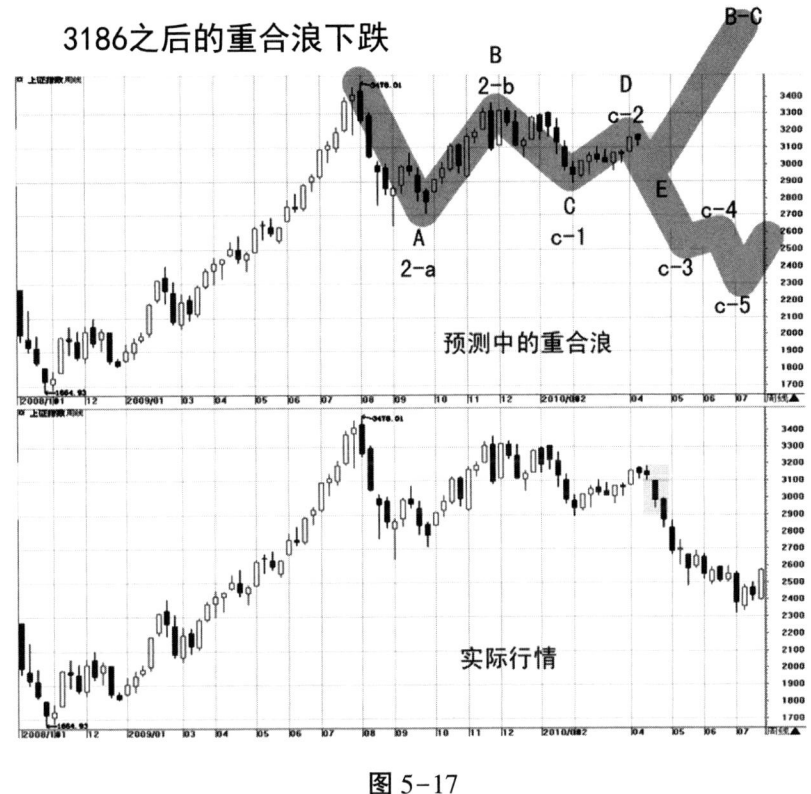

图 5-17

我们可以看到以八周为一个波段长度的 A、B、C、D 四个波段。那么之后该有一个 E 浪的下跌。

第二种理解：如果把前面 1664～3478 点定义为一个上涨的波段，是一个 3-1 浪。之后，我们看到的一跌一涨，就是 3-2 浪的 A 浪和 B 浪的两个调整浪。

再接下来的一跌一涨，是进入了 C 浪的一浪和二浪，它们和上面说的 C 浪、D 浪是重合的。接下来是 C-3 浪。

所以说，这两个浪形又是一个重合，这是一个可以做空的重合浪。

当时很多人说股市的下跌，是因为期指的打压。我当时认为不是这样。为什么呢？因为这只是一个重合浪的浪形，以后再遇到这种形态的时候，也可以视做期指做空的机会。

11. 止损位置

重合浪这个例子,我在这里要强调的是止损位。

做空也是要止损位的,止损位设置在我们前面认为的 D 浪的高点上,或者是 C-2 浪的高点上。

因为如果突破了这个点,它有可能就是一个向上的上涨波段的开始。我们向下预期的空头利润就未必会产生了。

三浪四和整体调整浪 A 段的重合浪(如图)

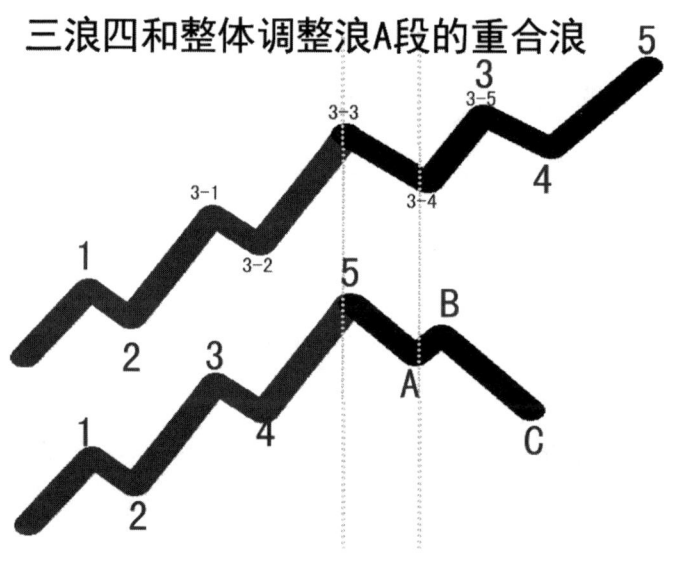

图 5-18

如图所示,在前面走出了一浪的上涨和二浪的回调之后,进入了三浪一的上涨和三浪二的回调,再进入三浪三的上涨,之后进入了三浪四的调整。

当然,这时候应该走得很强,因为三浪四的调整也应该是很短暂的,之后应该向上涨起来。

如果这时候出现了调整时间过久，或者是调整的空间过大的情况，我们应该小心。

这可能是前期判断的错误。前面的高点，不是三浪三。实际上，前面已经是一个五段式的完整推动浪了。

这时候，三浪四与三段式的调整出现 A 段形成了重合。二者都是一个下跌的过程。

它们的区别在于：如果是总调整 A 浪的话，那经过 B 段的反弹，可能不会创新高，或者创新高也不会太多，还会再跌下来，之后走出向下的趋势性的下跌。

如果是三浪四的调整，上涨的幅度会高于三浪一的高点很多。毕竟这是主升段中的延伸浪。

这个重合浪的用法，虽然是下跌重合浪，但是我的主张是：在保护利润的时候用，而不是拿它来进行主动式的开仓做空。

因为这时候毕竟前面是一个推动浪的浪形，如果说你已经持有多头的仓位，出现这种重合浪的时候，你应该注意获利了结。

如果发现不对，应该把它的利润兑现出一部分来。避免由产生了利润又变成没有利润，也就是所谓的"坐电梯"的情况。

那么如果说，你是想做空的话，这种重合浪形最好不要利用。除非它是在一个大的下跌趋势当中的一个小的上涨波段，才可以利用。如果不是的话，应该不要盲目地用这种方法来做空。

12. 重合浪形的小结

波浪理论中说的推动浪，有推动上涨，也有推动下跌的时候。前说的是上涨重合浪的运用方法，只要反过来，举一反三，就同样能够运用于下跌推动浪中。

同样，前面讲的做空的方法，同理，反之，就可以知道做多的方法。

举个例子来说，比如说上面讲过，三浪三和第五浪的重合。那么，如果是在 C 浪中，也会发生 C 浪三浪三和 C 浪五的重合。那这个就不是上涨的重合浪，而是下跌的重合浪。这时候的道理是一样的，只是把它反过来用。

举一反三，依此类推，找到很多种重合浪的方式。然而重合浪的原则就是一点：对于前期判断的浪形，可能会有相同或者不同的判断，它后期未来的几种浪形的走势，都指向了一种浪形运动方式，或者它虽然不太一样，但基本上短期趋势、中期趋势和长期趋势是一样的。这就是一个重合浪。

用重合浪分析预测浪形，对于我们提高预测的准确率是很有帮助的。在运用重合浪的时候，一定要找到止损位和获利位。

止损位的要点，就是当浪形跌破了一个位置（这是说做多，如果是做空，就是涨到了某一个位置之上），我们就认为，接下来浪形判断，跟我们的预期是不太一样的。

它会走出我们认为出现概率比较低的浪形，或者是我们没有想到的浪形。所以说，止损位一定要找到。

关于获利的了结位的要点，根据波浪理论对空间的预测方法，预测浪形应该在哪里终止，或许是在接近它的尾声期。在那段时间，我们要提高警惕，随时注意兑现手中的利润。

第六讲
重合位

只有以独到的眼光仔细观察市场，然后沿着这一途径进行分析的时候，隐藏在市场背后的规律才能被发现。

——艾略特《波浪原理》

第六讲　重合位

1. 重合位的买卖法则

在开始讲重合位之前，先给它下一个定义。重合位和上面讲的重合浪的不同点在于：重合浪研究的是浪形在走势上的重合，重合位研究的是空间上的重合。

重合位在未来的走势未必是一致的，不管是什么样的浪形，都会经过同样的某一个点。在交易的时候，解决的是不怕套牢和不怕踏空的问题，重合位的点位，是会被多次触及到的。

在波浪理论的 144 浪图上，我们可以见到很多重合的位置，比如：一浪和二浪之间就有空间上的重合关系。同时，二浪和三浪也有空间的重合关系。在三浪开始的部分，超过一浪高点的时候，把二浪的空间全部吞没了。之后，三浪的末段和四浪在空间上又是重合的。四浪的整个部分和五浪又有部分重合，等等。这些重合在交易上我们可能会用到，但重合关系不是那么稳定。

我们这里研究的重合位，是一个稳定的关系。

比如刚才我们提到的例子，一浪、二浪和三浪之间是有重合关系。可是，顺势调整的二浪，二浪中 B 浪是要创新高的，这样 B 浪就成了创新高的浪，它跟一浪的重合就不那么深入了。同时，在二浪 A 的低点，又跟三浪的起点没有一点重合关系，所以它是不稳定的。因此，我们要研究的是一个相对稳定的重合位关系，也是为了实战交易，在做分析预测的时候，做一个有指导性的参考。

第一种重合位的关系：

二浪的底部和四浪的底部，必然跟三浪的空间过程或者五浪的空间过程有重合。如图：重合浪示意图

重合浪示意图

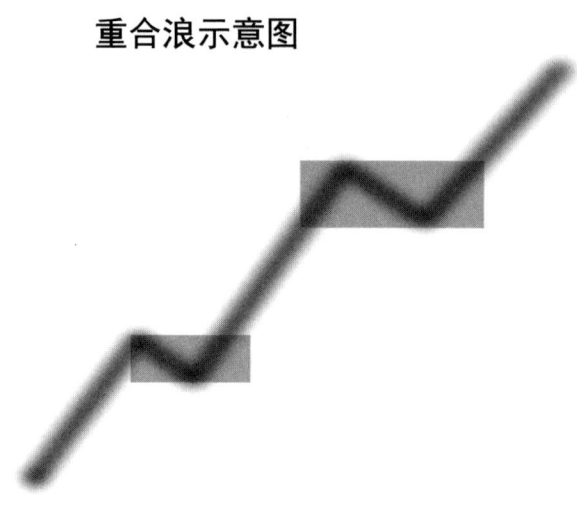

图 6-1

我们应该怎样运用这一重合位的关系呢？

上涨趋势出来以后，有一个推动五波的形态，这时候出现的回落，有可能是二浪。如果出现两个五波推动形态，中间夹着一个三波的调整形态，这个时候，我们可以猜测或者推测，接下来的调整，可能是四浪的调整。

当抄二浪和四浪底去买入的时候，我们可以在它走出了初步的三段式形态之后，敢于大胆介入。理由是什么？因为接下来我们可能会犯判断错误。

可能抄底买入的位置，不是二浪或者四浪经过完整调整的低点，可能只是抄到了四浪 A，或者二浪 A 的低点。之后，虽然经过二浪或者四浪的 B 浪反弹，之后还有一段小 C 浪的下跌。但是没有关系，因为 B 浪和 A 浪之间有一段重合关系。就是说抄到那个底部之后，在 B 浪反弹当中可以减亏了。同时更有可能的是，就算是经过小 C 浪的下跌，后面还有第三浪、第五浪的上涨。这也是在这时候为什么敢大胆抄底的原因。

实际上，这个用法就是在一个上涨趋势内逢低吸纳的一个常见动作。所以说这个重合位的要点，在于趋势要明朗，短期趋势也罢，中期趋势也罢，长期趋势也罢，都要在一个明朗的上涨趋势之内。

但行情仍然可能走出跟我们预测的不是"太"一样的情况，而是"太不"一样的情况，对此要有所准备。也就是说，我们要设置止损位。这种情况下的重合位的止损位，应该设在哪里？

在前一个推动浪当中的第四子浪的低点以下，可以设为我们的止损位。

根据波浪理论的常识我们都知道，一个调整浪不应该跌破前一个低级循环的四浪，就是前面的一个浪形子浪的第四浪低点。这就是所谓的"完整的熊市"。

所以，把握四浪和五浪的重合位时，把止损位可以设置在四浪的低点下方。如图：止损位设置在四浪低点。

当然，这是从空间上去考虑，也可以从形态上去考虑。怎么从形态上考虑呢？如果发现出现推动向下的五波形态，这时候应该知道，起码这是一个之字形调整浪：A 段是五波，经过 B 段的反弹，还有一个 C 段的下跌。因为如果是 A 段走了五波，那么调整必然要呈现之字形的结构，这是从形态的角度考虑的。也就是说，后面还有向下的下跌空间。

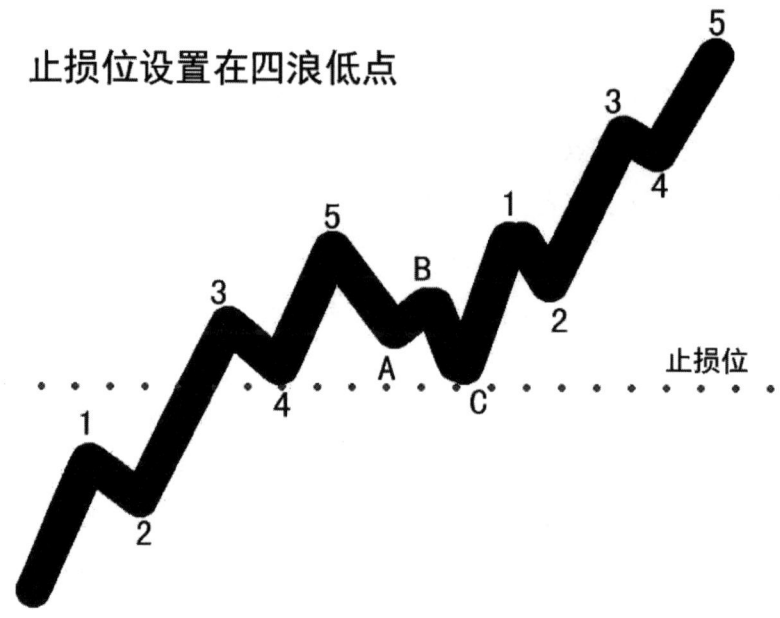

图 6-2

在操作上，我们如果用第四子浪的位置来止损，跌破该位置可以止损卖出了。如果是以形态的角度，当五浪调整出现的时候，我们应该减仓。因为我们不知道五段的推动，会不会出现延长浪的关系，所以要在五浪形态出现以后就先减仓。当我们减仓一部分，行情又出现了反弹再减掉一部分，因为还有更深的下跌会出现，就是之字形的调整中的 C 段。

在 2011 年 6 月下旬到 7 月上旬，就有过一个类似的例子。行情跌破了前面的"4 浪"（实际上是反弹浪的 B 子浪），又不能快速收回，从而演化为反弹。如图：跌破"4 浪"的实际例子。

第六讲　重合位

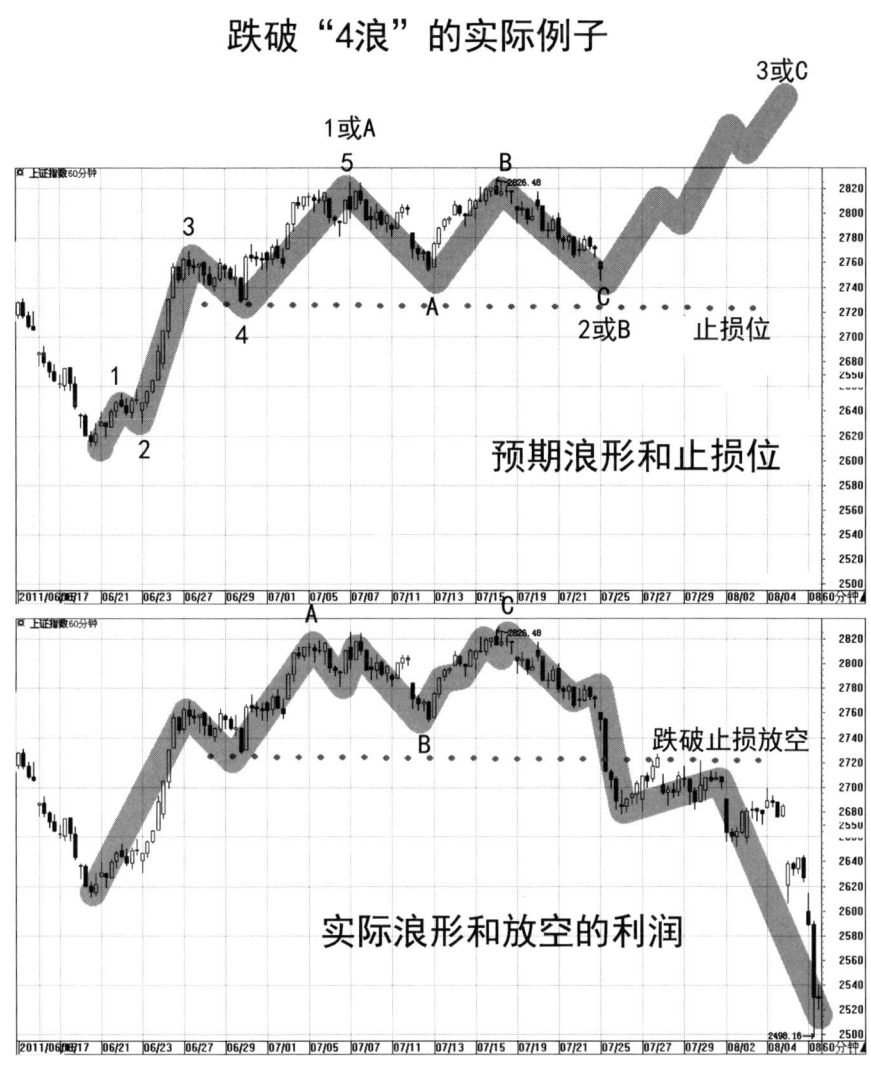

图 6-3

2. 关于获利位的参考位置

获利位的参考位置很简单，前面是一个推动的五波，如果是一浪，

111

我们就测算三浪和五浪的高点,可以用黄金分割的关系来测算出来。如果前面是一浪、二浪和三浪,经过四浪的调整,根据黄金分割的方式能够测算出第五浪的高点。当然,艾略特推荐给我们的通道方法,也可以作为获利的参考位。更重要的一个方法,是当买入之后,行情真的走出了推动的五浪形态的时候,我们也可以用前面一个浪形的第四子浪的底点为止损位,分批了结。跌破前面的一个小级别的第四子浪就可以了结一部分,直到出现下跌趋势,确立了新的调整的开始,那时候就可以把筹码完全卖光了,实现获利了结。

3. C 浪四的高位和新浪形一浪的高点是一个重合位

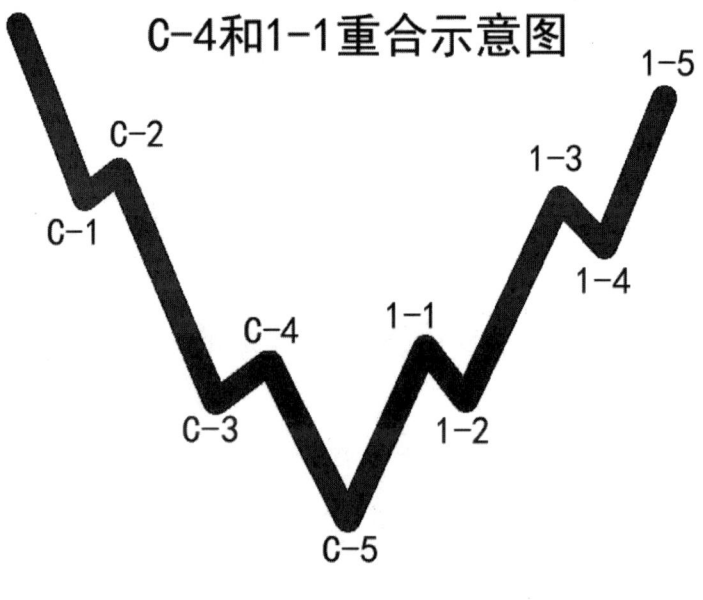

图 6-4

如上图所示，当我们看到行情出现了较大调整中的 C 段，接下来应当出现"哲学意义的上涨"——有跌就会有涨。因为这个 C 浪的幅度较大，其对应的新的上涨浪形，也应幅度较大，所以我们才会研究 C 浪四和新浪形一浪之间的重合位关系。

如果这是一个小的调整结构的话，那么就太细微了，我们就没必要去研究它。

我们在研究这个浪形的时候，发现行情出现了 C 浪的下跌，C 浪运行到 C 浪四疑似开始的时候，我们要有充足的理由，不管是价值还是基本面背景，还是指标背离等等的技术上面的理由，都可以认为这是一个底部区间。

在 C 浪四的时候，我们可以考虑抄一部分筹码。为什么这时候可以买一部分？因为未来如果真的是一个 C 浪四的反弹，就算没有多高，经过 C 浪五的下跌再涨起来，也会给这个位置解套。更何况，有可能我们在前面的判断有所失误，在子浪关系上，可能数丢了一浪。所以我们认为 C 浪四，也许就是新的浪形的开始，是新的上涨的一浪。

在这时候我们可以在这里买入一部分，买入之后，可以不怕短期的浅度被套。因为接下来就算走得跟我们想像的不太一样，它走出了 C 浪五的下跌。在新上涨推动浪的一浪起来之后，行情也是能够超过 C 浪四的高点。进一步说，后面经过二浪的回调，三浪再启动的时候，会远远摆脱四浪的高点和新上涨浪形的一浪的高点。

2008 年汶川地震之后行情下跌，在沪深 300 指数的下跌浪中，就出现了这种"多数一浪"是五浪完成，"少数一浪"是还差一下跌子浪的情况。但之后的行情波动的区间，就是重合位的关系。如图：2008 年底沪深 300 指数 C4"变"1 浪

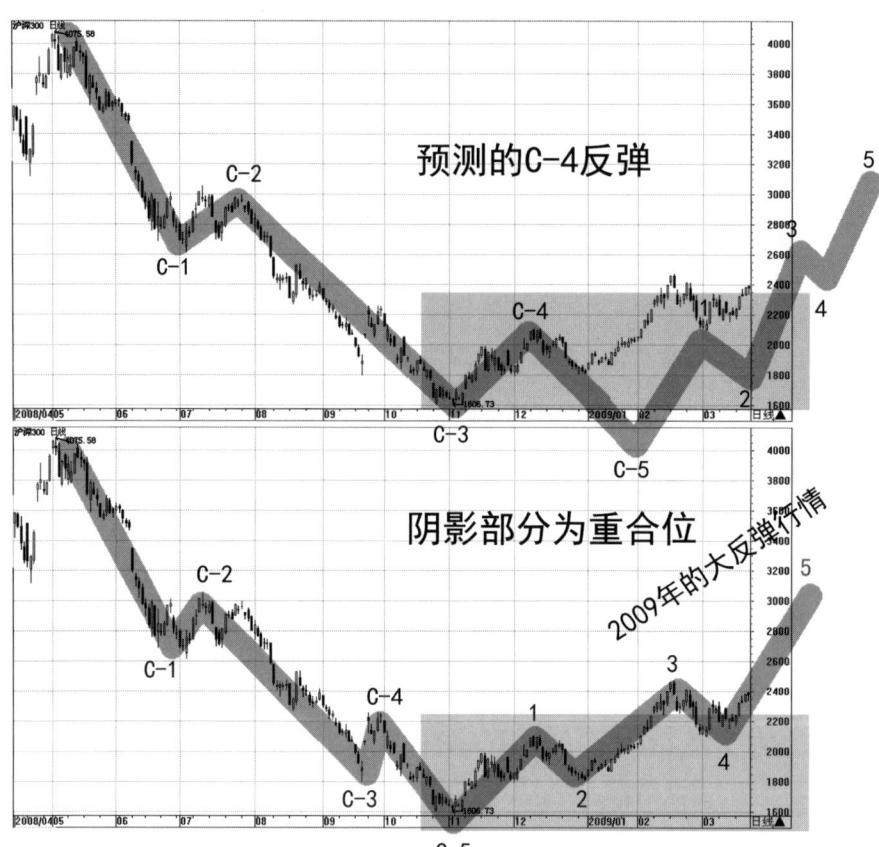

图 6-5

4. 获利目标位置

当我们在这个重合位进行实际的买入交易时，我们的获利位置该怎么测算？也就是说，这个新浪形的高位在哪里？

一浪和二浪走出来以后，我们可以根据一浪测算三浪。其关系还是黄金分割法，或通道法。但当一浪还没有出现的时候，我们也可以根据 C 浪下跌总跌幅，反弹的 0.236、0.382、0.618 等黄金分割位置来找到第一浪可能到达的高点，这就是对获利位的测算方式。

5. 止损位置

既然我们认为它是一个 C 浪的下跌末段，那么接下来的下跌，只能是一个末段式的下跌。最终我们能允许最大的范围，跌的只能是 C 浪 5，不能变成 C 浪中的延伸浪关系。如图：预期中的 C 浪预测失败

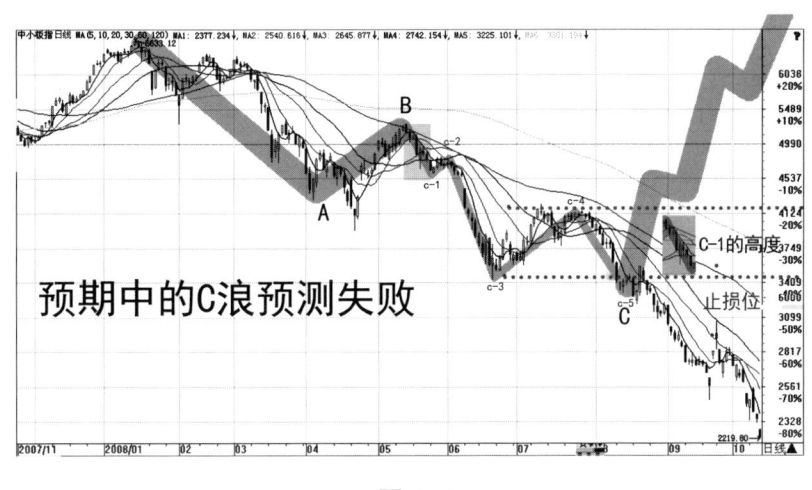

图 6-6

如图所示，下面还有巨大的空间。那时候这个止损位只能是 C 浪 5 理论上的位置。其计算方法，或者是用 C 浪 1 的高度，向下延伸一倍（得到 C 浪 1 的高度，之后从 C 浪 4 的高点上减下去，就能够得到下面的极限的下跌位置，如上图所示），这就是根据一浪和五浪等长的规律，计算出的止损位。

或者求出"从 C 浪开始到 C 浪 3 的总下跌高度的 0.618 的长度"，再从 C 浪 4 的高点向下延伸这个长度，于是乎就得到了 C 浪 5 的低点。这是

根据黄金分割来找到的止损位。

这时候，这个位置如果被跌破，下面很可能是 C 浪复杂的延伸关系。如果跌破上述止损位，还不能出现快速的上涨，以形成反转信号的话，我们宁可放弃这个底部，不惜卖在最低价上，等确认反转再重新进场做多；也不要坐视行情演变成一个 C 浪延伸关系，变成套牢越来越深的被动情况。这是一个很不利的情况，是交易者之大忌。

这里给大家一个实战性的重要提示：在实战应用中，在这个重合位不可重仓。

如果这时是一个上涨趋势内的小回调之末，在实际应用上就没有什么意义，因为到底是不是重合位的关系，应该看的是大的结构。如果是一个长期的、大的趋势内，中级以上浪形的调整末段，可以加以考虑。因为它长期的大趋势是向上的。

或者是大的下跌格局，这时候我们通过市场的总体气氛，已经嗅到了熊市尾声的味道。比如说普遍的市盈率都很低了，或者加上基本面的 PEG 估值普遍都很低了，或者说绝大多数个股技术上都很超跌了等等，这些证据出现了，作为长线的买入目的，可以慎用这个方法。

否则不要轻易建仓，尤其在牛市过后，刚刚下跌没多久的时候，这时候你买到的，可能是熊市第一波下跌的中段。也就是说，很可能买在半山腰上，很容易长期被套。甚至在未来行情涨起来的时候，都可能到不了这个被套的位置。就算未来的行情在指数上，超过了你买入时间所对应的指数点位，可能由于你手中的品种不是当时的热点，于是，涨起来还是不能解套。

所以在实战当中这个重合位的用法要慎用。

6. 四浪、五浪和 A 浪之间的重合位

下面阐述四浪和未来将出现的第五浪和 A 浪之间重合位的关系。如

图：四浪、五浪和A浪之间的重合位

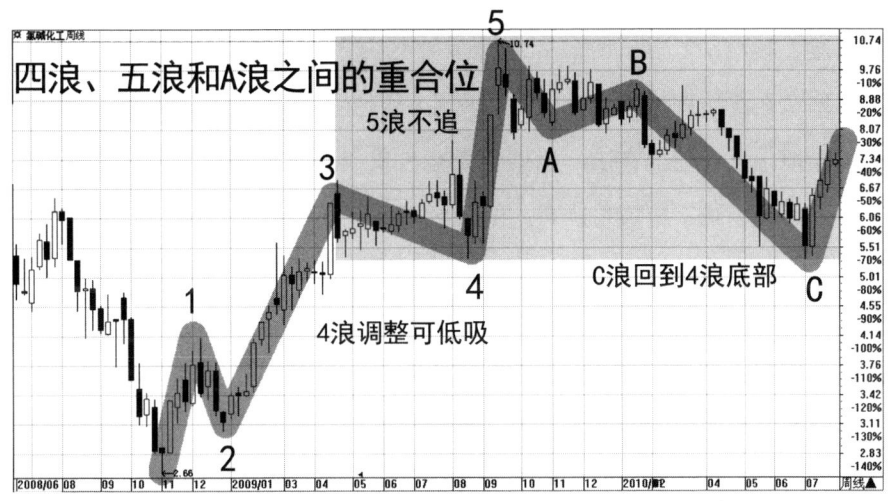

图 6-7

如图所示，经过四浪的回落，从低点开始上涨，经过五浪的高点，再经过回落A段、B段、C段的调整，可能又会重新回到四浪的低点区域。

讲这个重合位的作用在哪里？在于我们操作的时候，如果发现前面已经有两个推动五波和中间再夹着一个调整的三波，呈五、三、五形态的时候，我们如果这时发现一个调整浪，买入是可以的，因为已经讲过，接下来可以有一个上涨的波段——第五浪。

如果这时候我们发现时间晚了，它已经涨起来了，已经超过了前面三浪的高点，我们要不要追进去，赢取五浪末段的利润，我觉得不要，因为接下来如果出现回调，很有可能要跌到四浪的低点。

这是一个不要怕踏空的浪，尤其是在中级以下浪形的四浪关系上。

比如，当一浪五突破一浪三浪高点时要不要追？因为接下来可能是二浪的调整。

那么，三浪五要不要追？也可以不追，后面还有四浪的调整。

那么，五浪五要不要追？更不能追，因为接下来要进入熊市了。

就是说对这一创新高的第五浪判断，认为不是很强，没有足够的证据表明，这是一个极有可能出现延伸浪的浪形。这时候，应该尽量不要盲目地追高。

毕竟在波浪理论当中，只有第三浪的第三浪的第三浪是要敢于追高买入的，但是这种情况在144浪中只发生一次，属于低概率事件。所以，绝大多数情况，是不应该追高买入的，应该等一等。

甚至我们还可以这么说，第三浪的第三浪的第三浪在进行爆炸性上涨的时候，仍然会有一个"牛回头"的时候——第三浪的第三浪的第三浪的第二浪的调整的时候。可以把这个"牛回头"的时候，作为买入的时机。

涨起来要等回调时买入，跌下来要等出现回升时再买入。因为真正追涨的方法是低吸，真正低吸的方法又是追涨。总要买在一个趋势的拐点形成的时间段。

上面讲的是四浪如果踏空了，不要盲目追的道理。

在这个重合位的关系中，四浪如果还在运行中，也可以敢于低吸。

因为接下来就算是一个五浪的失败，如果你在四浪的买入位置有些偏高的话，失败的五高也可能会给你解套。

就算你误认为买的是四浪，而实际上是A段的下跌。也就是说，前面有五浪走完了，已经开始进入ABC段下跌了。后面，还有一个B浪可以给你解套或减亏，是有充足的反应余地的。

这就是找到重合位的应用和价值。

7. 关于重合浪与重合位的小结

做股票，我常常说，不要给自己增加难度，要给自己轻松获利创造条件。不要说行情瞬息万变，是你的心在瞬息万变。

我经常说的"失之交臂不是缘分，稍纵即逝不是机会"。这个重合浪和重合位,就是这种不会稍纵即逝的机会,它是经常会给你再次买入,或者是再次卖出的机会。

在这里再强调一次,波浪理论重要的三个问题是:浪形、比例、时间,它对应交易上必须要回答的三个问题:方向、空间、时间。

我们研究重合浪和重合位的目的是什么?就是在重合浪和重合位发生的时候,我们可以知道从浪形和空间上看,哪里是不怕踏空、不怕套牢的安全环境,也可以从容地去交易。

同时,也避免在浪形判断和数浪上犯"钻牛角尖"的大忌。

讲重合浪和重合位的时候,我一直都在强调一个重点,就是如果我们数错了,接下来可能会怎么样?这也就是说,应对比预测重要得多。

我在这里要强调的是:我们在数浪时,要把未来浪形数出几种变化来。而且,要在未来的几种变化中找到重合浪(在形态上)、重合位(在空间上),这样一来,在形态上和空间上都对我们有利之时,我们才能采取交易行动。

第七讲
均线、指标与浪形

　　波浪运动适用于股价平均数,像道琼斯指数、标准统计指数、纽约时报指数,也适用于股票分类指数,如钢铁类、铜类、纺织类以及个股。

——艾略特《波浪原理》

1. 如何提高波浪理论预测的准确率

重合浪和重合位在前面讲过了,就是为了提高波浪理论预测的准确率。但是,我们在运用重合浪和重合位的时候,仍然会出现重合位和重合浪之外的情况,从而造成预测失误。也就是说,行情的实际走势和预期的结果之间有着很大的差异度。

这就是风险。前面讲过,风险的定义是预期的结果和实际结果之间的差异,差异越大,风险越大。

这种由预测错误造成的风险,应该怎样避免?可以用其他的"非波浪理论"的方法,来分析行情的涨跌、强弱之间的关系。波浪理论就是在用一种合乎逻辑的语言陈述行情波动的逻辑。行情波动的逻辑就是涨跌、强弱的逻辑。所以,我们可以用其他的方法来辅助一下波浪理论来进行分析。

在用"非波浪理论"分析预测方法来辅助波浪理论分析的时候,有几种方法是我比较常用的。在这里列举一下,也作为抛砖引玉打开大家思路的一种方式。

2. 均线系统辅助波浪理论

首先是均线。

均线可以说是趋势的代言人。均线是怎么计算的?在这里,首先给初级的新手普及一下基础知识。

在股票软件里,均线的计算公式是:ma(c,n)。

其中 MA 是平均线函数,C 是收盘价,N 是统计天数。

举例:5 日均线就是近 5 天的收盘价加起来除以 5,永远是找最近 5 天的。到明天就是从明天开始加上前 4 天的收盘价之和,除以 5。这就是收盘价均线的计算方法。同理也可以算出 10 日均线、20 日均线、30 日均线、60 日均线、120 日均线等等。

均线往往会在二浪和四浪时,对股价或指数有支撑。因为二浪和四浪是在趋势内的调整浪。因为推动五波当中,一浪、三浪、五浪是上涨的,二浪、四浪是调整的。一般来说,调整浪应该是在重要均线的位置上获得支撑。如图:均线与浪形

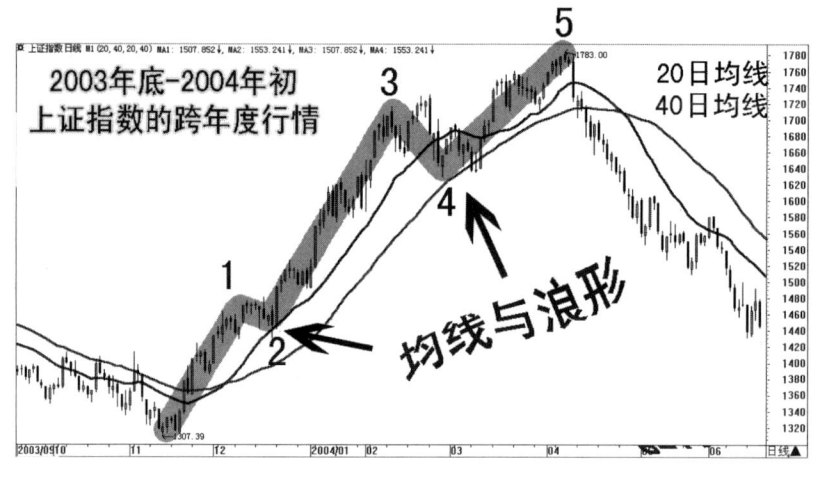

图 7-1

上图是 2003 年底到 2004 年初的上证指数跨年度行情,走的是五个推动浪形。

如图所示,二浪在 20 日均线的位置上获得支撑,到四浪的时候在 40 日均线上获得支撑。

如果均线的位置,同时又和黄金分割位或者是和通道下轨所在位置(这是艾略特强调的预测空间方法)发生重合,可以理解为是关键的支撑位。

以个股价格来说,比如 10 日均线在 9 元,黄金分割位也在 9 元,而且向上的趋势线也在 9 元,这样我们就知道这个点的支撑力度是很强的。这

第七讲 均线、指标与浪形

是对均线的参考。

上面介绍了均线的计算方法，下面讨论一下均线的计算参数该如何确定。

很多股友的困惑是，该看 5 日均线、10 日均线还是 20 日均线？那么多条均线，有些股票会在 10 日均线上获得支撑，而有些股票支撑不住，要跌到 20 日均线才可以反弹起来。到底要找哪个均线参数，在股票的分析当中才是有用的呢？

为了回答这个问题，以我多年实战的经验，我给出大家两个思路：

第一，既然我们是为了研究波浪理论来做均线研究的，那么我们要研究的就是一个浪形周期的长度。比如说，上涨的五波，其中有两个较为完整的循环，分别是一浪和二浪，三浪和四浪。这两个完整的循环当中，可以把它们所经历的天数，作为均线的参数。

前面的例子中，我们说过支撑的规律：有时候二浪会在 20 日线上获得支撑，到了四浪的时候也许会在 30 日线或者 40 日线上获得支撑。为什么这么说？因为 20 日均线是跨了一个循环天数作为均线参数，40 日线是跨了两个循环的天数作为均线参数。

我们可以这么理解，一浪到二浪经历了 20 天，我们就把 20 日均线作为一个参照点。如果是 21、22 天，或者是 15、16 天也没关系，就按照它们的周期来做均线参数。之后，由这个周期一半的数值和一倍、两倍的数值作为一组均线的参数，来考虑目标品种的支撑压力位置。这是均线在波浪理论上的用法。

重点是，我们找适合不同品种的周期时，是来用浪形所经历的周期来对应。比如 B 浪创新高，但 C 浪又没有创新低的情况，我们还是应该从浪形而不是"图形"上去看待。周期的终点是 C 浪的终点，不是 A 浪的终点，尽管 C 浪低点高于 A 浪的低点。如图：以浪形看周期

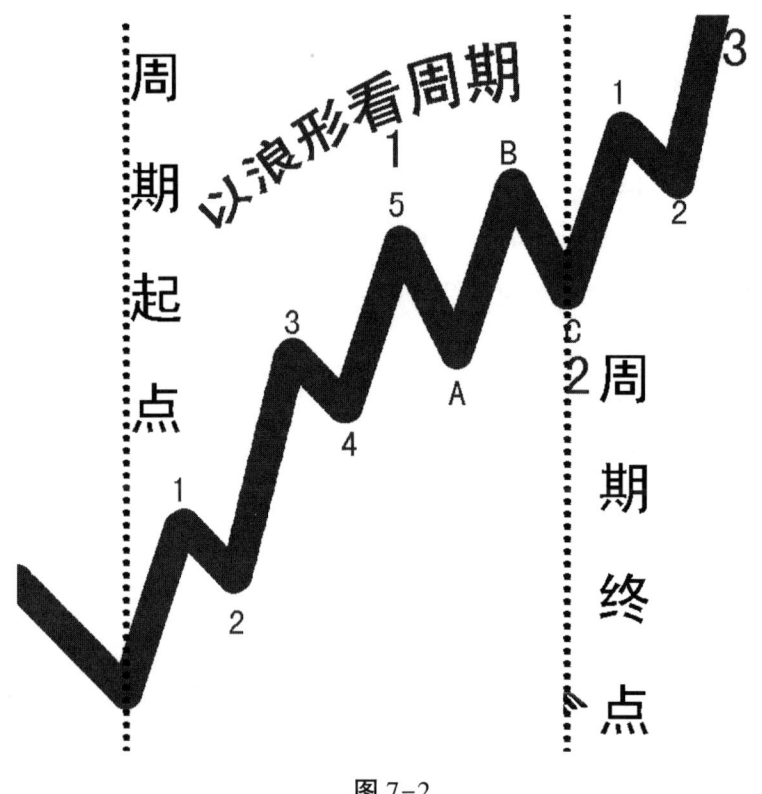

图 7-2

第二，对"著名参数"的均线要予以重视。

均线的默认参数通常是 5 日、10 日、20 日、30 日，这是任何一个股票软件（如果不加修改的话）默认的参数。

这些参数可能会有一种很"吸引眼球"的作用。打到 10 日线的时候大家都会看到它，这些均线参数带来的支撑和压力位，也会有一定心理上的作用。但以笔者个人实战经验来看，从周期中数出来的均线参数更为有效，因为这是从实际循环经历的天数内所取得的数值。用这个数值来计算均线，更真实地贴近市场。

以上就是关于传统均线与浪形关系的思考。

下面是我发明的一种均线计算方法：

指标公式如下：

if(sum(c,count(date>=n,0))/count(date>=n,0)>0,sum(c,count(date>=n,0))/count(date>=n,0),c)

公式中的 N 是刘子波段成本均线的开始时期。如果会写指标的话，可以把它编写成指标。

这个均线的含义，就是用波浪理论的语言来说，从一个浪形起点开始计算它的市场平均成本。

举例：从一浪的起始日开始计算，那么它经历了两天，我们就计算这两天的收盘价之和除以 2，如果经历了三天，就把这三天的收盘价之和除以 3，依此类推……一直计算到无穷。我们会发现，这条均线从它开始发端一直会跟随着一浪的行动趋向。当二浪回调的时候，很可能只是打到这条均线，就会获得支撑涨起来，从而进入三浪的上涨。

我给它起了一个名字，叫做"刘子波段成本均线"。

因为它不是一个固定的均线参数，而是这个波段经历了多少天就用多少天来计算。同时刘子波段均线在二浪发挥了支撑作用之后，如果三浪开始，它也会再继续向上增长。继续观察，该均线也可能会在四浪的时候再次给予支撑。

如果以三浪起点为发端，也做一条刘子波段成本均线，也会在四浪的时候有支撑，如果从一浪起点发端和三浪起点发端的两条均线，都在某一个位置上出现重合，那么，这个位置的支撑非常重要。

这就是我发明的刘子波段成本均线的用法。

3. 摆动指标辅助判断波浪理论浪形

另一个常用的方式是利用指标。指标和浪形之间是相辅相成的关系，我们既可以用指标来辅助判别浪形，同时也可以借助浪形来判断指标。

比如说，在绝大多数的摆动指标中，不管是 RSI 或者是 KDJ，还是 MACD 等等，会在 C 浪底部的时候，在 C-3 和 C-5 这两个低点出现背离现象。就是 C-3 浪跌到的低点位置，C-5 浪跌到了更低的位置，但是指标却没有出现更低的位置。这是经典的指标底背离现象。

同时，指标也会出现顶背离。比如在 5 浪顶和 3 浪顶的时候，也会出现，股价创新高但指标不能同步创新高的顶背离现象。

另一种情况是钝化。比如说，指标已经打到了很低的位置，股价或指数虽然有所涨跌，但在指标上看不出明显的变化。

例如：RSI 指标已经打到了 20 以下，股价又跌了很多，指标虽然下跌一些，但看不出明显的变化。这就是技术分析中常说的指标钝化。

同时，也会在上涨的推动浪当中出现超买的钝化。

例如，第 3 浪开始的时候，刚走完了 3-1 浪，RSI 已经打到了 80 以上，或 KD 已经打到了 80，甚至 90 以上。这个时候指标并不会跌到 20 以下的低位，只跌到 80 或者 70 以后又上涨起来。甚至就在 80~90 之间窄幅徘徊。虽然是在三浪当中也有涨跌，但是指标就在这里徘徊，不像以前会出现由超买到超卖的波动。这是超买的钝化。

如图：指标的钝化，这是指标和波浪之间常见的一种关系。

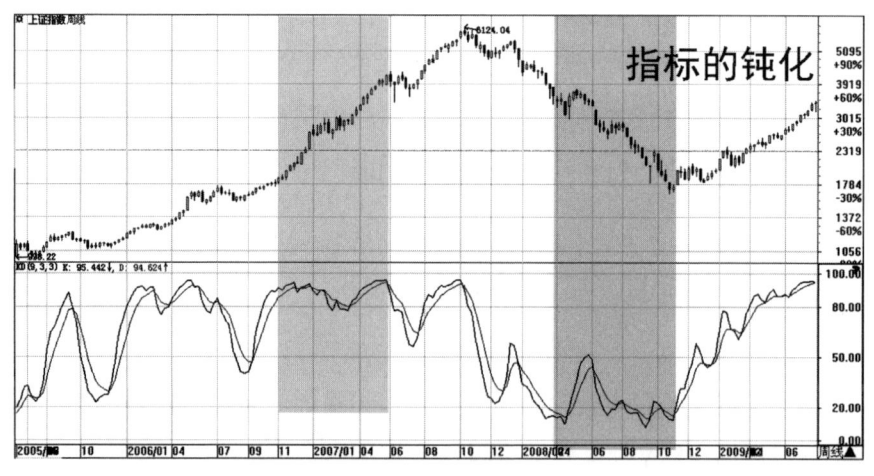

图 7-3

多数的指标的原理，都是在统计价格的物极必反现象，以及背离的现象。比如：涨起来后面的一波虽然创了新高，会不会比前面一波涨得要弱？那么，接下来，我们就以这个原理来研究一下指标和波浪理论浪形的关系。

4. KD 指标和波浪理论浪形

KD 指标也是我常用的一个指标。指标公式如下：
RSV:=(CLOSE-LLV(LOW,N))/(HHV(HIGH,N)-LLV(LOW,N))*100;
K:SMA(RSV,M1,1);
D:SMA(K,M2,1);
公式中，N 是统计天数，一般为 9；M1 是对 RSV 的平均参数，M2 是对 K 值的平均参数。

这个指标的公式含义很简单，统计 9 天来高低价的落差，并计算当前的价格在这 9 天的落差当中处于什么位置，之后会对它的 3 日平均之后再进行 3 日平均。第一个 3 日平均是 K 值，第二个 3 日平均是 D 值，这是我们经常用到的参数为 9、3、3 的 KD 指标。

但我实际常用的指标公式不是这样的，我是根据发明人乔治·莱恩的原始计算公式来编写出这个指标的。指标公式如下：
K:100*(SUM(C-LLV(L,N),M1)/SUM(HHV(H,N)-LLV(L,N),M1));
D:MA(K,M2);
其中 N、M1、M2 的定义与上述雷同。

这两个公式是有一定的区别的，后者的反应更"敏捷"些。也就是说，金叉、死叉信号会较前一个公式，早一到两天发出。

但这两个指标的共同点，都体现了股价（或指数）波动的物极必反的道理。

KD指标认为，如果价格总是在近几天的低价圈徘徊，就可以涨，如果总是在高价区徘徊，就该跌一跌。同理，当行情进行极强或者极弱的时候（所谓的极强就是三浪3的时候，极弱就是大C浪的时候），就会出现顶部或者底部的钝化情况。

在用这个指标的时候，除了背离、钝化，这些是跟其他指标用法的相同之处，还有一个方法，在运用的时候是十分重要的观察点。这个方法，可以用它来判断市场的强弱：

当发现指标上涨、股价不涨的时候，我们可以判断出行情是在下跌趋势当中或者是调整浪形之中。如图：指标上涨指数下跌

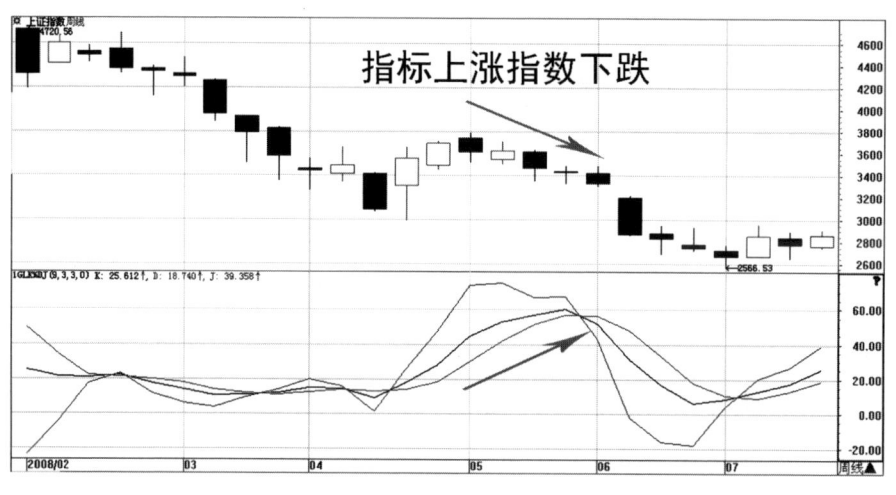

图 7-4

上图是2008年4月反弹后的KD指标与上证指数周线的比较图，两者走向相反。

对于股票来说，比如，指标已经达到了10以下的位置，甚至到5或者更小的低位的时候，发生金叉，反弹起来了，已经达到20以上了。说起来应该是一个买入信号，但是股价呢？指标跌到20以下低位的时候，股价从

50元跌到了25元。指标反弹到20以上时，股价仅仅涨到了26元，涨幅甚小。这时候我们应该小心，这是指标"领先"而股价没有"跟上"的落后现象。这时候往往还会有更深的下跌行情出现。就会形成我们所担心的底部钝化，跌得很凶，跌得很深。

还有一种情况，是与之同理，但恰恰相反。

例如，某只股票，从5元涨到15元，涨得很高了。指标出现了回落，K值、D值发生死叉，并从90跌到了70，甚至跌破了70，股价仅仅从最高的15元，跌到了14元，最深也没跌到13元，跌幅很小。之后，又进入了新的上涨。指标也发生金叉恢复高位。这种指标跌下来，但是股价没有跌下来的情况，就足以证明又是一个指标"领先"下跌、股价却"落后"下跌的多头极强势的特征。这是高位钝化前的征兆。

KD指标在实战中的用法，前者将出现低位钝化，浪形可能是在C浪或者在A浪之中；后者将出现高位钝化，可能是在3浪或者5浪的延伸浪之中。

以上就是KD指标的用法和波浪理论的结合点。

5. MACD 指标与波浪理论浪形

MACD也是我常用的指标。指标公式如下：

DIFF：EMA(CLOSE,SHORT) - EMA(CLOSE,LONG)；

DEA：EMA(DIFF,M)；

MACD：2*(DIFF-DEA), COLORSTICK；

公式中，SHORT是短期均线参数，通常是12；LONG是长期均线参数，通常是26；M是对两条均线"开口度"的运行平均参数。

从公式中可以看出，这是一个研究两条均线开口程度大小的指标。

如果两条均线呈空头排列，开口变大，就是空头市场，DIFF指标线就在O轴之下，以其距0轴的远近程度，表现两条均线的开口大小。

如果两条均线逐渐开口变小，可能是多头的力量在增加，DIFF 指标线就会向上。

如果两条均线是多头排列，开口变大，上涨的力量变强，如果开口变小，则是空头的力量又在恢复。这时候，DIFF 指标线就在 0 轴之上。

也就是说，两条线金叉时，DIFF 指标线上穿 0 轴，死叉时下穿 0 轴。

指标以红绿色柱状线来表示，DIFF 和 DEA 这两条指标的开口程度。当柱状线由绿翻红，说明两条指标线发生金叉，是买入信号；反之，柱状线由红翻绿，说明两条指标线发生死叉，是卖出信号。如图：MACD 图解

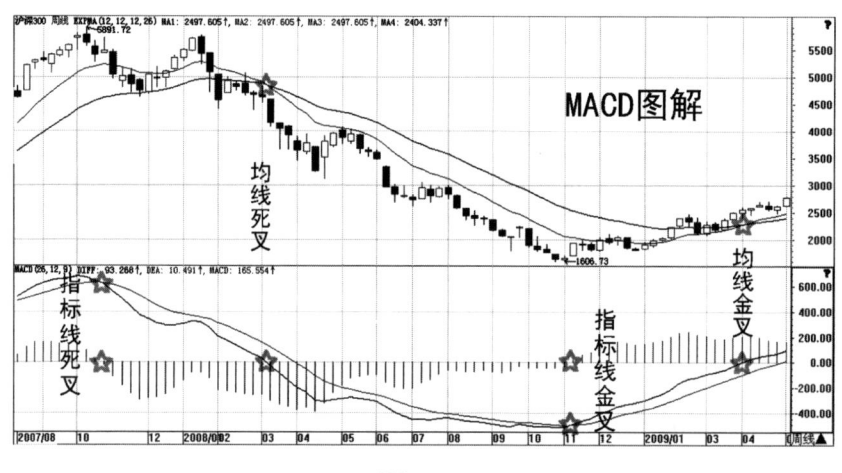

图 7-5

我们在用 MACD 指标的时候，可以结合均线来用。因为既然 MACD 本身研究的是均线之间的关系，我们只是不能够拿肉眼显而易见地看出均线之间的开口程度，是不是有细微的变化，而是通过 MACD 指标的形态，通过红绿柱状线的形态，能给我们揭示这一点。于是，我们就可以利用它来判断均线的强弱，之后可以从中找到对浪形判断的依据。

MACD 有一个重要的优点，就是它没有钝化。因为它不是从 0 到 100 之间波动的指标，RSI、KDJ 等指标，是在 0~100 之间波动的。而 MACD 是在正负无限大之间波动。当 KD、RSI 等指标出现钝化的时候，MACD 可

以挺身而出，给我们帮助。这时候如果 MACD 出现了背离，这个信号就变得非常重要。因为它可以告诉我们，这时候已经钝化的 KD 或 RSI 之类的指标所不能揭示的，阶段性浪形的顶部或底部出现的位置。这是对 MACD 和浪形的结合。

6. MACD 红绿柱状线对买卖点提示的用法

MACD 的一个"缺点"是信号发生较晚。也就是说，行情跌了一段了，它才会出现卖出信号；涨了一段了，才出现买入信号。下面这个方法，可以让 MACD "提前"发出交易信号。

MACD 的红色柱状线出现由越来越短转为变长的时候，也就是说，以红绿柱状线表现的该指标线出现跌转升拐点的时候，是买入点，当绿色柱状线由越来越长转为变短的时候，是一个买入点。相反，MACD 的红色柱状线由越来越长转为变短是卖出点，绿色柱状线由越来越短转为变长，可以作为卖出点。

观察柱状线的变化，可以作为一个选择买卖点的参考。但是，在运用这个方法的时候，浪形判断一定要正确。

以做多为例，以上述的买入信号为买入依据的时候，一定是行情在三浪或者五浪之中的时候，我们才用这种方法。如不是则不要用，会有风险。

7. BIAS 指标与波浪理论浪形

BIAS 指标的公式如下：

BIAS1：(CLOSE-MA(CLOSE,N))/MA(CLOSE,N) * 100；

公式中，N 是统计的均线天数。

从公式中可以看出，这个指标原理很简单：把一条均线作为分母，现在的价格与该均线的差，作为分子。该指标是用来观察价格与均线之间的差异度有多大，即研究价格和均线之间的远近程度。

运用这个指标的时候，背离还是一个重要的信号。

当股价创新低的时候，乖离率不创新低了，证明跌势趋缓，这是底背离。如股价创新高的时候，乖离率没有创新高，这就是顶背离，是涨势趋缓的证据。

乖离率还有一个用法，是与波浪理论判别浪形相关的。这就是乖离率在图表上创新高，同时股价也上涨得非常凶。再经过回落，乖离率趋于接近0轴一带的时候，再涨起来不要太贪婪。

因为这个时候，很有可能是第3浪走完，第4浪回调，再往上走则是第5浪。可能创新高，也可能不会创新高。即所谓失败的第五浪。如果是创新高的第五浪，它的上涨幅度也不会比第三浪更大。因为第三浪的乖离率创出了很大的指标新高。

包钢稀土在2010年到2011年的走势中，在月线图上，就出现过这样的现象。当然，这不会是唯一的，在别的股票上，这样的例子也屡见不鲜。

如图：包钢稀土月线上的乖离率背离

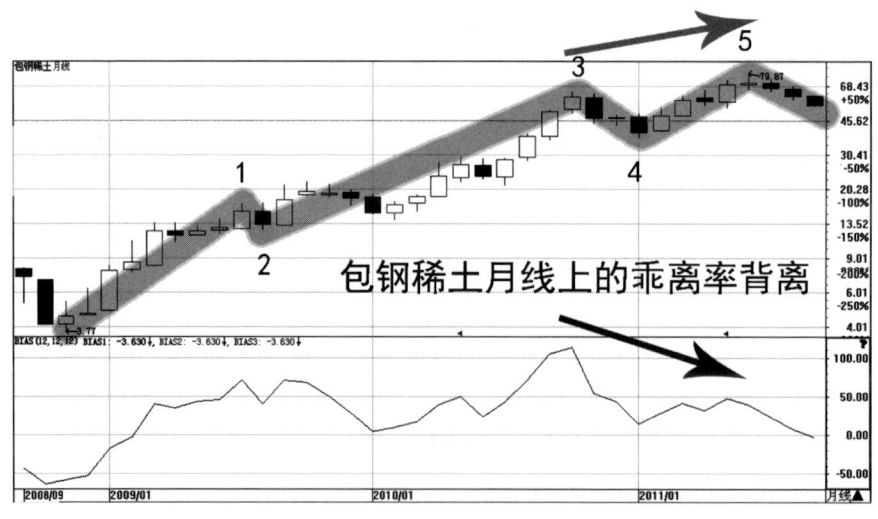

图 7-6

在市场的心理上也很好理解个中的道理。前一波刚刚有人赚了很多钱，已经卖出了。再跌回来，这时候想挣更多钱的勇气，已经被消耗殆尽了。别说人挣钱没够，往往股市中人会有挣钱挣怕了的时候。敢输不敢赢，是在股市中经常会见到的一种心理现象。

同时，股价已经涨幅巨大，在四浪进场的新跟风者，其获利预期也未必会很高。如果一定要用拟人化分析——庄家分析，这时候的上涨，也是庄家拉高出货的阶段。

因此，当乖离率出现这样的较高数值之后再回落的时候，也是值得警惕的时候，接下来第五浪未必会特别猛烈。

那么，多高的数值才是高的？这个没有统一的标准，给大家一个参考，可以参考120日均线，也就是参数为120的日线BIAS指标。当对120日均线的乖离率到达一倍以上的时候，也许就是一个比较够高的指标水平。因为120天是半年线，如果半年持仓的平均成本已经获利一倍以上，接下来还能有更大的获利吗？因为这个时候很多人赚了很多，获利率不止一倍，接下来即使有行情，行情上涨的幅度也不会特别大。

同时，也可以根据不同的品种弹性，在图表中去找出其历史上的较大乖离率。比如在2006年、2007年的大牛市时，出现了什么样的最大乖离率数值。这个数值就可以作为一个暴涨阶段的重要参考值。

对于新上市刚刚够120天的次新股，没有历史最大乖离参考值，但可以参考一个市场的平均值。比如上面说的120日乖离率，到达一倍左右，也算是阶段性的高位。当然，更常态一些的数值，应该是50左右。120日乖离到达50一带的时候，也应当提高警惕。

8. 其他技术分析指标与波浪理论相结合时的用法原则

上面讲的是，我常用的和我发明的一些指标用法与波浪理论之间的关系。同样，每个人也可以找到自己习惯使用的指标，用来辅助判断波浪理论的浪形。

但有一个大原则：用指标的语言来协助回答涨、跌、强、弱的关系，这是行情波动的逻辑关系。可以举一反三，总结出更多的以指标辅助判别波浪理论浪形的用法。要点仍然是背离、钝化等等的用法。

在用指标之前，要知道指标讲的是什么？统计的是什么？没有一个指标是神奇指标。

现在中国的网上或一些公司，都在卖神奇的指标，这些神奇的指标够不够神奇？可以肯定地说，不够神奇，任何指标都是通过一个公式（数学模型）来观察市场的变化规律的。

上面我们谈到的几个指标，都是用来统计市场中的现象的。市场中不便于"一目了然"的现象，通过指标就可以"一目了然"地显示出来，然后再通过这个作用，来判断涨跌强弱的关系。

这恰恰暗合了波浪理论的基本定义——波浪理论是用一种合乎逻辑的语言来陈述行情波动的逻辑。

第八讲
筹码分布等因素和浪形的关系

> 正像宇宙中所有其他事物的真理一样，市场也有它的规律。如果没有规律，就不可能有价格运转的中心。
>
> ——艾略特《波浪原理》

第八讲　筹码分布等因素与浪形的关系

筹码分布是20世纪末出现的新指标，可以说是中国人发明的指标，它就是对传统的成交量的横向分布加以"新陈代谢"的处理。

如图：筹码分布

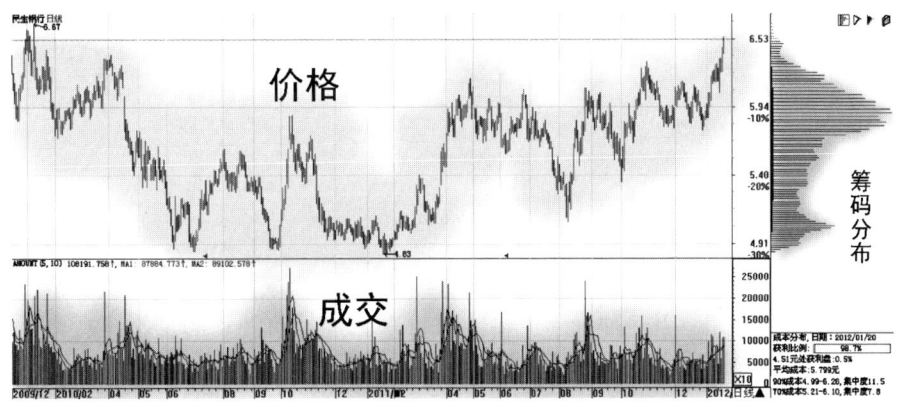

图 8-1

在传统的成交量分析上，有一个横向分布的方法：把每一个价位上的成交量以收盘价位置为计，在每一个收盘价上，把成交量在K线图表上横向叠加来表示，同一个价位上的成交量就出现在K线图中。以此，形成一个支撑压力的提示指标。

但是筹码分布加上了换手率的因素，进行的是新陈代谢式的运算，于是，就形成了筹码分布这样一个可以有动态变化的支撑压力的指标。

同样，筹码分布在运用上，也可以协助我们对浪形进行判断。

如图：传统的成交量横向分布

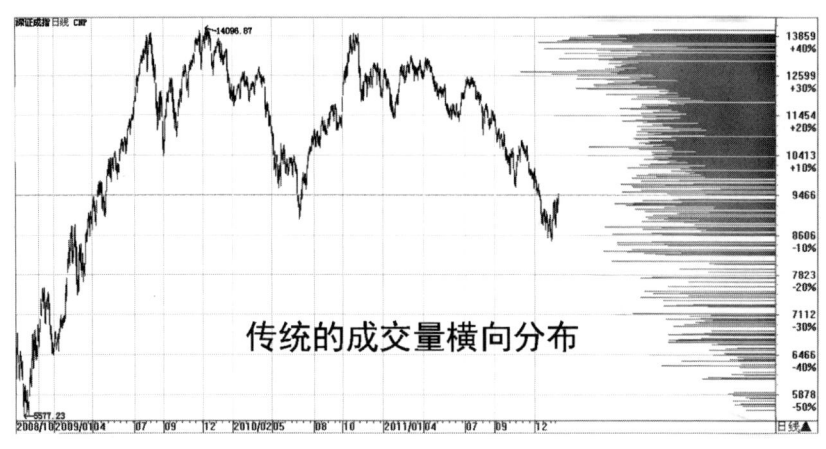

图 8-2

波浪理论，是用一种合乎逻辑的语言来陈述行情波动的逻辑，那么陈述行情波动逻辑的同时，也有其他的方式可以佐证。因为波浪理论可以同时回答三个问题，方向，空间，时间。也就是它的浪形，比例，时间这三个问题。在回答空间的问题上，筹码分布的帮助相对来说更大一些。在筹码分布的特征上，有几点我在这里介绍一下。

1. 筹码分布在个股与大盘上的区别和差异

一般来说，不管是个股还是大盘股或者说是指数，都会在行情启动前的低位，呈现一个筹码密集区。形成这个密集区之后，向上逐渐出现筹码分布的发散，之后在高位再出现密集。如果这高位是头部，之后就会出现下跌，于是筹码再次发散，到底部再次集中，周而复始。这就是理论上筹码分布的密集、发散和股价之间的关系。

可是在实际应用中，我们发现并不一定百分之百遵守这种"规则"。因为有些时候，有些品种在不同的时段，在浪形的上涨过程中，会出现几

第八讲 筹码分布等因素与浪形的关系

次密集——发散——密集的反复，并不一定是"密集之后到发散，再到密集，就到头部了"。

造成这种筹码分布"不懂规矩"现象的原因，是它的换手率过高，或者流通盘过小。

如果以波浪理论语言描述行情，就是说在一浪开始的时候，以及在一浪运行的过程中，我们会发现，筹码分布这时候呈发散状态，也就是说，更多的筹码都在上方形成套牢区。

这时候，有助于我们判断一个上涨浪形有可能开始。先不确定它是不是第一浪，但是不是有一个上涨浪要出现？答案或许是肯定的。

因为这时候，筹码分布的主要部分都在上方，场内基本上都是套牢盘。这种市况，就没有卖压。没有卖压的情况下，就有可能出现上涨。没有人卖，就会上涨——这也是一种行情波动的逻辑。

当行情形成一浪上涨之后，再次回落的时候（我们前面在讲波浪理论的时候曾经提到，二浪有时候会走得比较冗长），如果二浪出现了较为冗长的走势，就会形成一个筹码集中的过程。如果出现集中的过程，可以理解为这是庄家建仓，或者是场内交易者在这里充分地换手，或高位的套牢盘进行割肉，或新进场的新多头买入了股票等等，总之，形成了一个筹码新的密集。密集形成之后，开始拉升，市场中的赚钱示范效应形成。如果拉升的动作比较快，可以理解为这是第三浪的过程。

三浪当中，应该是筹码比较发散的。因为这时候赚钱示范效应比较强。会形成如下市场心理：挣了钱的不想卖，刚买进来的也不想卖，前期套牢的更不想卖，有新进的人想买，低位买入已经获利，认为还会再涨，可能想再增加仓位，增加获利。前面已经套牢的，看到行情启动了，也许想再买一些，摊低成本，等等。

这种市场心理出现，就会形成较强的多头能量，进入三浪的快速上涨。这时候的筹码分布，自然也会形成比较明显的发散。

其实，这一点和均线的发散，又形成了对应关系（均线也是揭示市场平均成本位置的一种方式)。

如图：筹码分布和均线一同发散

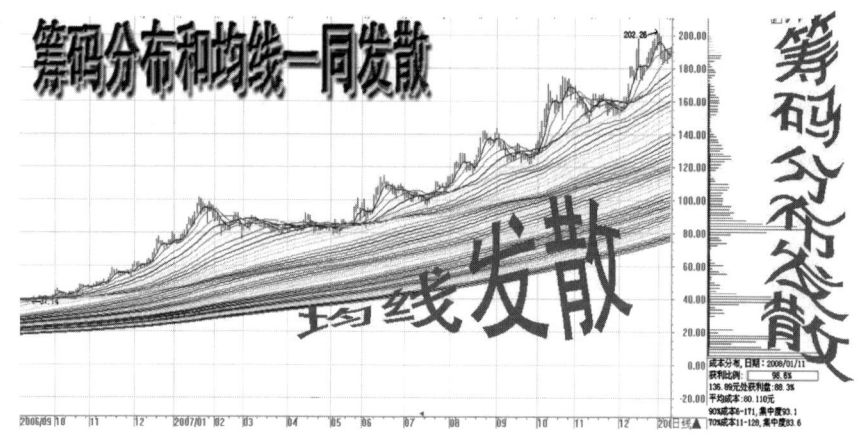

图 8-3

当行情到了四浪的时候，这时候可能会出现底部筹码的松动。也就是说，四浪会出现一个调整，不管是平台形、之字形，还是三角形形态。出现了四浪调整以后，从筹码分布来看，我们会发现底部的筹码会逐渐移动上来。因为四浪这个位置上，可能有人出货。

再经过五浪的上涨，这时候筹码可能又会快速移动，向高位集中，形成了高位的成本密集，于是，头部就到了。

开始下跌后，也许在经过 A 浪和 B 浪时，还会形成密集。到 C 浪的时候，又形成发散。再到行情启动，形成新的低位密集，则又是一个第一浪开始的时候。如此周而复始。这就是理论上，浪形运行和筹码分布的演变过程。

但是，我发现，在有些小盘股的浪形和筹码分布上，不遵循这个"原则"，常常会发生多层密集。这是怎么一个道理呢？

因为小盘股或者说是换手非常积极的个股，在一浪上涨的时候，已经

第八讲　筹码分布等因素与浪形的关系

有人抢筹，大量筹码形成换手，在一浪的上涨过程中，就已经收集了很多上方套牢的筹码。经过二浪的回调，就有更多的进场，形成一个二浪的筹码密集。

在三浪当中，涨得很快，获利的幅度很大，或者速度很快，就会形成筹码的松动。

比如说，如果是一般的三浪，只涨30%~50%，这时候是很难形成一个统一的对前期的获利盘回吐的了结动作。可是，如果三浪的第一子浪已经涨了一倍，或者涨了50%以上。这时候就不一样了，涨得太快了，有些短线投资人就拿不住股票了，就会形成卖出的动作，从而形成大量换手。

那么这时候，更有远见的投资人，或者说所谓的主力庄家，仍然在这里进行收集，又会形成一个新的筹码密集。之后，三浪三再次拉升，三浪四又形成密集。同样的道理，也是因为上涨过快，获利盘过重，但还会出现三浪五的上涨。

等到四浪出现，形成一个密集之后，到五浪的出货时，逐步发散后又形成筹码密集的状态。

从筹码分布图上看，就是不断地由一个新的密集替换上一个密集。这种现象，就是筹码分布在中小市值个股上，或者说在换手率很高、涨幅很大的个股上的一个特殊表现。

但有一个"原则"，每一个新的高位筹码密集区，都不会被跌破，从而形成套牢区。如果出现这种套牢区，那么就很难再向上突破它了。这有可能是多次反复密集中的最后一次，是所谓"庄家出货"的过程。

其实了解我的老股友都知道，我是不愿意进行所谓的庄家分析的。我常说，庄家分析是一种对市场数据的拟人化分析，不等于分析庄家。可是，利用筹码分布的时候，我们不排除运用这种对市场数据拟人化的分析。看看哪里是庄家建仓的位置？哪里是庄家拉高的位置？跟波浪理论对应起来，可以机械地理解为一浪二浪是建仓的时候，三浪是拉高的时候，四浪是洗盘、震仓的时候，五浪是最后的拉高的时候。之后进入 A 段的下跌和 B 段的反弹，这里又是震荡出货的时候。这时候筹码应该全部派发出去了，之后再经过 C 浪的下杀、打压，为新一轮炒作做铺垫。这是庄家理论中一个完整的吸、拉、派、落的全过程。

在运用筹码分布的时候，对于判别浪形，还可以起到一个借鉴作用。那就是，可以辅助观察到五浪延伸动作（或三浪三的延伸）。

如果发现这只股票上涨的节奏比较正常，可能它就是经常出现密集。在一浪、二浪走完的时候有一个密集，之后三浪上涨，这时候发现三浪上涨的幅度并不是很大（有希望对应于"一三等长五浪延伸"，这是一个补充条件），之后，经过四浪的回调又形成密集。进入五浪上涨的时候，行情突然发力，同时筹码形成了发散。

这时候我们可以有理由判断，这可能是一个第五浪的延伸浪，或可能是一个第三浪的第三浪。也就是我们前期讲过的三浪三的延伸浪和第五浪的延伸浪之间的重合浪关系。此时，筹码分布就可以帮我们作出这种判断。

以上这些，就是我对筹码分布常用的一些方式方法。

2. ZIG 指标与浪形

ZIG 指标也叫之字转向指标，该指标仅由一个函数（ZIG）构成。

ZIG 函数所表现出来的，就是当行情的一个波段的上涨幅度大于 10% 的时候，它就出现转向。形成一个 V 型的拐点。当行情再上涨百分之十以上，到达一个高点之后，又下跌大于 10% 的时候，ZIG 指标会再次出现一个升转跌的拐点，形成之字转向。

如图：ZIG 指标示意图

第八讲 筹码分布等因素与浪形的关系

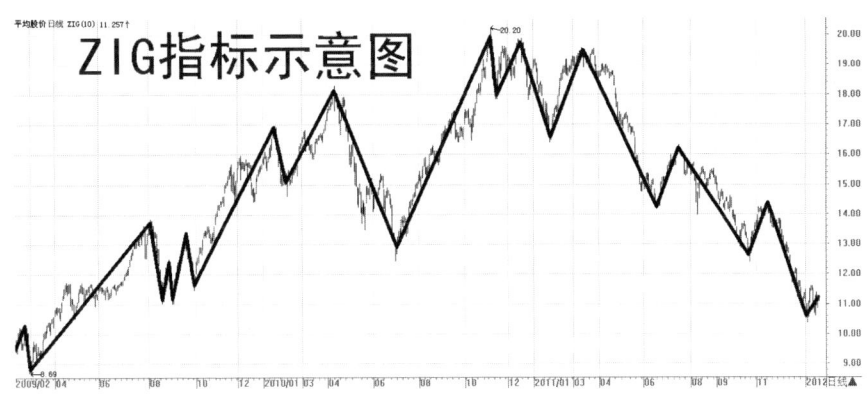

图 8-4

ZIG 是很受批评的指标，因为它是一个所谓的"未来函数"。

所谓未来函数，比如说，当行情在下跌的时候，跌了 10% 以上还在继续下跌，刚涨了 3%，这时候 ZIG 指标就会出现跌转升的拐点信号。虽然 3% 涨起来了，但是过了几天又跌回去了，又跌了 10%，把 3% 的涨幅吃光了。这时候 ZIG 的拐点就会"消失"，形成一条直线。

这样一来，变成解释过去都是对的，解释未来总会出现变数，就没有一个稳定的信号。这也就形成了一个所谓的假指标，或者说所谓的未来函数，是有一定欺骗性的。

想当年，我在刚刚接触电脑、研究指标的时候，我就注意到这个函数，但是我对这个函数却很有偏爱。原因倒不是想写出那种假指标去骗人，而是我认为它很有利于数浪。

如图：未来函数 ZIG 的"骗线"

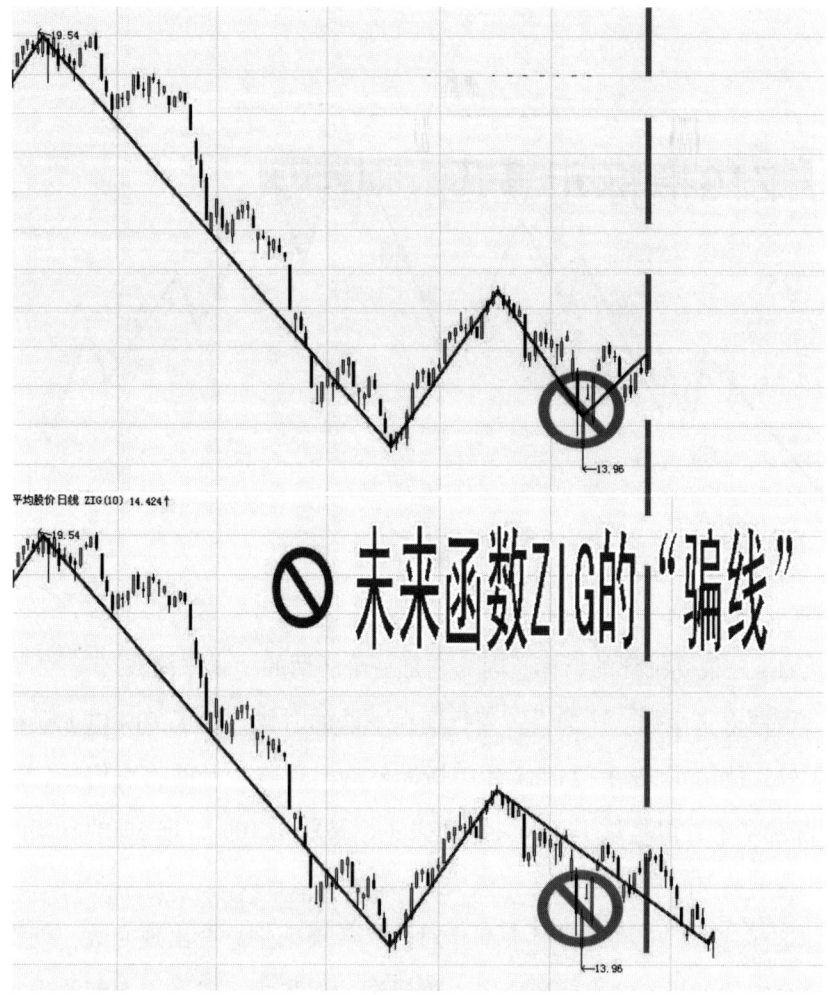

图 8-5

它的作用在于,可以辅助我们判别浪形的级别。我们在数浪的时候,经常会发现,每一个子浪之间的关系,不那么容易划分。然而 ZIG 指标(之字转向指标)可以比较容易地把浪形勾勒出来。如图:用 ZIG 数浪

第八讲　筹码分布等因素与浪形的关系

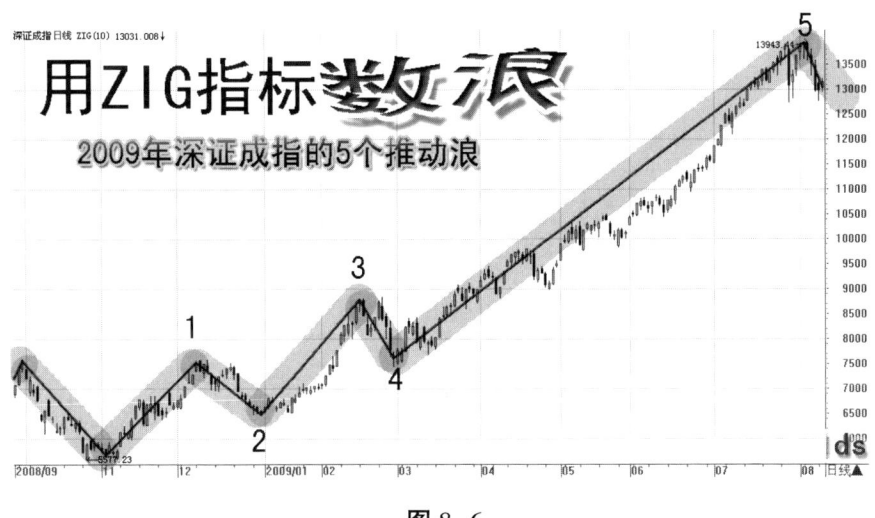

图 8-6

如图所示，K 图上叠加了 ZIG 之字转向指标，它会把一些小的涨跌消化掉，这样一来，我们会知道那里可能是子浪关系。

波浪理论研究的是浪形、比例，时间。其中浪形之间是有比例关系的。这是最重要的一点，波浪理论研究认为，浪形是第一重要的，其次才是比例和时间。

利用 ZIG 指标，我们可以把大浪形从图中找出来，这就是 ZIG 指标的主要用法。

我在读艾略特《波浪原理》原著的时候，也发现了这个英文单词——ZIGZAG。其实它表现的就是一个之字形的行情动作，而 ZIG 指标，可以协助我们来判断浪形的转向和浪形的大小。

这是可以给我们帮助的。因为价格运行规律，就是以一个之字接着一个之字的形态在运动着。

3. 基本面与浪形

基本面也是可以用来协助我们判断浪形的一个工具。

艾略特在《波浪原理》一书中，曾经强调了有五个波浪理论的基础条件，其中一个条件就是"对所有跟股份公司有关的事务，包括财务有足够的统计。"也就是说，基本面的公开信息要透彻，这样投资者就能够非常容易地获得上市公司在商业活动中的财务信息。

价格上应该体现出基本面的很多变化，所以，基本面也可以成为辅助我们判断浪形的一个条件。

一般来讲，既然是做股票，还是以做多为主。以做多的思路来看，我们要找到的就是第三浪的上涨，或者说是比较有规模的第五浪上涨。

既然我们要找到的就是上涨波段，这种处于上涨波段的股票，它的基本面必然是有一定原因的。

一只股票亏损累累，利空不断，而且还有很多内幕的坏消息不断传出来，它还会不断上涨？这种事情我确实没有见过，我相信在古今中外的股市中，这也是十分罕见的现象。

但是这只股票有利好的传闻，又有业绩的支撑，而且又有宏观利好的背景和政策的扶持等等，一系列的利好因素出现的时候，这只股票就会出现上涨。

我们还是用以前的例子来说，比如说在2006和2007年，那时候地产股以及和人民币升值预期相关的品种都在大涨。这时候，我们就可以把交易目标品种锁定在与人民币升值相关的品种当中。在这些品种上，寻找具有符合第三浪或第五浪行将出现的特征的品种。

比如说，重点放在房地产类股票上。那时候，在房地产的股票当中，多数出现的是推动五浪的形态。而且是有三浪延伸的，有三浪中再出现复杂延伸浪的，有五浪延伸的，或五浪出现很复杂延伸浪的形态。我们可以在这种浪形当中去寻找获利机会。

我们可以大胆地判断这里是推动浪,而且是主升浪,因为有基本面的支持。

如图:2006年、2007年房地产指数上的复杂延伸浪形

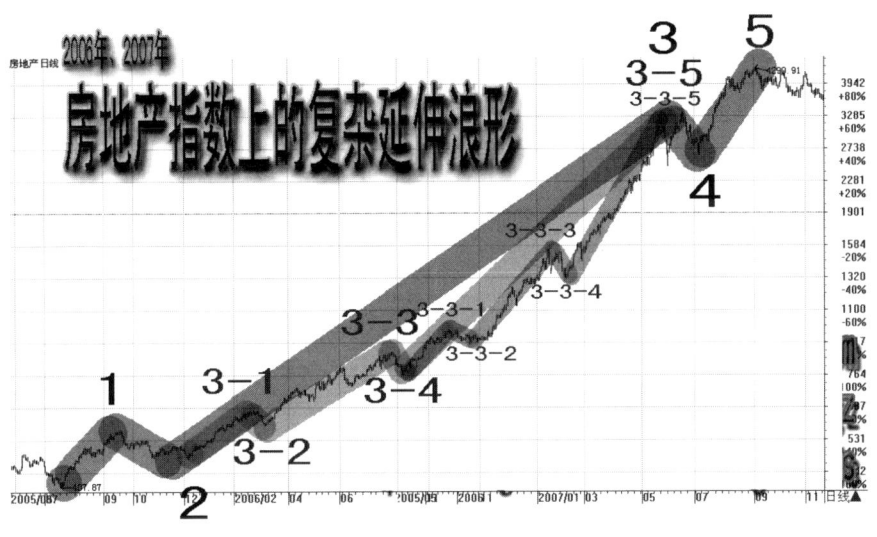

图 8-7

当然,基本面和浪形要相辅相成。尤其不能一味地从基本面去着手。不能说某一利好的基本面因素一出现,就相信它会使股价出现主升浪。

我们以2010年年底和2011年年初这个时间段为例。这时候人民币升值已经创了历史新高,那么房地产股票以及与人民币升值相关的股票,却没有走出像2006和2007年那样的大涨行情。为什么?就是因为该类个股的调整浪形还没有完成,起码是三浪三还没有确立。所以说,浪形与基本面要相辅相成。

正确的方法是,首先发现了浪形,其次再去找基本面的支持。

比如,浪形上有了三浪或者五浪行情开始的特征时,从浪形比例上看,有可能出现较大的上涨空间。这时候,我们再去找支持它的基本面理由。

或者是两只股票，一只走得很强，走出了有可能要进入三浪的格局。而另一只也走得很强，好像也是要进入三浪的格局。这时候谁优谁劣？如何取舍？

先不谈可以两只全买，以分散风险的思路。假定由资金性质决定，只可买一只。那么，可以从基本面去着手分析。哪个业绩上更有"故事"？哪一个更有政策的扶持？哪一个更有市场传闻的炒作？我们就选它。

也可以这么解释一个问题：既然股票价格的本性，就是上市公司业绩的体现，假定这个逻辑是通的，那么我们就可以这么去理解：基本面的因素决定了股价运行的大趋势和大空间，波浪理论回答的是其中细微的结构。

比如说一只股票，我们经过基本面分析，认为它是迟早要从当前的价格上涨2倍、3倍，乃至于10倍。但是，我们是不是可以随时买进去傻等呢？

不是的！还是应该从浪形上去着手，找到买卖点，从而使利润最大化、最优化。

我们可以告诉大家，往往一只股票上涨最快的时候，就在它的第三浪或者第五浪当中。其它浪形中出现的上涨过程，可以忽略不计。或者说，其它浪形上涨造成的利润度也不是很高。

举一个简单的数学例子。一只股票从2元涨到5元的时候，涨了1倍多，经过回调，又突破5元涨到了50元的时候，这是涨了10倍，当从50元又回调到40元，再涨到80元的时候，又是1倍。这就是一个一、二、三、四、五浪的过程。

其中最有利润度的波段，恰恰是从5元涨到50元的过程，我们要得到的，也是这种过程。

但我们能不能从2元时就买入，一直到它80块钱的时候卖出？这是可遇不可求的，甚至是不可能的。

或者说，这也是市场的一个"障眼法"。是一种在你梦想财富的时候给你画的"大饼"。使你敢于在下跌趋势中买入,结果越套越深。运气好的,可以等上几年,在遇到下一轮牛市时解套。运气不好的,经过一轮牛市也解不了套,甚至手中的股票退市了,变成血本无归。找到第三浪或第五浪的机会,就是服从趋势和重视强弱。

4. 股票指数与浪形

另一个不叫指标的"指标",就是股票指数。

不管是上证指数还是深证成指,还是新推出的上证 380 指数,抑或是沪深 300 指数,也包括众多的板块指数等等这些股票指数。你也可以自己去做一些指数,这些指数也是一个指标。

为什么说它们是指标?懂英文的股友都知道,相对强弱指标 RSI 的全称是"Relative Strenth Index"。也就是说,"RSI"的"I",就是 INDEX 的缩写。

而上证指数的"指数",英文怎样写?还是 INDEX。所以说,指标和指数是一个意思。RSI 和上证指数,都是一个统计市场的方式,只是视角不同。它们同样也都是一个数学模型。

以上证指数为例,它统计的就是,上海全部股票以 1990 年或上市时的股价为基期的上涨、下跌的变动幅度。这就是上证指数统计的视角。

当我们研究个股的时候,个股肯定是会受市场总体气氛的影响。既然会受到市场总体气氛影响,谁来给我们提供帮助,来回答"市场气氛如何"这个问题呢?也许各种股票指数,都能给我们提供最好的帮助。

固然,现在上证指数有些"失真"。但是我们仍然发现,在局部和绝大多数情况下,个股的涨跌和指数的涨跌是同方向的,只是上涨下跌的空间不同。

具体有什么差异,这个问题我们会在下一章来讨论,这也是我们接下来要讲的重要内容,就是波浪理论在我们中国股市中的应用。

第九讲
波浪理论在中国股市中的应用

> 波浪原理是一种在所有人类活动中始终起作用的现象。
>
> ——艾略特《波浪原理》

第九讲 波浪理论在中国股市中的应用

前面，我们讲过波浪理论的基础语言。为了提高波浪理论的预测准确率，我们讲过重合浪、重合位。还讲了各种指标，如何作为判别浪形的辅助。也讲到了指数，对判别个股浪形的辅助。这些，都是为了正确的判别浪形。但是，多少有些纸上谈兵的味道。因为这些似乎没有回答，什么时候？买什么股票？如何制订交易计划？如何完成获利等一系列问题。

现在我们来讨论这一最重要的问题，那就是：

如何利用波浪理论，在交易中挣钱？

1. 利用波浪理论进行指数化投资

艾略特在其名著《波浪原理》中，也提到过操作的问题。很多讲波浪理论的书，就这一问题，也有过相关阐述。但我个人觉得，这些阐述有些脱离实战的味道。

不谈别人的书，只说艾略特的《波浪原理》中谈到的操作方法。他的主要观点，似乎就是"指数化投资"。

当运用波浪理论的预测方法，预测出未来有一波上涨的浪形。于是，就买入股票。艾略特当时研究的指数是道琼斯股票指数，可以交易的品种，就是纽约交易所中上市的股票。那么，他就在道琼斯指数的成份股当中，买入几只或十几只股票，形成一个组合。之后，等待行情上涨。当行情上涨，按照艾略特的理想愿望，在"第五浪的第五浪的第五浪的第五浪的第五浪的高点"到来时，全部卖出股票。

这好像就是艾略特主张的交易方法。这种方法，可以作为利用波浪理论实现利润的一种方法。也就是说，不去选股，只进行指数化投资。

我们应当承认，在运用波浪理论分析预测的时候，对个股的分析预测与对指数的分析预测加以比较，在指数上，还是有一定的优势的。所以说，指数化投资，对于波浪理论的应用来说，是一种不错的方式。

在中国股市，我们可以研究上证指数、深证成指，或者是沪深300指数、平均股价，以及上证380指数，还有众多的板块指数。研究之后，买入这些指数中的重点成份股，成为一个组合，使之可以跟踪、复制、模仿这一指数，从而实现指数化投资。

同时，我们也可以利用一个工具，就是ETF基金。我们现在有上证50ETF、上证180ETF，还有很多ETF基金。

ETF，是"交易型开放式指数基金"的英文缩写，它是一种在交易所上市交易的开放式指数基金，投资者既可以像封闭式基金那样，在交易所（二级市场）买卖ETF份额，又可以像开放式基金那样，在一级市场申购、赎回。但是，由于ETF基金的交易方式比较特殊，许多投资者对它并不了解。

由于ETF基金的一级市场交易起点高，交易方式特殊，申购付出的和赎回得到的不是钱，而是一揽子股票，且数额较大，普通投资者一般只能在二级市场进行买卖，因此我们把ETF基金作为指数化投资的标的时，主要是在二级市场上进行交易。

ETF基金最大的特点，就是一种百分之百完全复制标的指数的基金。

以复制与标的指数结构相同的投资组合，来排除非系统性风险的干扰，从而获得与所跟踪标的指数极其相近的指数化收益，这一组合的比重透明度高，因为它和标的指数中成份股的权重相同。

比如上证180ETF，它复制的就是上证180指数，其持仓的组合就是180只上证180指数的成份股。而且，每只股票所占仓位，与该股在指数中的权重完全一致。

ETF非常重要的一个特点是，由于采用实物（一揽子股票）申购、赎回机制，因此基金管理者无需保持过多的现金，来应对投资者的赎回，ETF基金可以保持高仓位运作以追踪指数，因此往往其净值的变化与所追踪的指数完成一致。这是ETF与一般开放式基金，尤其是开放式指数基金的一大区别。有时候，开放式基金会因为要留有一定的现金（不能满仓），而使净值变化不能与指数同步。

ETF 基金一般均可通过证券公司的营业部（券商）进行交易，交易方法与股票相同。它有时候也可以作为我们仓中投资组合的一个成份——与股票相同的一个组成部分。

比如，我们通过波浪理论分析预测，无论是发现了重合浪还是重合位，或者是通过其它分析方法辅助，认为接下来上证 50 指数将出现一波上涨。这时候，我们可以通过买入上证 50ETF 基金来获利。

当上证 50 指数真的和我们预测的一样，出现了一波上涨浪形时，我们持有的 50ETF，就会得到与指数同等上涨幅度的一笔利润。

同样，沪深 300 的股指期货，也可以作为一个指数化的投资工具。而且，它有一个优点，就是可以双向交易。既可以利用上涨做多获利，也可以利用下跌做空获利。

我们可以通过研究沪深 300 指数的涨跌，来对沪深 300 期指进行交易。理论上说，沪深 300 期指和沪深 300 指数有一定的差异度，我们可以常常看到，期指点位高于沪深 300 指数点位。但方向上基本是一致的，在幅度上也是很接近的。加上期指交易有资金杠杆的放大作用，会放大收益，同样也会放大风险。这样一来，一些小的波段，也可以作为我们套利的目标波段。比如沪深 300 指数仅仅上涨 10%，同样期指也受此影响上涨了 10% 左右。在资金杠杆放大的作用下，我们就可以得到将近一倍的利润。

同样，投资者手中的若干只股票，也可以作为一个组合，将它们理解为成份股，制作一个指数。对这个指数，也进行指数化投资。这时候，你每只股票的持有量，就是这个成份股的权重。

这个组合的涨跌，造成了你资金净值的变化，也可以理解为是这个指数的真正有意义的变化。投资人自己资金净值指数的浪形，比数股票或指数的浪形更重要。毕竟我们是来完成获利动作的。获利，就是你资金净值的变化。

这有些涉及资金管理的范畴，我们后面会详细讲述，此处不赘述。

投资者在对自己选定的几只个股进行指数化投资时，为了双向交易，既可以做多，也可以做空。不排除只在融资融券的标的品种范围中寻找几只个股，作为一个组合。

现在沪深两市是有一批股票允许融资融券的，我们从中找到几只或十几只个股，作为一个指数，并观察这一指数，进行分析预测。

之后，在进行交易时，根据自己的判断，决定买卖的数量，这也就是决定了这个指数的成份股的权重。你既可以让它们等权重，也就是说，买入的数量一样；你也可以对某一只或某几只增大仓位，使之权重大一些。这都是你可以左右的。

这样一来，上涨的时候，你可以融资做多；下跌的时候，你可以融券做空。这就是你做的一个组合，也是你进行指数化投资的方法。

由于个人的交易习惯不同，加上现在期指或融资融券又有资金的门槛儿，可能更多的人，无法或不习惯去做期指和融资融券，而更愿意做股票的实盘现货交易。

这时候，我们再进行指数的研究，只是为了给个股的选择提供一个"背景"。

指数，或者说上证指数，或许现在有些失真。但我们还有更多的指数，比如沪深300指数，比如上证380指数，比如平均股价指数，还有众多的板块指数，以及我们自定义的一些指数。这些指数，都可以回答，"市场的总体气氛如何"这一问题。

有了市场的总体气氛，我们就可以知道，什么时候是"十只股票八只涨的时候"，什么时候是"十只股票八只跌的时候"。

前者是一个比较容易获利的市场环境，后者是一个不容易获利的市场环境。前者一般是指数上的第三浪或第五浪，后者往往是A浪或C浪之中。

也就是说，当指数处于上涨推动五个浪形之中的时候，虽然有个股轮动造成的此起彼伏，但个股的行情，也是今天不涨明天涨，这两天不涨过两天涨，这周不涨下周涨。在空间上，只是上涨的空间大小问题。然而当指数进入调整浪下跌的时候，就是所谓的十只股票八只跌的时候，区别只是谁跌得早、谁跌得晚，谁跌得多、谁跌得少的问题。

这就是我们研究指数的目的。同时，我们也要正确地认识指数和个股之间的关系。换言之，是先有指数？还是先有个股？

答案是：先有个股行情，后有指数走势。

个股的行情集合表现，形成了指数的表现。如图：指数与个股的关系示意图

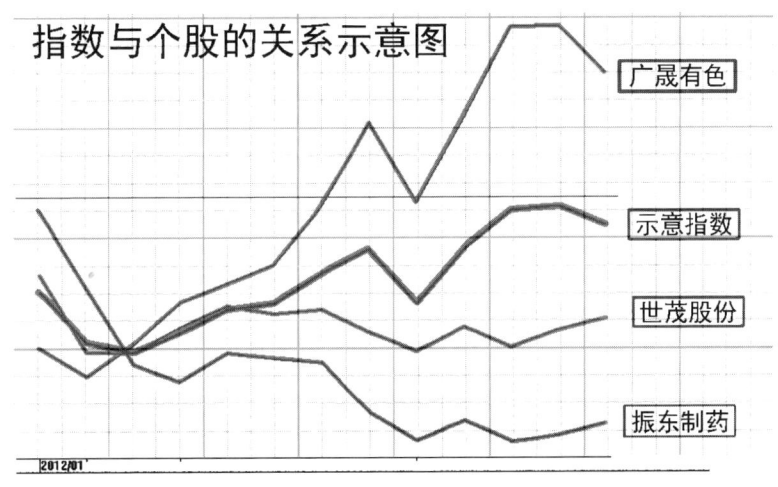

图 9-1

我随机选择了广晟有色、世茂股份和振东制药三只个股，用它们作成份股，权重相等，制作了一个示意指数。上图是 2012 年初到农历春节之间的日线收盘价线图。

如图所示，就图中显示的短期而言，广晟有色走的是大涨小回的强市格局，世茂股份走的是横向震荡，而振东制药是反复探底向下的行情。三

只个股的综合表现,就是"示意指数"显示出来的小幅反弹行情。

这时候,这个"小股市"中,多数股票(即三只股票中的两只股票)不再下跌,而且有三分之一的个股(广晟有色)走出强市。于是,指数就走出了反弹行情。

每只个股都有自身的浪形,但综合表现的结果,就是指数上的浪形。

从上图中,我们还可以发现,虽然三只个股走势迥异,但就同一天来说,与指数同步还是常见的。如果成份股更多些,这种现象将更为明显。

我们通过指数的计算公式,就可以知道其中的道理。

报告期指数 =(报告期样本股的调整市值/基期)×1000

其中,调整市值=Σ(股价×调整股本数)。

老股民都知道,上证指数就是全部的上海证券交易所挂牌的股票的现价乘以权重的总值作为分子,基期的股价乘以权重作为分母,之后以百分数表示。

哪怕是只有十几只成份股的板块指数,也是这十几只股票个股行情的集合,形成了板块指数的走势。

这就是个股和指数之间的关系。用波浪理论的语言来说,个股的浪形,形成了指数的浪形。

说了这么多的指数和个股的关系,我们可以得出这样的结论:利用波浪理论进行指数化投资,可以不很重视,乃至忽略个股的表现。

指数化投资可以充分发挥波浪理论的优势,但它也有一个缺点,那就是,成份股越多,或者说仓中品种越多,越不容易实现超越指数的平均收益。

这就引发了下一个问题,如何利用波浪理论去选股?

2. 波浪理论如何选股?

既然我们知道,指数上涨意味着多数个股在上涨,是一个选择个股交

第九讲　波浪理论在中国股市中的应用

易的好时候,那么我们如何找到最有利于交易的品种呢?这就面临一个选股的问题。或者说,如何找到牛股、黑马、强市股的问题。

我听有些波浪理论研究者说,波浪理论的缺点是无法选股。也许他想说的是,波浪理论研究的是形态,不是指标信号。不能像技术指标那样,以金叉、死叉之类的信号为检索条件,利用股票软件的选股功能,选出满足条件的个股。可是,他或许没有想到,双底或头肩底一类的价格形态,也不能用这种方法选股。

同样,我们用传统的技术指标的信号选股法,选出的个股也不一定必定上涨。我们可以在选出的品种之中,加以波浪理论浪形分析,从中找到正在推动五浪之中的品种,找到发生重合浪、重合位的个股,有何不可?

这都是找到牛股、黑马股、强市股的办法。

我们为什么思考"如何找到牛股?如何找到黑马股?如何找到强市股?"这个问题?答案是:因为我们要挣钱,这样的股票挣钱多,挣钱快。

答案永远在问题里。那么就引出下个问题:什么样的股票挣钱多、挣钱快?

答案是:上涨趋势中的股票;而且上涨趋势中上涨幅度大的股票;而且是上涨趋势中的回调下跌幅度小的股票;而且还要是上涨趋势维持的时间久的股票;而且还要是在上涨趋势中的短暂下跌时间短、占用上涨趋势维持的时间比例少的股票。

举个例子,2008年10月到2010年4月,600252中恒集团就是一只这样的股票。上涨趋势维持了一年以上,上涨幅度近12倍,中途最大一波回落仅仅20%左右,一年来周线下跌时间仅占不足30%。如图:最大下跌波段仅仅22%

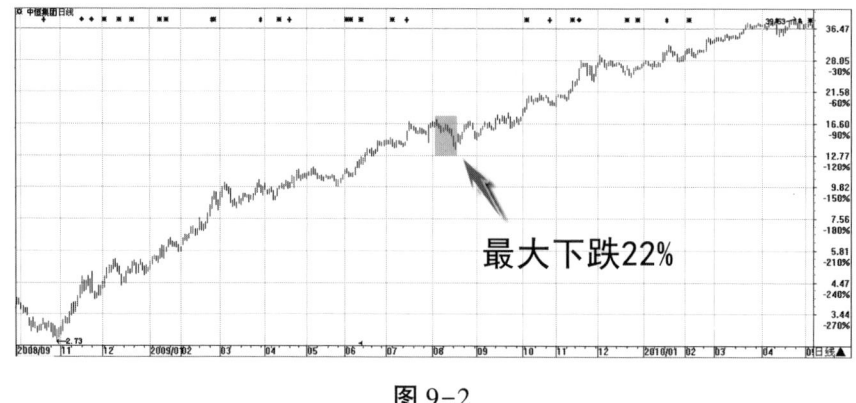

图 9-2

几乎每一只大牛股走完它的神话行情之后,总会有人提出这样的问题:这样的股票还会有吗?

为什么不会有?是中国股市要关闭了吗?还是市场没有支持这样行情的资金了?还是没有这样的优势题材的个股了呢?都不是!那就肯定还会有。

下面我们就结合波浪理论,来说说该如何找到牛股?如何找到黑马?如何找到强市股?

我们按照指数一浪时该如何选股?二浪时该如何选股?再说三浪、四浪、五浪,一直说到C浪时的选股问题。

下面讨论的是大多数情况,不是极个别情况。当然,特殊情况是有的。比如说,指数在走大三浪上涨的时候,同样有股票会走大跳水行情。指数在走大C浪下杀的时候,也同样会有股票走出主升浪的上涨。这些极个别的情况,应属于可遇不可求的,不在本章讨论范围之内。

我们这里只讨论概率高的情况,以波浪理论的语言,讨论指数背景和个股行情的辨证关系。

我认为:价格本身就是最好的指标,涨跌幅排序是最好的选股器。

也就是说,利用对不同时间段的涨跌幅排序,找到涨跌居前的个股。绝大多数的强市股会出现在这里面。突发性的暴涨暴跌的妖股,可遇不可求,可能不会出现在这里面。但只是"可能不会",不是"肯定不会"。用排序法,也可能捕捉到妖股的暴涨波段。

统计涨跌幅的起止时间,就是问题的关键。也就是说,从哪儿到哪儿的涨跌幅进行排序?

股谚有云:重个股轻指数。意思是说,让我们挣钱的交易行为,是低价买入又高价卖出股票,而不是在指数低位买入股票,在指数高位卖出股票(指数化投资不在此例)。因为有些股票,在指数低位时买入,指数到了高位,它不涨还是好的,甚至会下跌。

这就是这句股谚的重要意义。

那么我们研究指数就没有意义了吗?不是的。

我发现一个有趣的现象,绝大多数股票在绝大多数时间里,短期甚至超短期趋势,总与指数保持一致。

比如,指数上涨了十几个小时,绝大多数个股也会上涨,只是幅度有大小差异。

在分辨率更高的图表上,比如分时图,也会有这种现象。指数上涨了三分钟,绝大多数股票也是上涨了三分钟。有些可能会早涨一会儿,有的会晚涨一会儿,但方向是同步的。当涨完这三分钟,出现下跌的时候,大多数个股也会出现同步的下跌。只是在空间上,会有差异,从而形成了强弱之别。

比如指数回调了两分钟,但某只个股虽然下跌,但跌得不多。指数刚刚反弹,还没有吃掉前两分钟的下跌空间,而该股已经创盘中新高了。当指数收复了前两分钟的下跌空间,而该股就借机封住涨跌板了。这种和指数的"不同步"是比较常见的。也是个股浪形与指数浪形产生强弱反差的原因。

指数上涨了五分钟,而绝大多数个股反而走出下跌行情的情况还是少见的。就算是二八现象(大盘股上涨小盘股不涨)的时候,完全走相反方向,也是少见的情况,属低概率事件。

一般情况下,指数和个股在方向上是趋于一致的。为什么会这样?

指数是根据全体个股的表现计算出来的。无论是上证指数,还是深证成指,或者是别的指数和自定义指数,它们都是一个测量个股群体表现的指标。其作用和技术指标 ADL 腾落指数、OBOS 超买超卖指标一样,都是研究市场总体表现的指标。要知道,在英文中指标和指数是一个单词——Index。

那么研究指数的目的之一,是因为它可以帮助我们选择排序的时期,这就是我们选股的关键。

我常常喜欢以波浪理论的语言来描述行情。我认为,波浪理论与其说是一种分析预测的方法,不如说是用一种合乎逻辑的语言来描述行情波动的逻辑。

下面,我就从指数的一浪、二浪、三浪、四浪、五浪的上涨时期,说到 A 浪、B 浪、C 浪的下跌时期,说说不同时期的选股方法。如图:波浪理论描述的牛市和熊市

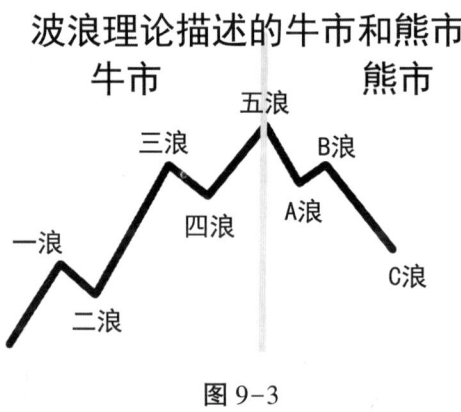

图 9-3

第一浪,牛市上涨的第一波。这时候,指数还在下跌趋势之中,上涨趋势还没有形成。看上去只像一次反弹,感觉后面还会下跌。但是,仔细观察一浪的上涨,和此前的反弹还是有所不同的,上涨空间会大些,上涨时间也会久些。

第一浪刚刚开始的时候,经过熊市的洗礼,绝大多数个股还在低位,趋势并没有形成,前期逆市上涨的品种也完成了补跌或已经走弱,早于市场启动的品种正在二次探底。正因为形成了这种共振的格局,市场进入了

第一浪的上涨时期。

这时候的排序选股思路，有下面几点。

其一，对前期总体熊市下跌的跌幅进行排序，对跌幅居前的，同时短期内上涨幅度较大，且形成短期趋势的个股。也就是波浪理论记作第一浪的第一子浪上涨幅度较为居前的个股作为交易目标。

比如 600376 首开股价，熊市下跌九成，位居跌幅前 20 名；1664 点开始的反弹第一波上涨 70% 多，位居涨幅前 40 位，如果这时候选出该股，接下来的一波上涨幅度为一倍以上，位居涨幅前 42 左右。后期的上涨更大，最大达到近 6 倍！

如图：首开股份

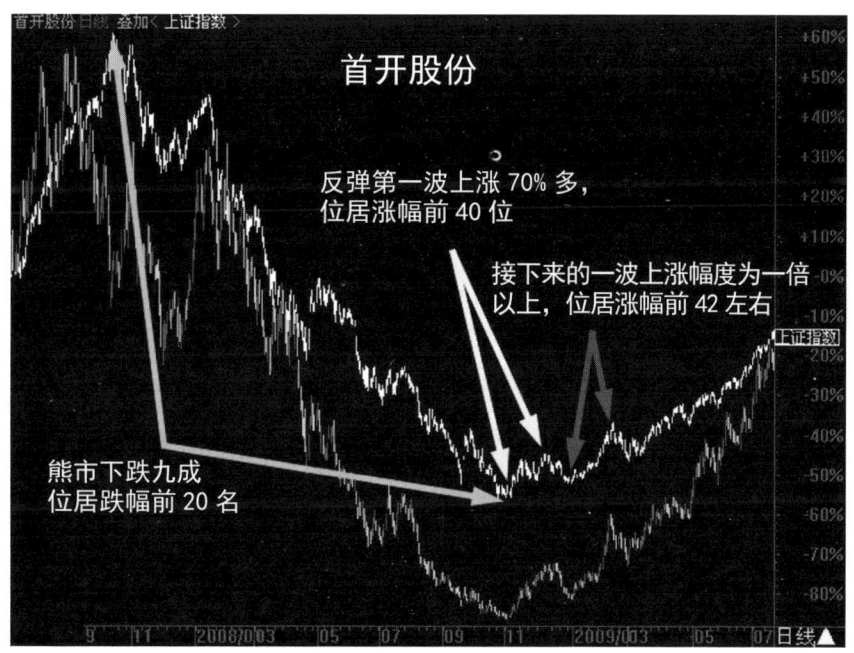

图 9-4

因为行情的波段与波段之间，是有比例关系的。跌得深的，反弹也会强些，下跌已经换来了上涨空间。但对这类个股交易要慎重，因为这时候是不是熊转牛，还是一个未知数。对于超跌个股，也可以等到二浪或三浪时再做补涨行情，后面再说，暂不赘述。

其二，对熊市最后一次反弹——C浪4的起点到终点的时段进行排序。我们就会在涨幅居前的个股中，发现一些进入上涨趋势的个股。这时候指数还在下跌，能够呈上涨态势的，说明这类股票是率先启动的个股，很可能是接下来的热点。就算不是热点，由于其已经形成了短期的上涨趋势，顺势而为的获利机会还是很大。

比如中金黄金和山东黄金，在2008年9月18日开始的反弹中，这两只个股率先反弹，并涨幅排序居前。在接下来的行情中，涨幅也一直是较大的。2009年的反弹行情中，累计上涨幅度均达到五倍左右！

如图：中金黄金和山东黄金

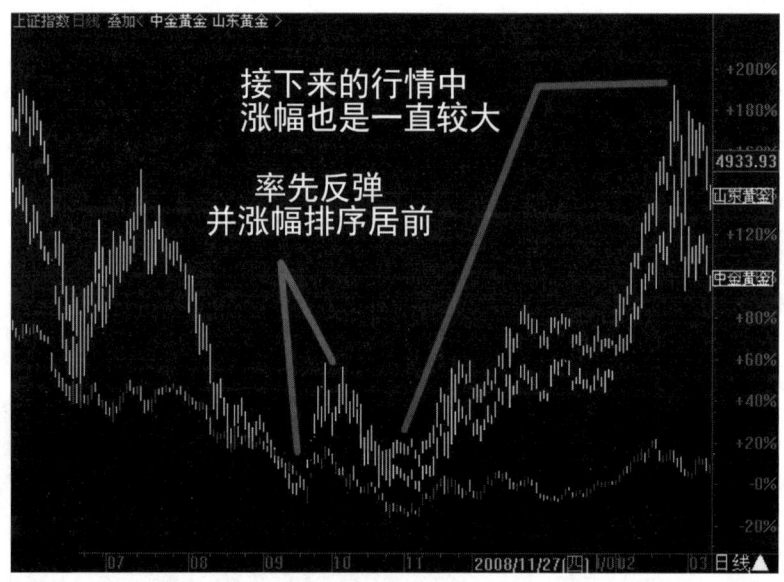

图9-5

同时，在指数的第一浪的过程中，也可以对熊市最早的上涨转下跌的时间段进行排序。也就是说，对最后的上涨浪5-5或最初的下跌浪A的第一波进行排序，我们可以找到率先下跌的个股。率先下跌的个股，很可能率先企稳。

6124点的时候,以万科A为首的房地产个股在高位滞涨,甚至出现下跌。对此前的一小段行情的排序结果表明,房地产个股跌幅居前,约百分之六。那么在1664点之前的最后的下跌之中,房地产类个股也是跌幅最小的。其中龙头股万科A,甚至出现了率先走出低点上移的上涨趋势。直到2009年上证指数到达3478点之前,地产板块一直在涨幅居前的位置。

如图:万科A在6124点和1664点

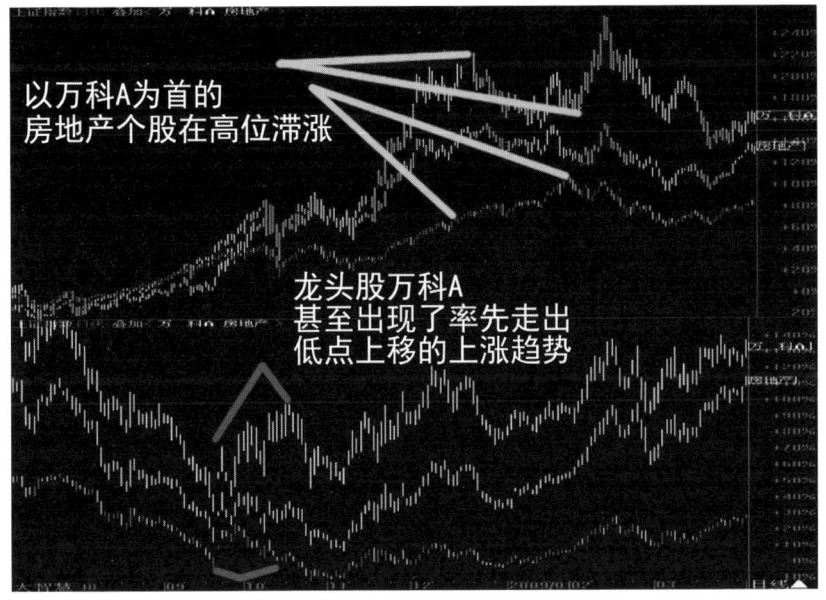

图 9-6

通过上面的例子,我想说明排序也可以用于选择板块。之后,再在板块之中选择强市品种。这也是一个选股的正确思路。

我们前面谈过,在指数上进行浪形分析预测的效果,优于个股上的效果。这也是一种"准指数化投资"的方式,先找到有交易机会的板块,再在板块中寻找个股上的交易机会。

第二浪是牛市的第一次调整,这时候是为了三浪排座次的准备期。也就是说,这时候逆市上涨的,可能是三浪要走延伸浪的;这时候下跌不深的,可能是行情三浪中要向上大幅拓展上涨空间的。

所以，这时候的排序，有两个思路。

第一个思路，对第二浪的下跌时间段进行排序，也可以对第一浪的上涨时间段进行排序，涨幅居前者，也可以作为关注目标，因为这是强于大市的品种。同样，对跌幅居前者，也可以关注。但有一个"必备条件"——虽然跌幅居前，但上涨趋势保持良好。之所以跌幅居前，是因为该股的一个优势条件——弹性大。

第二个思路，对熊市下跌时间段进行排序，超跌的在未来的行情中会有强市的反弹表现。对于这类超跌股有一个"要求"，或是熊市的前半场相对抗跌，后半场补跌造成了较大的下跌幅度，被市场错杀；或是市场前半段下跌幅度较大，后半场已经抗跌或不跌。而不是把"熊市进行到底"，已经跌成"死股"，尤其是前期涨幅已经过大，远远透支其业绩的疯牛股的跳水行情。这类个股，可能会在牛市的下半场"鸡犬升天"的场次里，才会重新登场。比如银广夏，放过了2006年，2007年才进入上涨。

如图：银广夏的补涨行情

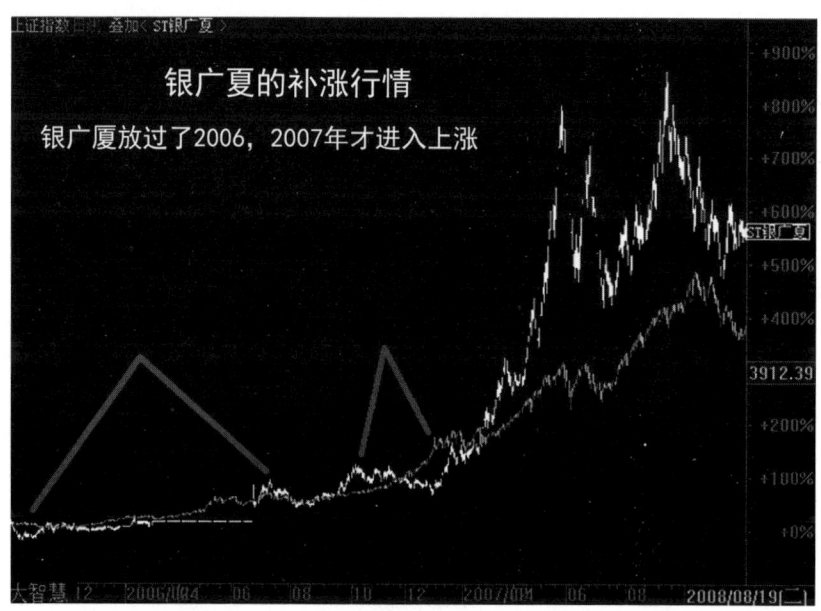

图 9-7

第三浪是牛市的主升段，是鸡犬升天的行情。

这时候，可以对一浪的上涨幅度进行排序，找到没有"一口气把牛市行情走完"的个股。如果这是一只浪形与指数同步的个股，三浪和一浪有比例关系，甚至是因果关系，那么一浪上涨幅度居前的，三浪也会居前。

也可以对二浪调整时的下跌幅度进行排序，找到逆市上涨的。在个股的浪形上，逆市上涨的个股，指数在2-B的反弹中已经进入了主升浪，同时在指数2-C的下跌中，个股的下跌不深，走的是3-2浪。当指数进入三浪时，该股已经进入了最快的上涨3-3浪之中。

这时候还有一个思路，就是对前期熊市进行涨幅排序。一个熊市完整的下跌过程，在波浪理论上说，不是四浪就是二浪。调整不深，后市的三浪或五浪才会有更大的上涨空间。

万科A在2001年上证指数2245点之后的五年熊市中，一直表现较强，于是，在2007年的大牛市中，上涨也是居前的。这恰恰暗合了房地产市场的发展趋势。

如图：万科A在2245点之后的五年熊市中的强市表现

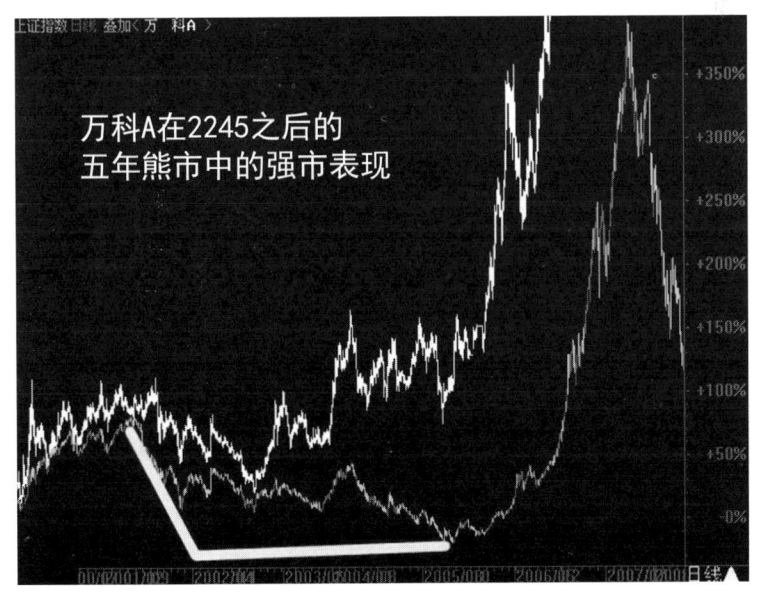

图 9-8

第四浪是牛市最后一次调整行情。也是一个操作进入"高难度"的过程。这时候,有些股票已经高位整理,就等着最后冲高一下做假突破,之后就进入漫漫熊途了。有些股票还有最后的上涨,只是空间已经不大。有些股票甚至已经率先进入熊市。

但这时候,恰恰是有些股票的活跃期。它们的特点之一是,在前期上涨的时候没有得到充分的发挥。原因可能是上一个熊市时已经走成死股,一直没有表现的机会。也可能是在第一浪时上涨幅度过大,之后是在别人大涨时,自己在一边"喘息"着进行调整。

既然如此,这时候排序的时间段,应该选择的是两个:

一个是三浪时的跌幅排序,找到别人上涨它不涨的品种,接下来如果还有五浪,那么它就会进入补涨行情。

比如天威保变在2007年下半年的行情。该股由于前期上涨过多过快,在2006年下半年走出了指数上涨该股下跌的弱市行情,此时间段跌幅排序居前。此后,由于该股没有走完其上涨浪形,进入大幅补涨。

如图:天威保变的补涨行情

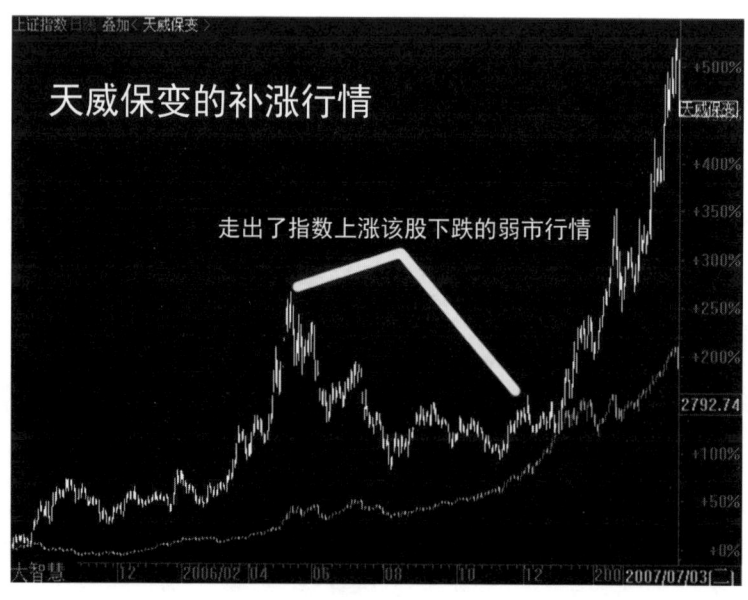

图9-9

同时，四浪调整时，也是某些股票开始逆市冲高、吸引场内资金注意力的时候。这时候进入过快上涨的股票，需要小心。因为这是最后的"赶顶"行情。从浪形上看，可能是五浪的延伸浪形，但已经明显突破了波浪理论通道法预测的上轨，这也是艾略特最强调的卖出时机。

或者到达了最大的黄金分割比例位置。比如，已经上涨到1浪到3浪总体高度的4.236倍的位置。

第五浪是牛市的最后的上涨，如果不是五浪走出延伸浪，可能这是一个交易难度最大的时期。第一，不是什么股票全涨，个股进入分化；第二，什么股票进入上涨，与前面一浪到四浪走强的个股之间的关系，也不稳定。

1997年的末涨波段上涨的还是前期走强的绩优股，而2001年的末涨波段，又是前期一直没有走强的个股，2007年末涨波段时，两种情况全有。

这时候，如果手中的品种不是技术上已经进入下跌趋势，如果不是基本面很烂，可以等待其高点出现兑现利润，完成对一个完整牛市的把握。记得上证指数在6124点前后的时候，我的总体交易思路就是不要乱换股，在最后一涨中兑现利润。

这时候如果一定要选股，可以对牛市的总体上涨时间段进行涨幅排序。目的是找到"惯性十足"的个股，再涨一波。或者找到前期表现欠佳，形态上完成蓄势，会出现一波末段上涨的个股。

由于波浪理论一浪和五浪有等长的比例关系，那么这时候对一浪时的上涨幅度加以排序，找到涨幅居前的个股。因为一浪的上涨幅度或绝对上涨高度，有在五浪重复的可能。

新和成就是在2005年下半年到2006年上半年上涨幅度较大的个股，在上证指数冲击6124点的时候，以及接下来的行情中，走出了强市上涨，并且坚持了逆市上涨。

如图：新和成强市转逆市上涨

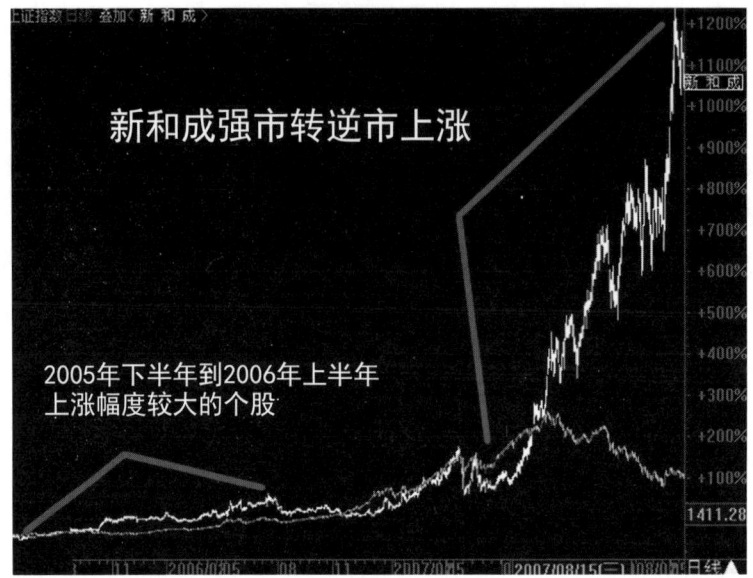

图 9-10

A浪是熊市的第一波,但我们是熊市正式开始后才能确认的。这时候原则上是不应该进行交易的。

这时候指数出现下跌,但我们不难发现,这次下跌与以前不同,日线或小时图上看,下跌的时间要久,空间要大。

我们仍然可以对这一弱市时期进行排序,目标是发现逆市品种。

但由于A浪时期普跌的概率较大,这时候的个股,能下跌的幅度较小,就是"成绩"。

000565 渝三峡A在上证指数6124点后的第一波下跌中,走出震荡向上的逆市走势,涨幅排序居前。在接下来指数的反弹中,又转入下跌的背景下,坚持了逆市行情,上涨幅度达2.5倍。

如图:渝三峡A在逆市中的表现

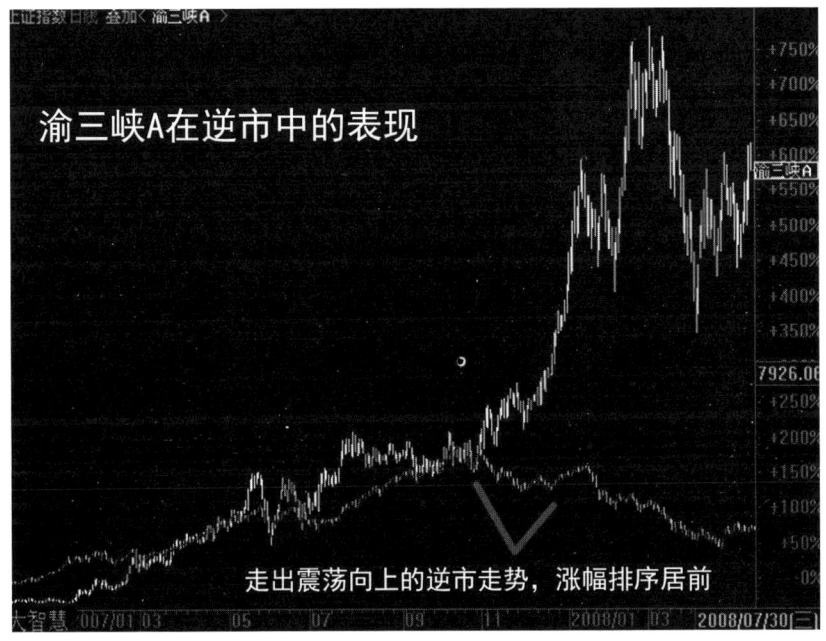

图 9-11

B 浪是熊市反弹的唯一机会。这时候，市场会出现相对的普涨现象。

这是针对 A 浪下跌的一波反弹。那么在排序选股时，排序的时间段就是 A 浪所占用的时间段。

找到的还是坚持上涨的，或不跌的，对于超跌的，要慎重。

但 B 浪的操作，不是"为了抓住 B 浪"，而是"避免它不是 B 浪"。也就是说，前期的下跌，我们认为反弹后还有下跌，而实际上，市场已经完成了全部的下跌，或许是一个牛市的四浪，甚至是二浪。这就是我们前面讲过的 B-C 和 3-3 的重合浪或与之类似的重合浪。

这时候的介入，随时要注意的是兑现利润，保护本金。除非手中的个股，是像上面提到新和成、渝三峡 A 一样，是极强的逆市品种。

C 浪的时候市场是普跌的，也是最绝望的时期。这时候逆市品种有可能也进入了"补跌"的过程，市场几乎没有多头机会。

在有股指期货和融资融券之前，休息是最佳的选择。有了做空机制之后，这时候，做空成为主要的思路。

但本文谈的是选股，就不在做空的交易方式方法上去展开讨论了。

这时候，应该是选股期，而不是交易期。排序的时间段选择，可以是熊市以来的全部下跌时间，也可以是每一次小反弹的时段。目标是找到在未来的牛市行情中，可以有表现的抗跌品种或超跌品种，最好是率先启动的品种。

这在陈述一浪的选股思路时已经说过了。

上述指数和个股浪形中，三浪和五浪获利概率最大，也是我们最容易获利的时期。

一浪的时候，无论是指数还是个股，我们都不能确定新的上涨浪形是不是已经开始，或者用波浪理论语言来说，这到底是一浪，还是一个C浪4的反弹？甚至只是一个B浪反弹中的第一子浪？

然而到了三浪开始时，因为它的上涨力度，与前期下跌浪形中的任何一浪的反弹力度都是不一样的。三浪开始的时候，其累计上涨的幅度和所经历的时间，应该强于A浪中的反弹，强于C浪中的任何一个子浪的反弹，也会强于B浪反弹的高度。

所以，我们有理由相信，这是新上涨浪形的开始。同时，也会出现3-3和5-1的重合，或3-3和2-B-C的重合，或其它多种指向上涨的重合浪。

更重要的是，它是一笔"好买卖"。为什么这么说呢？

如果我们在三浪二的时候买入，其止损位就是三浪的起点。三浪三是强市上涨，较深的下跌都不该出现，所以无论如何不可能跌破三浪一的起点。那么三浪二的低点买入，三浪的起点为止损位，这之间的距离很近，所以风险就很小。

止损近，开仓就可以重，上涨概率大，亏损可能性小。所以，这是一笔"好买卖"。

止损也是重点，前面已经讲过关于浪形的止损位问题。这里再简单地"复习"一下：

如果认为买入点是一浪，那么一浪起点就是止损位；

如是认为买入点是三浪，那么三浪的起点就是止损位；

第九讲　波浪理论在中国股市中的应用

如果认为买入点是四浪，那么三浪的第四子浪位置就是止损位。

如果认为买入点是第五浪，那么四浪的低点，就是止损位。

如果认为买入点是 B 浪，B 浪的起点就是止损位。

大的原则可以这样说，前一个下跌浪的终点，均可以作为止损点。上一个上涨浪的第四子浪，就算不是止损位，也是强弱"分水岭"的关键位。

市场就是这样从牛市到熊市，再从熊市到牛市地循环着。

对于"排序居前"，有没有一个量化的标准？小品《不差钱》中，赵本山说：这个可以有。小沈阳说：这个真没有。

关于这个量化的标准，确实是"这个真没有"。

也许因为我是一个看股票上瘾的家伙（不然我也不会看了这十几年也没看够），我排序之后就开始一个一个地翻看，一直翻看到"不值得"再看的时候，也就是说，越往后翻就越看不上眼的时候，常常是到达排序两三百位的时候。但这个时候，已经是收获颇丰，找到了可以关注的目标个股了。

而且，连续几天的排序工作，就这样一直翻看下来，我发现，有些个股会一直出现在排序居前的位置，一次次地带给我"一见钟情"的感觉。

那就根据这一经验，看涨幅前两百只吧！随着股票数量的增加，势必会扩大这一范围。那就是看股票总数量的前 23.6% 的数量的个股。23.6% 就是三度黄金分割位 0.236。假如有一天中国股市的上市公司总数到达 10000 只，那就看居前的 2360 只个股。

当然，你也可以在排序之后，进行"剪切处理"。就是把前 300 只个股加入一个自定义的板块，之后再对这 300 只进行新的排序。比如找到了三浪中涨幅最后面的 300 只个股，它们落后于大盘。再把它们在一浪时的涨幅加以排序，这时候就会找到补涨欲望最迫切的个股。它们很可能在五浪中走出延伸浪，或上涨幅度大于等于一浪。

您也可以根据自己的思路，举一反三地进行别的剪切处理。

对于短线的排序选股，永远可以对前一波上涨或前一波下跌进行排序。因为一和三、三和五、一和五、A 和 B、C 和一、等等等等，都会有相应的比例关系。前一波幅度越大，后一波同样幅度也越大（疯涨又疯跌的妖股，或因利空跳水的问题股除外）。

今天讲的方法，也是针对"波浪理论无法选股"这一难题的破题性质的思考。希望得到大家更多的批评指正，并在实践中不断丰富。

用排序方法选股，选出的个股未必是在阶段行情中表现最好的品种。但是，多数情况下是可以找到涨幅较大的个股的。

我认为，能找到上涨幅度较大的个股是靠本事，能找到上涨幅度最大的个股是靠运气。

但涨幅最大的品种，用上述办法是肯定可以找到的。

解决运气的问题，我相信好人就有好运。首先要孝顺父母，这肯定会让你的运气好起来。其次也要多行善事，善待身边的人。心存感恩之心。人在做，天在看。

以上，就是利用波浪理论进行选股的思考。

第十讲
波浪理论的资金管理问题

简言之,股票市场是人的创造,因此反映人类的禀性。

——艾略特《波浪原理》

第十讲　波浪理论的资金管理问题

1. 如何管理自己的资金

我们前面讲了艾略特波浪理论的基本浪形及浪形特征，还有比其他的书多的内容——重合浪和重合位的应用，也讲了怎样通过排序法选股，讲了用指标、指数等多种方法提高浪形的判断准确率的方法等等。

讲完这些的时候，你可能认为自己掌握了波浪理论的全部要诀，并可以在股海纵横、大发其财了。

其实，仅掌握上面的内容是不够的，因为还有一个重点内容没有讲！

证券交易，无论是股票、期货、外汇或其他，只要是"吃K线图这碗饭的"，都要重视这一条，因为它是这一行的生死之道。

先讲一个故事，我有一个老邻居，今年已经有80多岁了，他跟我说过一句很惊人的话：

"我这一辈子从来没喝醉过。"

想一想，有多大的酒量能说这一辈子没喝醉过呢？喝半斤不醉，喝一斤不醉吗？喝一斤不醉，喝二斤还不醉吗？这句话很惊人，后面的那句话更惊人。他接着又说：

"我这辈子喝酒从来没超过三两。"

他每次只是喝二两多酒，最多也就喝三两酒，之后就再也不喝了，谁劝也没用。

我觉得这句话更值得我们学习和敬佩。

既然我们谈的是做股票，我们把这个道理引过来。有道是隔行不隔理。这个重要的道理，就是自我控制。

人生需要自我控制，做股票同样也需要自我控制。

股票的自我控制，就体现在资金管理上。我上本书《你是股市赢家》的读者，还有了解我的老股友们，应该知道我所强调的是三位一体的和谐的个性化投资。

也就是说什么人、什么钱、什么货。人有人的特性，钱有资金的特性，一个投资品种，也有其本身的特性，要把三者和谐起来。

做股票有三个先要考虑到的因素——交易者、资金和投资品种。如果能够让这三者和谐起来，就会成为投资的赢家。

先说交易者。交易者包括其性格、人生阅历、价值观念、知识结构、人际关系、思维模式、意识形态以及其他拥有或缺失的方面。这也是三位一体中最最重要的因素，所谓一切以人为本。一炒勇，二炒智，三炒性，四炒运。其中勇、智、性均为相对可自控的因素。其中"性"，又是最最重要的一个。当交易者在按下买入、卖出确认按钮的一刹那，其人性、个性、德性、悟性，乃至于性别的特征，都体现在里面了。

再说资金。资金包括其规模大小及弹性，投资周期及弹性，对收益和风险的预期幅度及弹性。资金规模的大小，也会使交易产生不同，比如一万和一万亿已经不是量的差异，而是质的差异。资金是有周期性的，没有一笔钱是可以永远占用的。对于一个企业来说，好的企业不会有长期的闲置资金。对家庭来说，投资是推迟的消费。家里的钱最终是用来花的，不是用来数的。对于资金的收益和风险，也要有一个明确的预期。如果收益预期是可有可无的，但对风险的预期，一定要有一个合理的明确限额。对于企业来说，没有一个统一的风险限额标准，应以不影响正常生产经营为限。对于家庭来说，应以不影响正常生活质量为限。我有一个参考标准，就是平均每年的计划亏损额度，为一到三个月的月收入。可以向过去"借用"，也可以向未来"透支"。换言之，就是年轻人还有的是时间，可以认赔他两年工资。但中老年人，虽然不是说"来日无多"，但人生最美夕阳红，该是享受生活的时候了，可不敢拿出太多的钱去赔了。当然，这是我个人的一己之见，甚至不敢说仅供参考。但做股票或任何可能发生亏损的投资，一定要有一个"计划亏损额度"。我认为，只有可计划的亏损，没有可计划的利润。因为挣多少钱，是市场说了算的事。但亏损多少钱，你

第十讲　波浪理论的资金管理问题

可以用止损来控制。

最后谈谈投资品种。投资品种有很多，股票、权证、期货、债券，房产、古董、邮票、艺术品，甚至包括投资于实体。但任何一个投资品种，也有其收益性、流通性、风险性，以及时间期限等等不同的特性。不能孤立地去谈沪深两市中的品种。每一家上市公司的股票，虽然只要能够保持业绩长年不亏损，就没有到期一说。但也有其价格波动的弹性，流通股本的大小，上市公司业绩，行业属性，发展潜力，公司治理结构，公司最高管理者，或曰实际控制人的为人、能力、理想等等多种不同，更不要说现在市场中还有权证这种时间性极强的品种，以及挂牌交易的国债、企业债等以到期付息为收益方式的有价证券。想完整地描述整个投资市场，实难一文以详之。举例说，想在还有三个月就到期的权证上做长线怎么可能？想在国债交易中年收益20%岂不可笑？所以，在投资之前，先要正确认识到投资品种中蕴含的风险和收益，才能知道该不该做出对这种品种的投资决定。

希望以上这些唠叨的文字，能说明什么是我所说的三位一体和谐的"三位"了。

下面再说说"一体"。

任何一个交易者对自己，对自己的资金，都要有正确的认识。以正确的方法，投资于正确的品种，就会取得预期内的投资结果，这样才能成为赢家。

比如一个80岁的老人，为当下才8个月的孙子留下的养老金，为什么不可以在上证指数6124点时，一口气买入当前中国规模最大、业绩最稳定、行业地位最高的十几家或几十家上市公司的股票，等到这个小孙子到60岁的时候，再分批或一笔卖出，作为其养老之用？如果人类文明是螺旋式向上发展的这一规律没变，假如经济的发展也合乎这一规律，同时，数百年来股市总是长期震荡向上发展这一历史也会重演。那么，这个投资计划，就是一个非常合乎我所说的三位一体和谐原则的好方案。

再比如，一个刚刚参加工作的年轻人，第一次领到的两万元年终资金。如果他有一定的分析预测的知识和能力，为什么不可以拿出三分之一或一半，来做一把有可能在一两周内实现两到三倍的收益，同时也可能会全额亏损的期货合约？如果实现了投资收益，对于这个年轻人来说，年终奖金"放大"了，如果亏损了，他还有的是时间去发展，去积累。这也是合乎我说的三位一体和谐的原则。

这也就是我常常说的什么人，什么钱，什么货。

下面我们只谈资金的部分，交易者该如何正确地管理资金？

前面讲每一种浪形判断的时候，讲重合浪、重合位的时候，都谈到止损位的具体设置。在什么位置浪形会朝我们预期的方向发展，在什么位置该执行止损，因为浪形有可能走的不是我们预期的浪形。找到了一个止损位，似乎这就是资金管理的思路了。

很多书，或者很多专家讲到止损位，也就到此为止了。似乎找到止损位，并破位卖出，就是资金管理的全部。

我认为，这仅仅是资金管理的一小部分。很多人的亏损，就是因为执行了所谓的"纪律"，在止损中，把本金全给"止损"光了。这些专家们，有的或许没有讲，有的或许根本不知道更重要的环节——赔多少钱如何确定？

举例：一只股票10块钱买了，你认为是三浪1的启动，你按照我的重合浪和重合位的应用，三浪1不能跌破二浪的低点，如果跌破了就不是三浪1，也不可能是五浪1的延伸浪，就要止损。如果二浪低点在9元，10元是9元的止损，如果你的帐户上有100万元，你以10元满仓买入100万的股票，那么你就要赔10%，10万元就没了。如果这样做两次失误，你就剩下80%的本金了。这样对吗？

不对！要认真思考控制你的资金的亏损量问题。

再次跟大家介绍资金管理的开仓公式，开仓公式也可以叫它仓量控制公式，因为它不仅在开仓的时候有用，在持仓、增仓、减仓，或者反向地说，对于踏空的高位追回买入的位置，都可以用它来计算风险。

开仓公式=计划亏损金额÷（买入价或现价-止损价或算仓价）

公式中，止损价是实际落实亏损的卖出价，算仓价可以是止损价，也可以是趋势内最大下跌幅度所跌到的价格。

止损位该如何确定？前面的章节已经讲过，在这里不再重复。这里只说在调整浪形的高度上，一般来说最大幅度是23%左右。

一只股票如果从高点跌下23%，如果再涨回去，就需要上涨30%，30%对于强势股来讲，不是一个特别大的涨幅，强市牛股涨30%，还是很轻松的。

如果是超过23%，应该说上涨的一个浪形可能结束了，起码进入了一个新的子浪的调整阶段，跟前面的行情是同样等级的浪形。也就是说，就算不是第五浪的上涨结束了，也是一浪或三浪结束了，进入了二浪或四浪的调整。

如果跌幅大于23%，那么可以做出判断，这个股票进入了调整的波段。除非基本面有较为确定的上涨理由，有题材没有走完，或者是业绩估值比较低，又或者是正在处于大牛市当中，等等理由，支持可以继续持仓或者是开仓交易，否则的话，不宜操作。应该等待新的浪形走出来，在重合浪或者是上涨概率比较高的情况下去进行操作。

讲这个的目的是什么？一般来说，我们最大的单笔下跌风险，应该控制在23%以内。结合开仓公式，要把计划的亏损额度有一个安排。

例如：一只股票开仓时认为向下跌23%左右是最大风险，并以下跌23%之后的价格为算仓价。假设还是100万的资金帐户，难道要一下子赔23万吗？这样再想涨回来，又得挣30%多？谈何容易。所以要把你的风险，控制在你的计划亏损之内。

我主张，计划亏损范围有两个判断标准：

一，用"年度"来制定计划亏损

每年以公历上的1月1日—12月31日做一个周期，每年的计划亏损设置在10%~15%以内。这样100万跌10%到90万，如果再涨10%就是99万，基本上就挣回来了。同样比例的亏损和同样比例的利润，可以对冲掉。

如果不是这样，夸张一点说，仓中净值跌了一半，100万跌了50%，只剩下50万了。如果从50万再涨回100万，是要翻一倍的，即要挣回100%。所以我们要把亏损量控制在10%以内。

如果通过浪形判断或是通过基本面判断，认为这是上涨概率比较大的一年。这个时候可以把风险控制在25%以内。还是拿一个100万的账户为例，亏损了20%，剩下80万，从此净值再赚20%，也能回到96万左右，与100万的起点相差不是很大。同时，操作成功的难度也不是很大。这就是计划亏损量以年度划分的方法。

二，以所追踪的每一个"大浪"来计划亏损量

行情在月线或者季线上，也是由一个大浪接着又一个大浪的浪形组成的。用浪形判断，用重合浪、重合位判断，如果认为在周线、月线、季线上，即将有一个大波段出现的概率比较高，这一浪你愿意付出的代价是多少？如果这一浪上涨的幅度是50%左右，那么能够付出的代价应该是5%左右。因为我们不能用特别大的计划亏损量，来迎接一个小的利润。计划亏损50%，目标利润率3%，谁也不会做这种不划算的交易。一般来说，风险、利润比，应该是三七开，或者是二八开，甚至是一九开。所以，目标利润50%，计划亏损控制在5%~10%，还是可以的。

如果未来是一个大牛市，计划亏损量可以适度放大。例如，在2005年的时候，当年的计划亏损已经扩大到了30%（但是没有实际用到）。因为我认为接下来会有一个比较大的牛市，为了大牛市多做一些风险准备，是值得的。

这就是以"大波段"——大的浪形，来计划资金的亏损额度。

当有了资金的亏损额度，每一笔的时候，就要动用其中一部分亏损的额度来代入我前面讲的开通公式，这样就会把仓位控制住。

第十讲　波浪理论的资金管理问题

还是按上面说的 100 万元的账户为例，虽然股票 10 块钱买入，9 块钱卖出，是下跌了 10%。可是对应的计划亏损，只是动用了 1 万元，开仓只是 10 万元。这个时候真的跌了 10%，亏损仅仅是一万元，风险不是很大。

如果行情不出所料上涨起来，股票涨了 20%，10 万元有了 2 万元的利润。这时候市值是 102 万。把这 2 万元的利润，作为计划亏损量，然后继续分析行情有多大的风险。

这时候股票如果走到了三浪 3 的位置，在前一个子浪的四浪当中找到了止损位，假如是 5%，这个时候可以重新代入前面那个开仓公式，计算风险，仓量可以加大到 40 万元。

这是仓量动态管理的过程，通过这种方式，可以把股票这门生意，变成一个比较好做的生意。

我常常说："股票是一门风险比较低的生意。"

为什么这样说？就是因为在做其他生意的时候，不能做有计划的亏损。以餐厅为例，租了房，装修了，买了桌椅板凳，买了灶具，员工工资也开出去了，该花的钱全花出去了。可是，经过两三个月的经营，并不像所希望的那么好，这时候怎么办？能马上卖掉吗？或者说能计算你的亏损是多大吗？不能。你想转让，不一定有人会买。你想，只亏损你投入的一小部分，有些投入已经是不可收回的了，比如装修和员工的工资。

股票不一样，不管多少钱投进去，只要买得进来，就能卖得出去。因为这个市场很大。而且，每一笔交易，亏损量都是由自己控制的。这就是我的资金管理开仓公式所具有的一个重要作用，可以使股票这门生意，非常划算。

下面的三句话，请你千万记住：

只有可计划的亏损，没有可计划的利润

这也是股票生意好做的原因之一。因为它的风险是可以计划的，只有利润不用计划，因为市场会自动地给你。只要看到了利润，就有可能拿到。当然，也有可能拿不到，但是风险是完全由自己控制的。只要把风险控制在开仓之前,那么赔多少钱心里是有数的,只有挣到多少钱,心里是没数的。在利润得以保护的前提下,市场中有多少利润,就要多少利润。

风险控制在开仓之前,不在开仓之后

很多股民不是这样。开仓之前,毫无风险意识。开仓之后,才发现风险已经成了浮动的亏损。往往是专家或是指标认为好,赶快去买,买了之后发现不怎么样,这时候才想到,该怎么控制风险?应该在哪里开始止损?在低位止损会不会反弹?造成由帐面亏损变成实际亏损?要是不卖,会不会亏损面更大等等。处于诸如此类的被动的局面。所以一定要记住:风险控制在开仓之前,不在开仓之后。

浪形不听你的,只有资金听你的

浪形怎么走?固然有重合浪、重合位,包括均线、指标、切线等等方法来提高浪形判断的准确率,但最终浪形如何选择,不是我们说了算的事。但是,这个浪形会造成多大的损失,是我们自己说了算的。

2. 资金上的浪形

如果你愿意的话,也可以在电脑里面,把你的资金净值做出一个K线图来。资金净值今天的开盘价是多少?最高价是多少?最低价是多少?收盘价是多少?做一个K线图。时间久了以后,它也会像股票行情走势一样,也可以进行浪形的判断。

下面从大资金和小资金两个角度讲,如何在资金净值K线上进行波浪理论的应用。

大资金由于资金大,不便于瞬间满仓、空仓。有一些公募基金还有仓位的限制,至少要买百分之若干股票(这是法律规定),根本不可能空仓。那么大资金可以进行指数化投资,因为大资金很难只买一两只股票,必然会是一个组合。在组合上进行指数化投资,可以用增减仓来控制资金净值K线图的浪形发展。

第十讲 波浪理论的资金管理问题

例如，资金净值经过五波推动之后，根据波浪理论，应该进入上涨的趋势。那么，可以在回调的时候加仓。虽然在加仓的时候，发现资金净值下跌会比较快。

比如说，50亿的资金，前期有20亿的资金在做股票，涨起来的时候，20亿变成了25亿，有了5亿的利润。当出现回调的时候，又增仓了20亿。那么新增的20亿也要造成亏损。前面的25亿回调了10%，只是跌掉了2.5亿，那么新增的20亿也要掉2亿。那么这波上涨出来的5亿利润，就全泡汤了。没关系，这个是主动造成的。这次增仓的幅度（当然未必是20亿），本身就是通过我的开仓公式计算得出的。如果这是二浪的回调判断无误，再涨起来就是第三浪猛烈的上涨。因为你的仓位重了，接下来的上涨，对于资金净值K线来说，跟前期的不一样。当价格涨到原来的位置，因为已经增仓，资金净值K线已经创新高，而不是在原来的位置。

反之，当行情进入调整时，也要控制下跌的速度，把仓位降下来。当发现资金净值K线的浪形，出现了下跌浪形的特征，可以在反弹的时候减仓。如果再进入下跌，这时的浪形，可能会被控制成"失败的C浪"，或者是上涨中的调整。股票的K线是往下走，资金却没有同步向下，而是在高位的盘整。

这就是大资金的做法。在大资金实际操作中，还有很多具体的方式、方法，这里就不细说了。

接下来说广大中小投资者最应注意却常常被忽视的一个问题：小资金净值的控制问题。

小资金的优势在于，可以在一分钟内满仓、空仓。那么，就要充分利用这一优势，比如我们可以在资金净值的K线图上去找浪形。

如果发现已经进入了调整浪，未来不是一个高概率的上涨波段，也可以说没有重合浪的可能性。行情有可能上涨，也有可能下跌。这时候，建议卖出全部股票，之后让市场去选择。

也许这时的行情真是向下走了,而资金净值用一条横线——空仓,消化掉了向下的调整浪,让这一调整浪"消失"了。

如果行情没有下跌过深,我们卖出的位置是在调整浪的 C 浪末期,我们还可以在行情上涨趋势确立时在高位补回。这样一来,我们等于跳过了调整浪,因为把股票卖掉了。

也许卖的不是最高位,由于空仓,资金净值出现了横线,也就是说消平了一段浪形,规避了风险。

当行情创新高时,确立了强势,再重新算仓介入,买回股票。这时候,也许资金净值的浪形会晚创新高。在上涨的幅度上,可能会落后一些空间。但是,跳过一个调整浪,买到了安全。

如果死守不放,任凭调整浪肆虐,万一形成了下跌趋势,那就等于进入了被动局面。要知道,这里说的浪形,不是股票的浪形,是资金净值——我们的真金白银——的浪形。

小资金可以用消平浪形的方法来控制风险。也许有人会觉得遗憾,因为毕竟踏空了一段利润。

因此,这里还有一句话提醒大家注意:

"小行情不惜踏空,大行情不会踏空。"

用波浪理论来说,如果只是一个 C 浪 2 的反弹,或者是 B 浪的反弹,这种小行情没必要在乎踏空它。因为之后还会有更深的下跌。如果是大行情,是不会踏空的。

例如,把第一浪的上涨当做 C 浪 4 的反弹,之后发现并没有走出 C 浪 5,反而走出了三浪 3。这时候,可以在三浪 2 或者三浪 4 的时候买入,还可以在四浪中买入,有很多你买入的机会,因为趋势使浪形总是震荡向上的。

纵观这二十多年来的股市获利机会,无论是个股还是指数,只是三五天就可以造成本质性变化、造成重大盈亏的浪形,我还从来没有见过。

3. 风险和利润的辩证关系

这里姑且只说做多的风险与利润的辩证关系。关于做空，现在有了期指，有融资融券，就算是下跌行情，可以做空，也是可以获利的。对于做空的风险与利润的辩证关系，跟下面讲的方向是相反的，但是道理是一样的。

股市里面的利润，只要是上涨了，都可以造成你的利润。只要是下跌，都是你的风险。

我们前面讲了风险的定义——风险是预期结果与实际结果之间的差异度，差异越大，风险越大。

在股市当中，应该有一些利润是该放弃的，就是我们前面讲的"不惜踏空"的小行情。小的行情不要担心丢掉它，因为拿到小行情中的利润，是可遇不可求的。恰恰大牛市、大牛股不是可遇不可求的。这点需要投资者三思。

小行情，由于它太小，抓到了是运气，抓不到是正常。而大牛市、大牛股，一涨就是一年甚至几年，幅度起码一倍，动辄几倍、十几倍，甚至还有几十倍的。这一路上，哪一天不可以算仓介入？怎么都可以悠哉游哉地把钱挣了。而且，大牛市和大牛股，就像彗星的来去。总会来，总会有。更不要说有期指和融资融券这样的资金杠杆，小牛市也会变成大牛市，小牛股也会变成大牛股。牛市、牛股必来，所以它"可遇"；牛市、牛股的机会是大机会，大机会就不是"稍纵即逝"的，所以它也"可求"。

但小子浪中的小利润有没有得到的时候？答案是：有。但这是"被"短线的时候得到的。

什么是"被"短线？以波浪理论的语言来说，本来认为买入的是一浪的起点，后来发现走的是三段式上涨，之后就开始向下走。那么，这只是一个反弹浪。这和预期的行情出现了反差，于是只能卖出。

这笔交易是赚到了钱。从交易时间和获利幅度上看，好像是做了一把短线。其实不是。因为如果是一浪，后面还要加仓。结果实际浪形走的不是上涨推动浪，不能加仓，只能退出观望。

再举个例子，我们发现了三浪3和第五浪的重合浪，而且认为出现三浪3的主升段概率大。结果实际只走了第五浪。那么，在第五浪做头回来的时候卖出，以获利了结。看似做了一把"抢帽子"的短期交易，实际上也是"被"短线了。这其实是偶尔抓到的，不是开仓的初衷。

如果在判断之初就认为只是一个反弹浪或最后一涨，比如是C-3-2的反弹或B-C-5的末涨。这样的利润就应该放弃。

如图：C-3-2与B-C-5

图10-1

同时，做股票也要敢于承担风险。

新股民做股票是无视风险，多高价格都敢买，不管什么行情都敢往里杀。这些新股民，一般都是经过一轮熊市之后才能成熟起来。老股民对风险意识是有了充分的认识，但是这种认识过于"充分"了。达到了"一朝被蛇咬、十年怕井绳"的地步。只要股票稍有下跌的可能,就赶快战战兢兢卖掉。

有这样一个故事,在 2010 年下半年的行情之中,有一个老股民,买了横店东磁,认为这个股票可能会涨。结果只是在该股涨完了第一个涨停版的时候,就急急忙忙卖掉了。

如图:涨停卖横店东磁

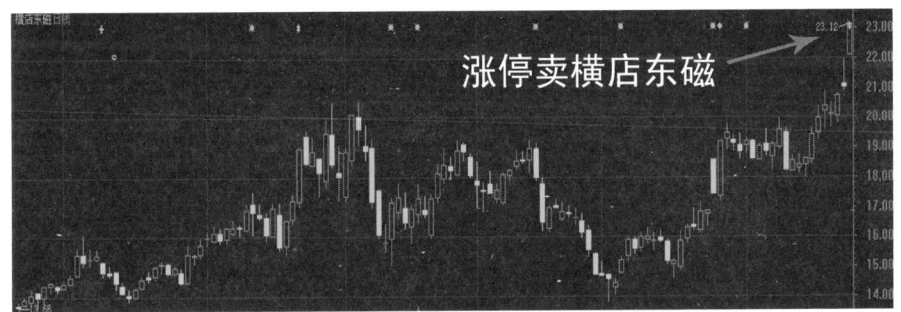

图 10-2

为什么?因为他觉得太高了,太可怕了。结果放掉了后面巨大的利润空间。他买入的价格在 19 元一带,卖出的价格在 21~22 元,最后涨到了 40 元一带。他不是没有承担风险的能力,而是没有承担计划内亏损的心态。

如图:涨停仅仅是开始

图 10-3

回过头来重温一下我的开仓公式。如果把利润流失的风险控制住,从

19元涨到22元时，把止损位或利润保护位放在20元。最后真的跌到20元，这才卖掉了。这样一来，大不了也就来了一次"被"短线了。只赚了一点小钱，但只是赚少了一点而已。而实际的行情，恰恰是想少赚一点，就会多赚一点。为什么？横店东磁在实际行情中是逐波上涨，这时逐渐把利润保护位止蚀位抬高，之后重新计算仓位，就会拿到这笔大利润。

在股市中，要正确地、辩证地认识两个问题，什么是利润？什么是风险？要知道哪些风险是要回避的，哪些风险是要在控制中承担的。

我估计，在阅读本书的读者中，这一讲的内容也许是最容易被人忽视的。但总有一天，你会回过头来仔细阅读这一讲的内容，并意识到这才是波浪理论应用技术的重点。

第十一讲
亚当理论在波浪理论中的应用

人类活动如果从节律的偏好方面探讨,虽然在性质上会令人吃惊,却包含着一些最令我们困惑的问题的明确而自然的答案。

——艾略特《波浪原理》

第十一讲 亚当理论在波浪理论中的应用

1. 亚当理论的基石——炒股的心态

在讲亚当理论之前,我想先讲讲股市中的一种现象,也是我常常讲的一句话:新股民多是炒股天才。

为什么这么说呢?因为新股民会选时机。

新股民在初做股票的时候,很少有人会懂的太多。往往是看到别的人做股票挣钱了,他就跟了进来。恰恰是这个时候,他选对了时机。因为此时肯定是一个有挣钱示范效应的多头市场。

其次,新股民往往能够选对品种。

新股民往往不会看哪只股票跌得很惨了才去买,买正在下跌的股票的,多半是老股民。因为他们学了什么指标可以看出超卖,或底背离,或跌到估值的安全边界,或学会了数波浪理论的大C浪。知道了这些,他们才会敢于抄底。新股民不会,新股民往往是看同一个办公室的那个笨蛋买了什么股票,赚到了钱,也跟着买什么股票。因为那个笨蛋在这只股票上已经赚到了一个iPad。那我怎么也得赚一个吧?于是乎,新股民就选对了股票——正在上涨趋势中的股票。

还有,新股民也选对了仓位。

新股民往往不会把自己积累了几年、十几年、甚至几十年的家底儿全部投入股市,而只是拿出一部分,即使赔了,也没关系。于是乎,他的心态会很好,他能承担风险的能力也自然而然比较强。

这种状态,就是做股票最好的状态。

可是当新股民变成了老股民,他学会了很多东西,却把这些最重要的全忘掉了。他开始学会做逆市的交易,开始学会抄底,开始学会估值了,学会了一些不着调的东西,一些跟挣钱没有关系的东西。

亚当理论认为,从事交易操作所要了解的东西,比多数人想象得还要少。也就是说，想在股市或期货等市场挣钱，不用懂太多。

很多人都认为，要想在股市里挣钱，得知道政治，懂得政策，还得对上市公司进行研究，最好是实地调研。有人说，我们为什么不如专业机构或专家的本事大呢？就是因为我们不能像人家那样，可以派人去上市公司调研。

错！这些都不重要。想挣钱，不必知道这么多。你只要学会重要的一点——向市场屈服！

2. 什么是亚当理论

亚当理论的发明人，发明了很多我们现在还在应用的技术指标。但这些指标，都被他放弃了。

亚当理论的预测方法很简单，只不过说起来会很啰嗦。

用一张透明胶片，盖在 K 线图上，把行情描下来。之后把透明胶片像翻月历一样，由下向上翻转 180 度，然后再像翻书一样由左向右翻转 180 度。最后，把图上的行情接起来。

这样一来，透明胶片上的走势就是未来的走势。

这样说是不是很复杂？其实我用一句话就可以告诉你：

"说白了，把图倒过来看，就是未来的走势。"

亚当理论认为行情是对称的，有两种对称方式。

一种是逆势对称。就是怎么涨的，就怎么跌回去。怎么跌的，就怎么涨回去。这是我们常常用得到的对称方法。有点儿像在镜子里看行情。如图所示：逆市对称

第十一讲　亚当理论在波浪理论中的应用

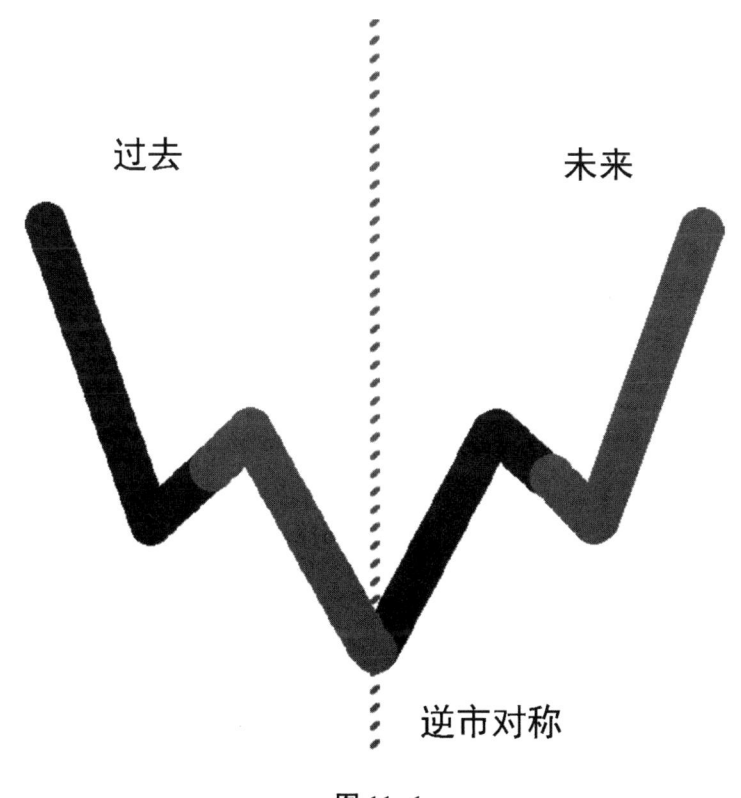

图 11-1

但亚当理论认为，这种对称是次要的，重要的是第二种对称。

这第二种就是"顺势对称"，亚当理论将其称作第二映像，我称之为顺势对称。说白了，就是把图倒过来看。

如图：顺势对称

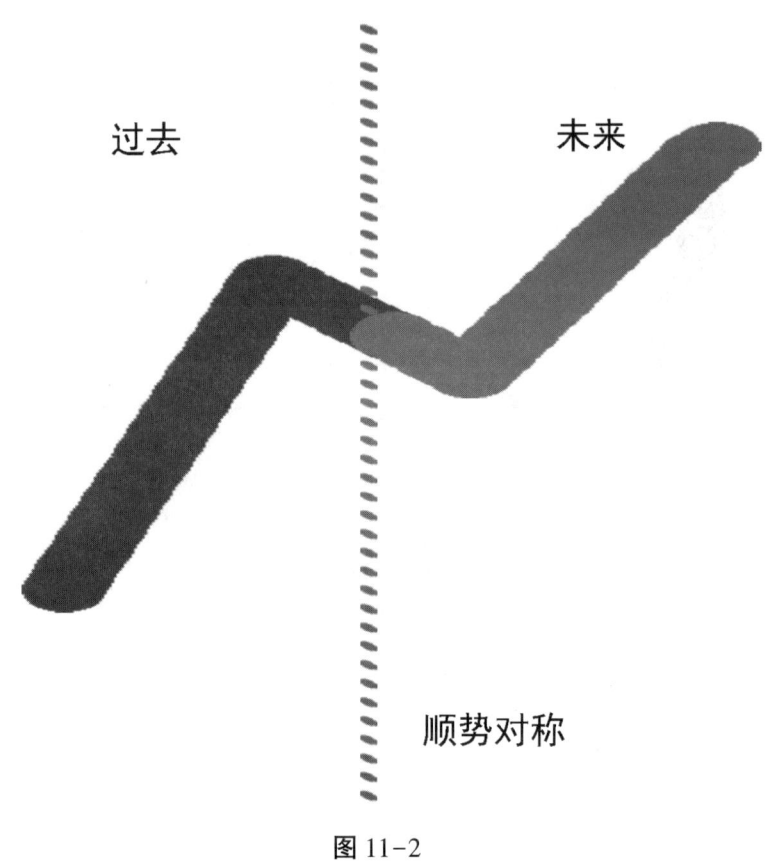

图 11-2

如图所示,第二张图表现的是顺势对称,但第一张图中看似两段相反方向的行情对称,像个头肩底的模样。留意一下我用黑灰两色表示的部分,也是两个"顺势对称"。除了转向部分,还是顺势对称的。所以,亚当理论重视顺势对称,还是有一定的哲学基础的。

600152 维科精华在 2010 年底前后几个月的走势,就出现了亚当理论的"第二映像"兑现的走势。如图:维科精华的"倒看图"和实际走势

第十一讲 亚当理论在波浪理论中的应用

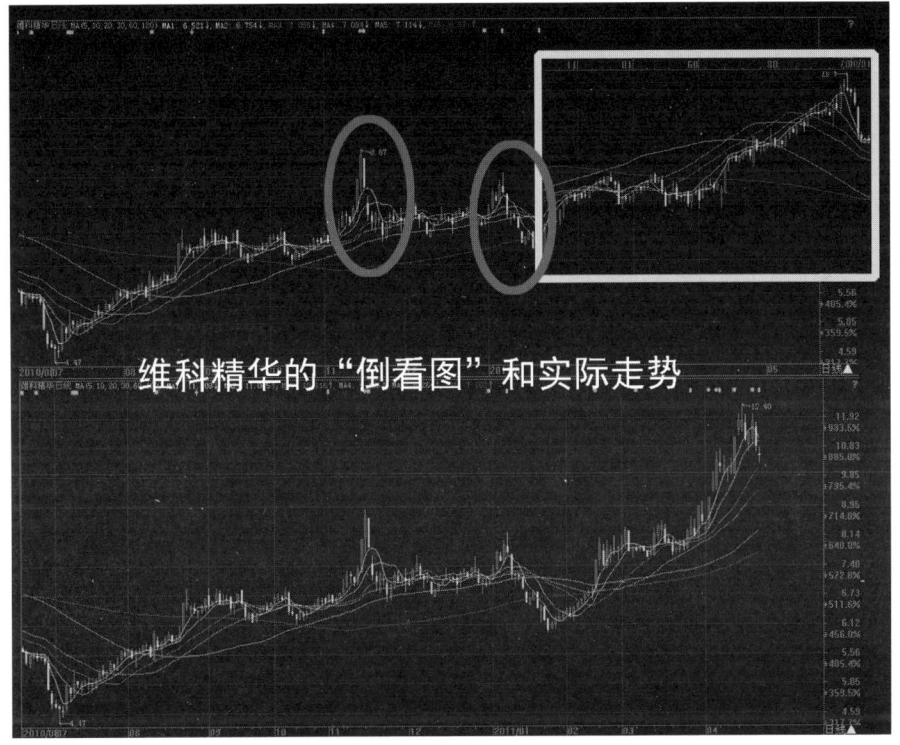

图 11-3

如图所示,黄方框中的"倒看图"(第二映像)后来的实际走势,确实是非常相像的。重点是要注意到,两个圆圈中标注的位置,已经出现了"倒看图"的预测兑现。已经有效一段儿了,那么,接下来的第二映像预测则更为可信。关于这一点,我们会在后面谈到。

亚当理论认为,价格、成交量和未平仓合约最重要。其中价格是最最重要的(注:未平仓合约是一个期货术语,联想到股票上来,可以认为是"流通盘")。

我常常说:"股市中有六个数字不骗人,开盘、最高、最低、收盘,还有成交额和成交量。"

如果一定要加上个股基本面的因素,那么打开任何的基本面资料(无论是上市公司公布的报表,还是 F10 资料库),里面只有"三个数四个字"

是最重要的。

三个数：股票代码，流通盘，总股本。

四个字：股票名称。(最多只有四个字，有的只有两个字。)

亚当理论的重点有两点：

一，服从趋势

就是自始至终，你买卖的方向与趋势必需一致。

二，使用止蚀位

用止损的方法，以确保不要把合理的小亏损演化成无法挽回的巨大亏损。

我的十六字箴言：服从趋势，遵守纪律，重视强弱，合理估值。

其中前两句，就是重点。可以说，我就是从亚当理论中悟出这两句的。

3. 亚当理论的交易时机

亚当理论认为，可以选择的交易时机有三个：

突破，此其一也；

趋势转向，此其二也；

缺口或日内震荡幅度变大，此其三也。

①突破

当下列情况发生时，运用顺势对称的第二映像，也就是我说的"倒看图"做交易决策。

如，价格涨到图中多个高点之上，或创历史新高，则为做多的时机。反之，做空时，价格跌破图中多个低点，或创历史新低。这种情况出现说明，行情的背后有足够的能量推动价格再上一个台阶。突破前高的时间越长，幅度越大，效果越明显。换言之，价格突破近六个月的全部高点，比突破近三个月的全部高点更有力度。

第十一讲 亚当理论在波浪理论中的应用

这一点常常运用于箱体震荡的突破。

波浪理论在二浪或四浪的调整时，就要考虑到这个因素。在遇到 C-4 浪、C-5 浪、1 浪和 2 浪组成的底部结构时，也要应用这种方法。

②趋势转向

当下列情况发生时，可以运用"倒看图"做交易决策。

市场突破长期下跌趋势，且新的上升趋势又站上前几个高点。要使市场从长期确立的下跌趋势转向，市场内部一定有足够的能量。新的上涨趋势，肯定会以高低点上移为特征，这也是市场波动的逻辑。

以上说的是看涨做多，看跌做空时，同理，反之。即：跌破前几个低点，并出现高低点下移的特征。

亚当理论虽然坚决反对掺杂任何以往的技术分析、基本面分析的方法，但懂道氏理论的学者不难发现，以上有很明显的道氏理论味道。

在波浪理论看来，C 浪到底和 5 浪到顶之后，应注意这种信号的确认。

③出现缺口或当日高低价差比较大

当下列情况发生时，用"倒看图"来做交易决策：

说白了，就是出现长阳、长阴或扩张日（周、月）。

出现缺口的意思是：市场本来并不活跃，突然出现跳空缺口，或本日（或本周、本月）震幅明显增大（也可以考虑双日震幅），这时候说明，市场会出现变盘，不然不会出现这种"非常"情况。每当转向或加速时，市场一定会出现震荡大于前期的情况，不然"保持慢速并加速上涨"，就是一句不合乎逻辑的"病句"。

如果"突破"和"趋势转向"同时发生，是最有效的重要判断依据。

孙子曰：兵以利动。作为一个交易者，我们想要的，不是研究市场现象，而是想通过市场的波动挣钱。那么，市场当下是如何运行的，接下来是否会保持这种运行格局？

转向——持续——转向，这就是市场运行的三部曲。

其中，市场绝大多数情况下是持续。波浪理论只在 1 浪时描述了跌转升的转向过程，在 A 浪时描述了升转跌的转向过程，从 2 浪到 5 浪，从 B 浪到 C 浪，包括其中的子浪，描述的就是趋势的持续，以及其强弱的关系。

再强调一次：波浪理论与其说是一种分析预测的方法，不如说是以一种合乎逻辑的语言陈述行情波动的逻辑。而亚当理论，可以帮助我们更好地理解并运用这种逻辑在市场中获利。

挣趋势内好挣到的钱，控制住假突破或假转向造成的亏损，这就是我们要从亚当理论中学习到的。

亚当理论有其操作守则。熟悉江恩理论的人应该觉得，亚当理论的操作守则与江恩的交易法则很相似。

4. 亚当理论的基本操作守则

①赔钱的仓位绝不要加仓或"摊平"。

②在开始操作或加仓时，绝不能不同时设合理的止损位。以便在必然会出现的"判断出错"时，你能控制住亏损（这时是利用我的开仓公式计算仓量的时机）。

③做多时，可提升止损位，做空时，可降低止损位，否则绝不可取消或移动止损（用浪形找到关键的止损价格，比如你认为是 1 浪并在 2 浪回调时买入，那么 1 浪的起点就是止损位）。

④绝不让合理的小损失演变成一发不可收拾的大损失。情况不对，立即退场，留得青山在，不怕没柴烧（我认为，只有可计划的亏损，没有可计划的利润）。

⑤一笔操作，或任何一天，不要让自己亏损操作资金的 10% 以上（江恩也有类似说法，刘子思想认为，应该是针对目标浪形的大小，来计划亏损。如果是以时间计算，应该是一年 10%）。

⑥别妄想逃顶或抄底，让市场把它们走出来。亚当理论永远抓不准头

部和底部……想去抓的人也抓不准。但是头部和底部终于出现时，亚当理论只会错一次（我认为，底是涨出来的，顶是跌出来的。在数浪时，也要对多种浪形可能做足准备）。

⑦别挡在列车前面。如果市场往某个方向呈爆炸性发展，千万别逆市操作，除非有强烈的证据，显示反转已经发生——请注意，是已经发生，而不是将发生或应当发生（以波浪理论的语言来说，别抄 C 浪底，子浪中的二浪 C 或 4 浪 C 除外。敢追三浪不吸 C 浪）。

⑧保持弹性。记住你可能会错，亚当理论可能会错，世界上任何事情可能偶尔都会出差错。记住亚当理论所说的是几率很高的事，而不是绝对肯定的事（任何方法都应该这样用，包括波浪理论）。

⑨操作不顺时，不妨停手休息。如果你一再发生亏损，请退场到别的地方去度假，让你的情绪冷静下来，等头脑变得清醒时再说（我认为：眼离市场要近，心离市场要远）。

⑩问问你自己，你全身从里到外是不是真的想从市场中赚一笔钱，并仔细听一些你自己的答案。有些人心里渴望着赔钱，也有些人只是想找件事做。"认清自己。"（很多股民就是这样，认为自己搞明白股票这门学问就自然而然赚钱了。可是没意识到，自己研究的方向已经错了。我认为：要做生意，不要做学问。）

5. 亚当理论的"心像化"

亚当理论还强调"心像化"的作用，也就是意念。

其主张用意念去想象，如何坚持用亚当理论来预测市场，如何坚持纪律，如何获得非常多的利润等等。用以强化自己的心理，拥有良好的心态。之后，这些想象，就真的会变成事实。

亚当理论甚至认为，如果每天都用意念来坚信自己会瘦下来，都会使身材变得苗条。这有点唯心主义。

但人生中确实有"心想事成"的逻辑。这也是我常常给年轻人的祝福，我常常送给年轻人八个字：

"心想事成！事事顺心！"

我还要解释说：心都不敢想，事怎么能成？要敢想，会想，否则就是胡思乱想和异想天开。什么事都违背自己的真实愿望，怎么能顺心？要把自己的心，修炼到一定的智慧高度。如果没有智慧的高度，顺心就变成了放任自流，从而走向异端。

书归正传，谈亚当理论的实战应用。

从原理出发，亚当理论讲的无非就是对称，和服从趋势，遵守纪律。

在应用的时候，我主张要看到"初步对称"，再相信接下来的对称。

以波浪理论举例来说，我们已经看到了一浪、二浪和三浪的启动，并看到三浪已经在运行过程中。于是，我们敢于相信，接下来趋势会持续。这时候，可以应用亚当理论，把图倒过来看了。在亚当理论预测图上，我们就可以看到，三浪的完成和四浪的调整（和二浪对称），以及五浪的上涨（与一浪对称）。

再举一例，逆市调整的 A—B—C 三段，也可以用亚当理论的"倒看图"加以预测。

当我们看到了 A 浪的下跌和 B 浪的反弹，当 C 浪开始下跌了，我们已经看到了 B 浪开始前后到终止前后的对称关系，我们有理由相信，亚当理论预测中出现一波下跌，会成为现实，因为它恰恰与 A 浪形成"倒看图"的对称。

从这个角度我们也可以认为，亚当理论与波浪理论有异曲同工之妙。

6. 亚当理论的"盲点"

亚当理论也有其盲点。正如上面所讲的那样，虽然亚当理论与波浪理论都有"倒看图"的效果，但亚当理论无法回答"有利可图的大三角形"，

第十一讲 亚当理论在波浪理论中的应用

而波浪理论可以回答。

当三角形出现的时候,尤其是三角形之中的每一次涨跌,均有较大的幅度和时间。比如一涨可以上涨几个月。或者虽然时间只有几周或几天,但幅度可以达到或超过50%以上,其中有足够的获利空间。这时候,由于行情不会出现"倒看图"中看到的未来行情,那么波浪理论就可以大显神通了。

我们可以通过波浪理论,判断这段规模较大的整理行情,判明它是一个B浪还是4浪的三角形。

还有,亚当理论的"倒看图"预测图中,一浪和五浪应该完全相等或对称。这一点也会在实战中常常出现失误。波浪理论可以判断,五浪会不会走延伸浪,或失败浪。

另外,二浪和四浪也会出现交替,不会是亚当理论"倒看图"中的简单的复制。

以上这些不完全对称,亚当理论会给我们带来困惑。如果在交易上机械地执行亚当理论,就会出现频繁的追涨杀跌,连续错误。为了避免这种被动局面的出现,波浪理论可以给我们重要的帮助。

这一章讲亚当理论,对于波浪理论的主题,似乎有些跑题。其实不是。我想强调两点:

①服从趋势

让市场走出来,之后,我们相信市场的选择。而不是我们武断地认为,浪形一定会走出什么样子。

在应用波浪理论的时候,我有一句话:顺着趋势数浪,不是用数浪去预测趋势的改变。

波浪理论的语言,对未来行情会陈述出多种浪形的可能,我们应该选择亚当理论所支持的那一种可能。

②操作纪律

这点更重要。亚当理论也罢,江恩理论也罢,都强调操作上的纪律。

在我可以涉猎到的艾略特相关著作中，却没有关于这方面的只言片语。

操作的纪律性和风险意识，是一个交易者最应该具备的对市场的敬畏之心。

这才是本章我想要讲的重点，它是对波浪理论应用的重要补充。

第十二讲
波浪理论应用中的消失浪等特殊问题

> 一个股票操作者（或经纪人），首先考虑的是确定他希望处理的股票长线运动的类型。许多投资者更喜欢通过原始级运动来操作，这正是要在此处讨论的运动类型，虽然适用于这类运动的同一原理也一样适用于更小或更大级别的运动。
>
> ——艾略特《波浪原理》

1. 消息、新闻与波浪理论的关系

首先，好股票，一定会出现在涨幅榜里。这就是咱们前面讲过的，它或者是在日线涨幅榜，周线涨幅榜，或者月线涨幅榜里，也可以在阶段排序中——阶段涨幅榜里。

因为在同一循环级别中，浪和浪之间是有比例关系的。1 浪的长度和 3 浪的长度是有比例关系的，3 浪和 5 浪也是有比例关系的，1 浪和 2 浪，或是 2 浪和 4 浪，都应该是有比例关系的。所以前一波涨幅大，它对应的未来一波的涨幅，也会有更大的表现，起码有 0.618 或 0.382 的黄金分割比例关系。

这就是为什么要在涨幅榜里选股的原因。

当然，除非浪形结构足够大，可以找到这个 B 浪反弹和 A 浪之间的比例关系，或者说是找到这个 C 浪 2 的反弹，和 C 浪 1 的比例关系。

比如 A 浪从 10 元跌到 2 元，B 浪到 5 元的可能性也是有的。或者期指仅仅是上涨 20% 左右的反弹，但由于保证金杠杆关系，已经是一倍以上利润率的波段。

否则，一般来说，应该尽量找 1 浪和 3 浪，或者是 3 浪和 5 浪的关系，这是咱们在前面讲过的。

那么，消息和新闻与波浪理论之间有什么样的关系？

好的股票，除了会出现在涨幅榜里，也应该是可以出现在新闻里的。

这里说的"新闻"的概念，是指基本面的消息，宏观大背景的基本面的变化。

比如 2008 年以前，房价一直在暴涨，那么家家户户在街头巷尾都在谈论房价。那时候，几乎是可以把"你吃了吗？"，变成"你买房了吗？"这么一句问候语。所以那时候，房地产行业比较景气，那自然而然就可以在房地产股票上去找机会。

如图：2008年前的房地产板块指数

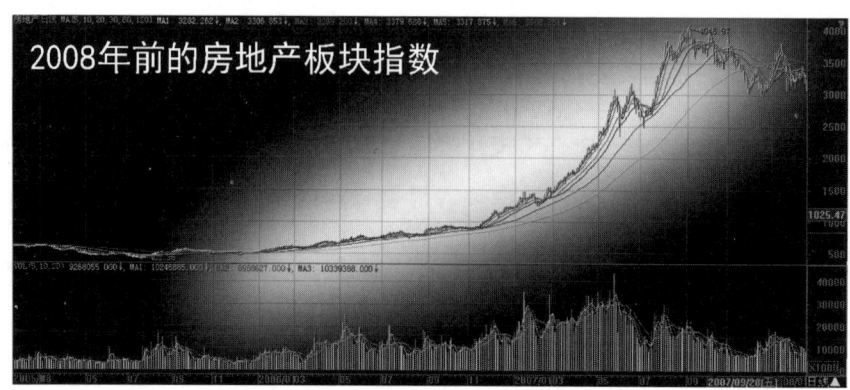

图 12-1

那时候，可以把房地产股票找出来，看它的走势是一个什么样的浪形，之后再在其中去找有机会的个股。利用前面说的方法，或者重合浪、重合位以及波段比例关系，根据波浪理论来进行交易。这就是一个典型的从新闻里找股票的例子。

这样的例子还有很多。比如说 2010 年年底到 2011 年年初，高速铁路的建设，在新闻里大张旗鼓地宣传着。那么，高铁板块自然而然也会受影响，走出一波行情。

如图：2010 年底到 2011 年初的铁路基建和晋亿实业

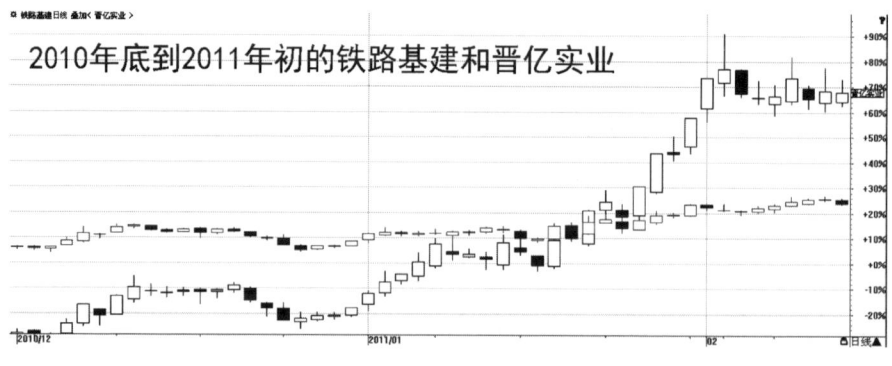

图 12-2

大的基本面结构,往往会影响到个股的基本面的想象力,从而激发交易者去想象。这就是我们可以从新闻里找股票的理由。

2. 个股消息与波浪理论的关系

个股的消息,是指关于个股(具体的上市公司)基本面的变化。

要分两种情况来对待:一个是传闻,一个是新闻。

先定义一下,什么是传闻?就是说,该消息还没有经过上市公司正式公布,但是市场开始传出的小道消息。或者是一些非主流媒体,比如非《中国证券报》、《上海证券报》,或非证券类的专业网站,这些上市公司依据法律规定,不是将指定的信息披露公开于媒体。而是通过一些非专业媒体,甚至是一些小网站、小报纸,开始报道出来。股价也开始有所上涨。

华尔街有一句谚语:买传闻、卖新闻。

就是说,当某一利好事件还只是市场不知真假的"传闻"的时候,可以去买入;但当这一事件成为事实,变成了地球人都知道的"新闻"的时候,就该卖出。

中国股市中的老股民,也有"利好兑现是利空"的说法。

比如说,传闻某上市公司即将重组,或者说是上一个什么样的重大项目。但这还是传闻,可是股价却开始上涨了。这时候可以买入。当它重组成功,成为新闻的时候,就要卖出。因为消息预期兑现了。往往这时候的股价,已经远远超出这条"新闻"(基本面利好变化)所能带来的业绩上的实际增长,或者是预期,自然无法支撑股价继续走高。

但"买传闻,卖新闻",在操作上也有问题。为什么这么说呢?因为会出现突然"辟谣"带来的风险。

举个例子说。600316 洪都航空,在 2010 年 7 月到 10 月大涨。在此期间,市场传闻说它是有资产的重大注入。该股一直保持强势,在技术上似乎丝毫看不到有深跌、暴跌的可能性。但是,突然间该公司在指定媒体上发公告称,并无此事。而且用词肯定,是"从未考虑","未来也不会考虑","未来几年也不会",不会有资产注入的动作。这就是永远不会考虑了。

用如此坚定的字眼来否定市场传闻,结果洪都航空出现连续跌停板。在第四个跌停板的时候,才出现了反弹,但之后虽然经过震荡,最终还是再次下跌。

如图:洪都航空的传闻

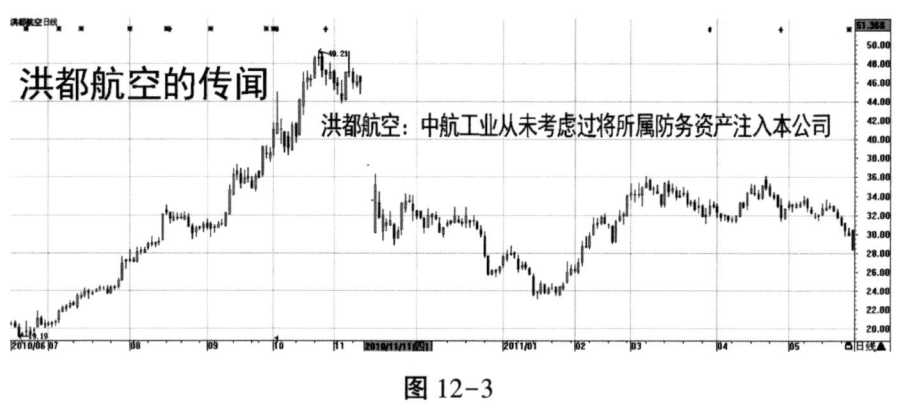

图 12-3

这就是炒传闻的风险。

所以在炒传闻时,我们要运用技术,对浪形的多种可能,做足算无遗策的判断。更重要的是,在资金管理上要有止损的风险控制。切记:把风险控制在开仓之前,而不是在开仓之后。

3. 个股已经兑现的基本面变化与波浪理论

新闻,就是个股已经兑现的基本面变化。

基本面的重要变化,无非只是传闻和新闻两种。那么,当它已是新闻的时候,要看它会不会有滞后反映。

什么叫滞后反映?就是这则新闻出来以后,它能带来的效益、作用,是不是能够真正改变未来的基本面,是不是有向好的变化,或者是业绩的大幅度提升,或者是资产大幅升值。

第十二讲 波浪理论应用中的消失浪等特殊问题

比如说，有些上市公司，在它重组之前，它还只是一只业绩亏损股。市场给它定价是很低的，比如说股价只有 2 元。

市场传闻说它将会重组，或有资产注入等一些利好的传闻。这时候，它会出现股价上涨，而且可能还会涨得比较多。

比如说，当它涨到 10 块钱的时候，"传闻"变"新闻"了，它确实实现了资产注入，确实实现了重组，从而业绩扭亏。

这时候，我们就重新分析这只股票。把它的重组先忘掉。只看它重组之后，未来是不是能带来真正的业绩增长。

简单地说，它重组以后，如果只是由"亏损"转为"不亏损"。未来的业绩增长，并不会出现突飞猛进状况。如果是这样，往往股价到了"传闻"变"新闻"——正式公布消息的时候，就会震荡向下。

而有些公司不是这样的。还说刚才这个例子。它原本只有 2 元的股价，已经炒到了 10 元。传闻变新闻，利好兑现了。可是，它的每股收益，由于重组能够达到 0.5 元以上，甚至接近 1 元。而且，由于基本面的行业上的改变，未来还有很大的成长空间，成绩还有提升的余地。

这样一来，我们就知道，它的动态市盈率才 10 倍左右。其重组后的所在行业，平均估值如果是 20 倍市盈率的话，那它还有一倍的涨幅。尽管它现在已经有了从 5 倍（2 元到 10 元）的涨幅。这时候我们可以根据浪形，去把握后面滞后反应的行情给我们带来的利润。

但是，无论是从涨幅榜选股，还是从大行业的基本面新闻上，或者是个股的传闻，或者是已经公布的公开信息上，去发现个股的机会，这种方式都会有一个弊端——可能你会丢掉一段上涨行情，用波浪理论的语言来说，就是丢掉第一浪。

因为在出现传闻的时候，应该不是下跌的时候。如果一边有传闻的利好消息，一边股价还在下跌，这只股票很可能出现大问题了，说明这些"传闻"很可能是假的。

常见的情况是，出现传闻了，股价也慢慢涨起来了（第一波）。之后，可能还会出现技术上的回调（第二浪）。这时候第一浪已经过去了！

比如，当年房价上涨之初，房地产公司的基本面背景在转好，但还没有被新闻媒体当作话题来炒作。这个时候，房地产股票也在涨，但上涨的速度不是最快的。

以房地产的龙头股000002万科A为例。该股上涨最快的波段，就不是发生在房价上涨的初期，而是发生在房价已经进入上涨的中晚期的时候（2006年的下半年到2007年）。

如图：万科A的主升浪

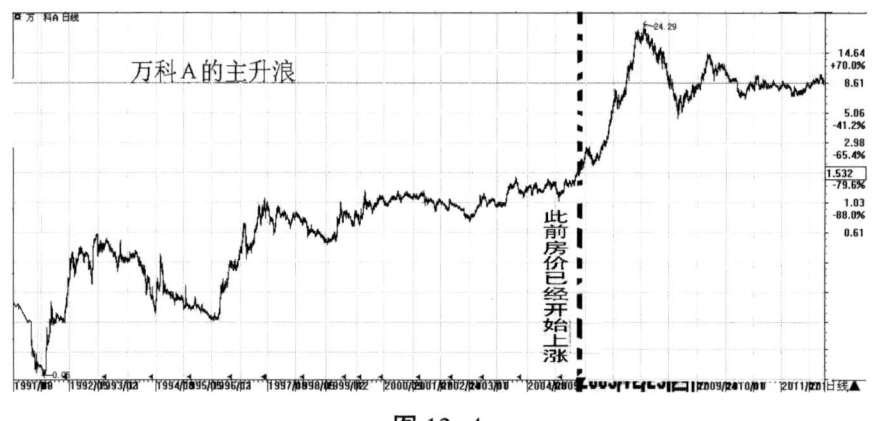

图 12-4

这时候发现该股时放弃了第一浪的利润。但没关系，我们既然用波浪理论来做股票的话，最应该考虑的是抓住第三浪，或者第五浪的机会。因为股市中，交易获利最大的机会，就像本书前面讲过的那样，是第三浪的主升段，或者是第五浪的延伸浪。

求利润的最大化最明智的作法，不是去抄C浪的底，去找第一浪的利润。因为第一浪的利润很难捕捉，在它被已经出现的第三浪确认之前，无法判断它是不是真正的第一浪，很可能只是下跌过程中出现的一个反弹浪。

这是一个很难确定的"悬案"，所以，明智的方式就是放走第一浪，抓住趋势明确的第三浪、第五浪。

以上，就是关于"买传闻，卖新闻"这个问题的思考。

4. 消失浪——停牌或涨停造成的特殊浪形

由于停牌，或者是连续涨停，造成的消失浪的现象。

有些股票，它会由于公司公布重大的消息，或者由于受到什么样的影响，而出现一段时间的停牌。这时候，其他股票还在交易。当它复牌以后，我们会发现，它可能会突然间出现上涨，或者是突然间下跌。市场可以理解为是补涨或者是补跌的效应。

但是，中间的过程呢，从浪形上看，好像又不完整。

比如有些股票，它会连续拉涨停板。封在涨停板上的时候，价格走势只是一条横线，其中没有了过程，看不到浪形。

极强的个股，开盘不久就上涨起来，根本就没有经过回调，就封到了涨停。第二天，开盘就是涨停，且封单很大，坚持到收盘。此后是连续的"一字涨停"。

当我们在数浪的时候，由于出现这种连续的涨停，中间没有明确的回调。那么我们是不是可以理解为中间就是一个浪呢？如果是一个浪的话，有时候会出现，上涨的浪形"数量"不够。有时候，只上涨了3浪，就见到了一个阶段性的头部，似乎不符合推动五波的这个基本概念了。

另一种情况，是由于封住了涨停板或跌停板而造成的消失浪。在涨停或跌停的时候，股价只能走出一条横线。我们在观察浪形的时候，由于价格出现了这种横线，也会发现少一浪的情况。

这种情况与前一种情况的区别，仅仅是时间长短的区别。这种情况可能会封住涨停的时间仅仅是两三个小时，或者仅仅一个交易日。

我认为，在停牌期间也有浪形存在，这就是我要跟大家讨论的"消失浪"。

根据波浪理论最根本的原理，用价格来显示交易者的集体心理变化，这也是我们在开篇的时候讲过的概念。

波浪理论是用价格来体现交易者集体的心理变化。当价格的变化消失的时候，这种变化并不等于也停止了。

我们可以做几个处理的方案。

第一个方案：处理停牌造成的消失浪。

比如停盘了一个月，当其复牌交易之后，可能会出现连续的上涨，或者是连续的下跌。

这种情况，我们可以理解为，这说明前期持有这只股票和关注这只股票的交易者的心理上，在停牌期间也完成了"浪形的变化"。所以，行情才会"一步到位"地体现出这种变化。

这期间有了什么样的变化？这一点我们可以从与它相关的板块指数上，或者与它相关的同类个股上，或者就从上证指数或深证成指上，去观察走势，然后把这段时期的走势"填补"到这段"消失浪"中来。

这样"填补"处理之后，我们就会发现，浪形是完整的，并没有缺少一浪。

试举一例：2010年下半年走势极强的002190成飞集成，该股在主升浪上涨的时候，我们就可以看到，这个浪形不全的特征。如图：缺浪的成飞集成

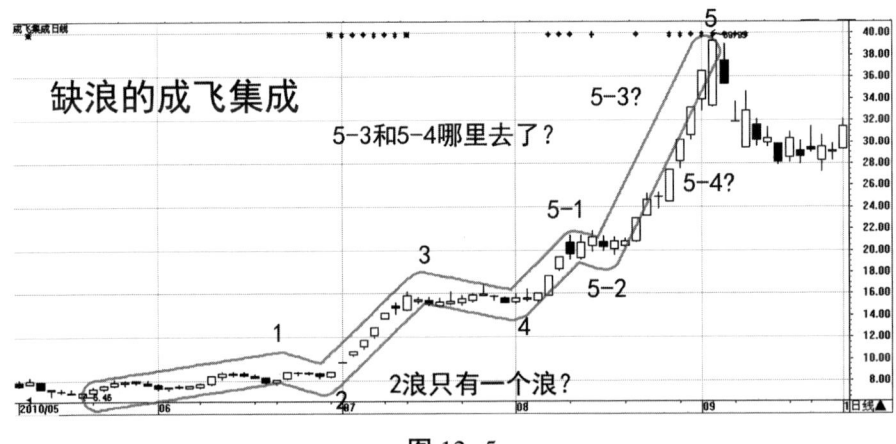

图 12-5

该股从2010年8月份加速上涨，到9月份见顶，这是该股上涨速度最快的主升浪。但仅仅走了三段，就见到了顶部，不符合推动浪要走五波的基本要求，好像缺少了一浪，可实际上并不是这样。如图："补浪"的成飞集成

第十二讲 波浪理论应用中的消失浪等特殊问题

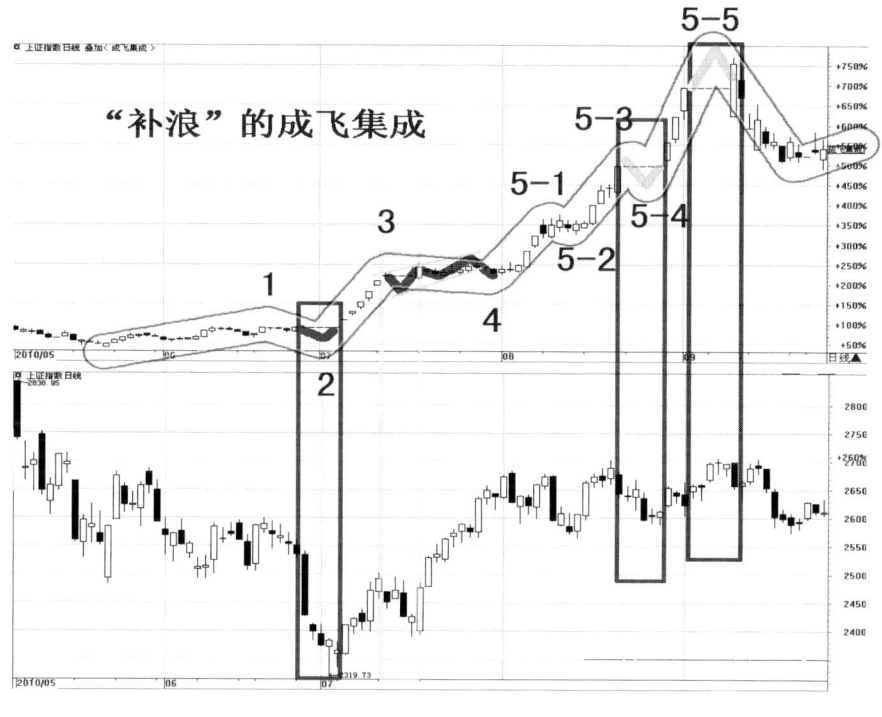

图 12-6

如图所示,中间有过两次时间比较长的停牌。在停牌过程中,当时持有这只股票的投资者和关注这只股票的投资者,都在心理上产生了变化。那么,就在停牌期间,它的变化是有的,也就是说,"浪形"也是有的。

我们把指数 K 线图叠加上成飞集成,就可以看到,在这段时间,指数有过调整、有过加速等动作。把图补到该股的图中,我们就可以看到,在 2010 年 8 月 23 日到 27 日和 9 月 2 日到 8 日停牌期间,它是有过调整和连续上涨的。

这样一来,我们就可以清晰地看到,该股其实走的是一个比较标准的 5 浪的延伸浪,之后才进入了后面的调整。

这就是对于股票停牌造成的"消失浪"的应用。

第二个方案:处理由于涨(跌)停造成的消失浪。

在涨停的时候，也就是前面提到的第二种情况，也会有"消失浪"的出现。这时候，我们却多了一个参照点。

首先，与第一个方案相同，仍可以用与它同类股票的走势（板块相同或者性质相同的股票）、它所归属的板块指数、上证指数或深证成指的走势，来填补这个消失的浪形。

因为在涨停的时候，市场同样会有变化，持有者和关注者也都会有心理的变化，所以自然会有"浪形"的变化，只是因为涨停的原因，不能把它体现出来。

此外，还有一个可关注的重要参照点：涨停板上的挂单（同理，反之，跌停板则关注跌停板上的挂单）。

一般来说，当挂单在增加，或者说是封单巨大的时候，我们可以认为，"浪形"仍然是在上涨中。因为这时候封单越来越多，证明买入者的情绪越来越高涨，同时，成交量很稀少，也证明市场看法的一致，因此，可以理解为"浪形"仍在上涨。

逐渐，涨停上的成交量开始多了起来，这时可以认为，多空的分歧开始逐渐加大。在"浪形"上，可以理解为是一次"回落"。

同样的道理，当涨停上的封单数量开始减少，可以理解为"浪形"出现了回调。因为这一现象表明，持有者和关注者的心理出现了变化。

在分时图上，你可以用想象"画"出一个浪形。

以上就是关于涨停上的消失浪的处理思路。

5. 两种"消失浪"的比较

这两个消失浪，有共同点，也有不同点。

共同点都是说由于价格直线走平，无法直观地通过价格发现市场持有者和关注者的的心理变化。

不同点在于，前者时间较长，后者时间太短。

第十二讲　波浪理论应用中的消失浪等特殊问题

前者是由于市场的停盘时间，并非一日，而是几天、十几天，甚至几十天或更久，造成这段时期价格不发生变化的情况。但只有用自然日的时间坐标，才能够看到这种"横向走势"——消失浪。

由于时间较久，可以用指数，或者是同类板块、同类股票来填补这段消失的浪形。

但对于"涨（跌）停上的消失浪"，我认为其实可以忽略。为什么呢？因为毕竟封死涨停板，也是一个有效的价格行为。由于仍可以成交，尽管交投稀少，也是一个市场正在活动的价格行为。

价格虽然受到了涨停幅的限制，但是在其到达涨停之前，也有限制。前期为什么不涨停？现在为什么涨停了？都体现了多空的心理变化。

所以，上面谈的"处理办法"，其实可以淡化一点，甚至没有必要去关注它。

更不要说，我们最该关注的是周线、月线上可见的较大级别的浪形。在周线和月线上，根本看不到由于涨（跌）停板造成的"消失浪"的情况。

当然，由停盘造成的"消失浪"，如果停牌时间短（小于一周或一个月），也可以在周线、月线上把它消化掉。我们可以在周线、月线图表中，去研判浪形。

这里需要强调一点，当涨（跌）停板或者停牌的消失浪出现时，我们不要只做有利于自己的想象，而违背资金管理的事先计划。

比如，当行情下跌到 10% 的时候，我们就要进行止损。但买入后不久发生了停牌，出现了消失浪，复牌之后，连续跌了两天，幅度大于 10%。这个时候千万不可自欺欺人地认为："在停牌期间，同类股票或指数已经有一次深跌又出现了回升，那么复牌后的下跌，只是上涨途中的一次正常的回调，接着还是要上涨的。"

不要用这样的想象来欺骗自己，尽管我们弥补消失浪的方法用的是想象力。

6. 艾略特波浪理论原著中的"消失浪"

在艾略特波浪理论中，也提到过由于图表时间分辨率的大小，造成的看不到的浪形。

比如说，2010年7月之前，上证指数在日线上可以看到五个下跌的浪形。而到了月线上，只能看到三个浪。那么这到底是五个浪，还是三个浪呢？如图：2010年的隐藏浪

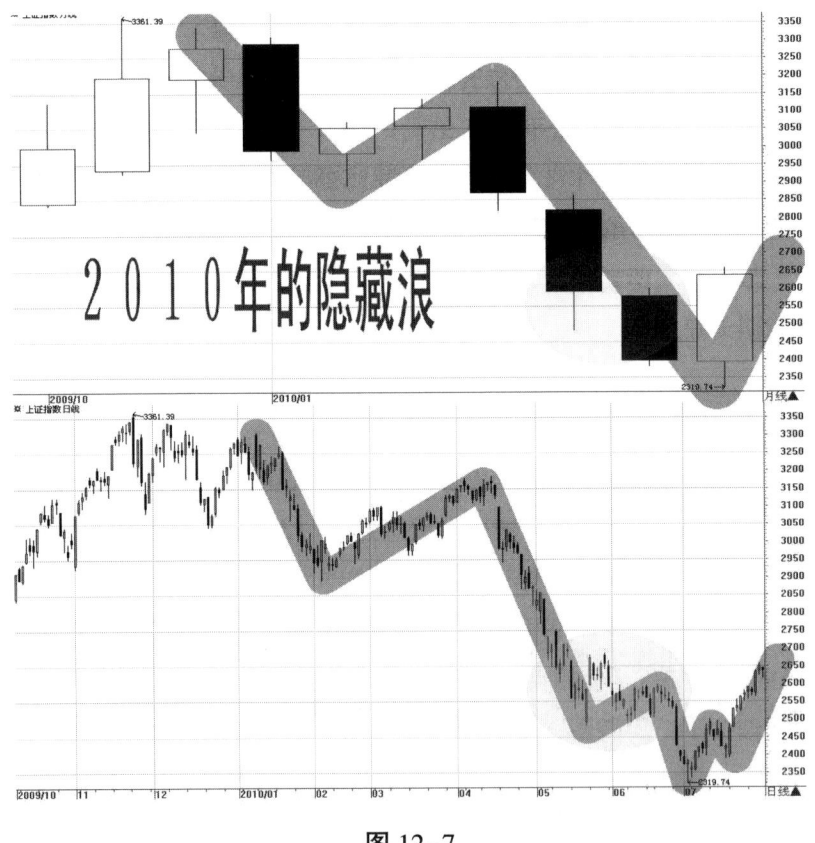

图 12-7

答案当然是五个浪。因为没有一条"规定"，一个浪形的持续时间，

一定要超过一周或一个月。一个浪所占用的时间,是与其同级别浪形所占用的时间互成比例的。

艾略特认为,小时图中记录下来的价格变化,对这种情况非常重要。

这个"消失浪"的概念很简单,用这几句话想必应该说明白了,但它确实困惑了一些波浪理论的实践者。

7. 新股如何数浪

如本书前面说的那样,浪形的本质,是交易者的心理变化以价格的方式表现出来。当因为某种原因,比如停牌,或休市,而不能把这种心理变化通过价格表现出来时,就会出现一段不能以价格的方式记录下来的"消失浪"。

有些波浪理论的应用新手,会以为历史上的第一根 K 线就是第一浪的起点,却不知道行情可以从任何一个子浪上作为起点。比如新股的第一根 K 线,绝大多数都不是一浪的起点。

甚至就连上证指数,它的第一根 K 线是 1990 年 12 月 19 日,但这一天,曾被很多波浪理论"爱好者"看成是上证指数的第一浪起点。事实上根本不是这么回事。如图:上证指数的"史前"消失浪

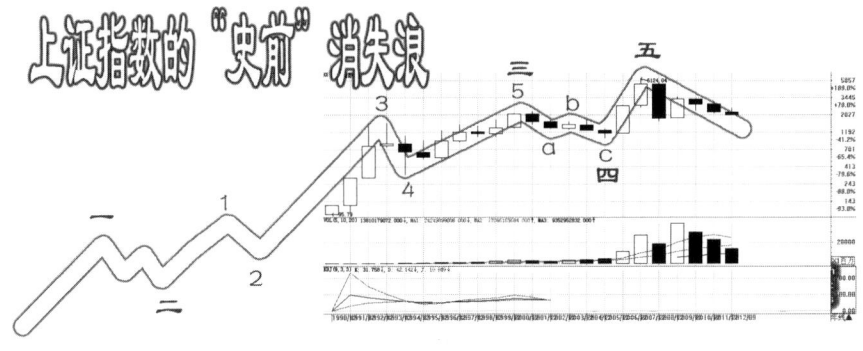

图 12-8

如图所示，上证指数 1990 年 12 月的起点是 100 点，就不是第一浪，甚至都不是一个子浪的第一浪。上图只是多种浪形可能的一种。

也可以把上图"三"浪的 2245 点，理解为是一浪完成，到"四"的位置 998 点，是二浪完成，接下来走的是三浪的一子浪，到达了 6124 点。还有其他可能，就不一一表述了。

总之，知道上证指数的起点不是第一浪的第一浪的第一浪就是了。那么，新股更会遇到这种问题。该如何数浪？这的确是一个难点。

波浪理论数浪，起码要有一段时间的价格数据加以统计，有一定数量的"历史浪形"，才便于判断未来的浪形。

新股很难进行数浪。因为它只出现了一涨一跌的时候，理解为 1 浪和 2 浪可以，理解为 3 浪和 4 浪可以，理解为 B 浪和 C 浪也可以。因为你不知道接下来会构筑一个什么样的形态。

但在实际应用中，还是有办法来处理的。这个处理办法，与前述之消失浪，有些雷同。

如消失浪的处理办法一样，也是以同类的个股或板块指数，来"填补"新股上市前的浪形走势。

举一个例子，比如说 300143 星河生物，这是一只创业板的股票。把创业板的指数和星河生物进行叠加，如图：300143 星河生物补浪图

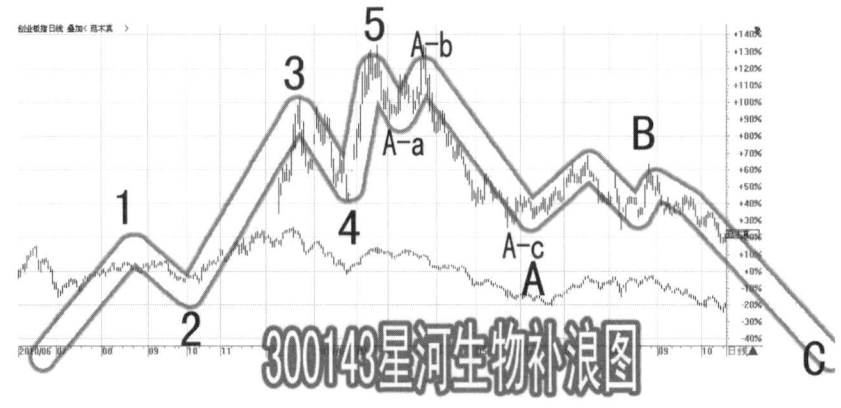

图 12-9

第十二讲　波浪理论应用中的消失浪等特殊问题

我们可以看到它上市之前，创业板是经过一波五浪的上涨之后出现的回调，它上市之后，与创业板一同进入了一波向上的行情。之后，再次与创业板一起出现回调。

对创业板来说，可以理解是一个三段式的 ABC，其中的 C 浪，对应着上图中星河生物的 3 浪。之后创业板已经开始了下跌的推动浪，而该股却走出了一段逆市上涨的第 5 浪。

可以理解为，星河生物在上市之前，也是有过一个上涨五浪的波段——消失浪。可以用处理消失浪的办法将它填补上去。之后，该股的向下回调，就可以看成是 A、B、C 的三段式调整浪形。

当它再上涨起来的时候，也是跟创业板同步的。三段式的调整浪，多数出现在 2 浪或 4 浪之中。我们姑且先做最坏打算，把接下来的上涨浪，理解为是一个第 5 浪的上涨。

由于"填补"了上市前的"消失浪"，它上市之后出现的回调，就不应理解为是一个向下推动的浪形。做这一判断，除了该股没有明确向下推动浪的特征之外（恰恰有比较明确的调整浪的结构特征），也是由于创业板指数在前面给出的提示。

这就是用新股所属指数，或者同类的股票填补股票上市之前"消失浪"的一个例子。

当然，其实最应该参考的还有一点，就是对新股的估值。关于这方面的研究，超出了本书的讨论范围。

在这里就只说一点：市场环境和新股定价的关系。

新股在市场环境比较好的时候，它的估值会优异于其他同类的个股。为什么呢？就是因为它是新股，上方没有套牢盘，下方没有获利盘，价格被炒高相对容易。

新股唯一的获利盘，就是中签新股的持有者，或者是持有原始股的大股东（但上市之初是不能流通的）。虽然这些人一旦获利丰厚，会兑现利润，但是往往新股更能吸引资金的关注，新股在首日换手 50% 以上，是司空见惯的事情。

于是乎，对这种获利盘的消化就不是问题。

新股最重要的是它没有套牢盘。因为刚刚上市的新股，唯一的卖压，只是原始股持有者的兑现利润产生的卖压。甚至有些新股开盘估值不高，就算出现回落，看似留下了一些套牢盘，但由于新股上市初期换手大，很容易产生充分的换手，消化掉套牢盘。

这就是为什么在行情背景好的时候，新股可以高于市场平均估值水平的重要原因之一。

在行情不好的时候，新股的定价，往往会低于这个市场的平均水平。这是为什么？因为当市场普遍预期都比较差的时候，新股认购中签率过高的时候，新股上市开盘价和发行价之间的差距并不太高，甚至会出现跌破发行价的情况。

市场气氛不好，也会影响二级市场的投资者继续承接的心理，就会造成新股价格可能会低于它这个行业的平均估值的情况。

这也是我的选股条件——"刘五条"中，生不逢时或者有炒作余地的次新股的条件。

那么前者就说有"炒作余地"（当然开盘不要过高，一步到位也是不行的），后者说的是"生不逢时"（本来是一个不错的公司，但是它生不逢时，市场环境不好，市场给出的估值过低，这为日后的炒作提供了条件）。

这就是"刘五条"选股条件中，关于新股、次新股的要求，及其原因。

8. 小盘股上的"犯规"浪形

在小盘股的浪形上，经常出现"犯规"的特殊情况。

波浪理论比较适合用于描述指数、描述大盘股，对小盘股，或者对指数、大盘股的过于细微的时间尺度（比如一分钟图、分笔图）来讲，就不那么合适，会经常出现"犯规"的情况。

比如，上涨的时候，会出现1浪高点和4浪低点相碰的情况。或者在上涨的时候，不是五波推动浪，而是出现了少一波或者多一波的情况。

第十二讲　波浪理论应用中的消失浪等特殊问题

那么，这时候该怎么处理呢？

首先，给你一个不是解决方案的解决方案——这时候可以用亚当理论。最简单直接的方法，就是看它的趋势和强弱。

别忘了，波浪理论是以一种合乎逻辑的语言，来陈述行情波动的逻辑。我们不能用它生搬硬套去左右行情，因为波浪理论不能左右行情，任何分析预测的方法都不能左右行情。所谓"指标修复行情"，纯属无稽之谈。

但是也有一个融通的办法，可以去数它的"骨头"。什么意思呢？就是说，它虽然是在上涨的时候，比如说日线图上，小盘股会出现1浪和4浪重叠的情况。那么重叠就重叠吧！这只能说明是大1浪中的1子浪和4子浪发生了重叠，说明它只是第1浪比较弱的上涨。

如果说在3浪当中，它出现了瞬间的重叠，那么只能说这4浪跌得有点深。毕竟小盘股的股性较活跃，震荡幅度较大，也可以理解。

还有一个方法就是"数均线上的浪形"。

这时候你可以不看价格，而是只数它的2日均线、3日均线，或者5日均线上的浪形。因为均线往往不容易出现1浪和4浪相碰的情况。

还有一种可能，出现多一波或者少一波的情况。

比如说上涨在日线图上，上涨出现了比较规范的两个推动五波形态。可是只经过一波比较快速的回落调整之后，又涨了起来。事后证明，这波上涨是第五浪的上涨推动浪。如图：600160巨化股份只一浪的调整

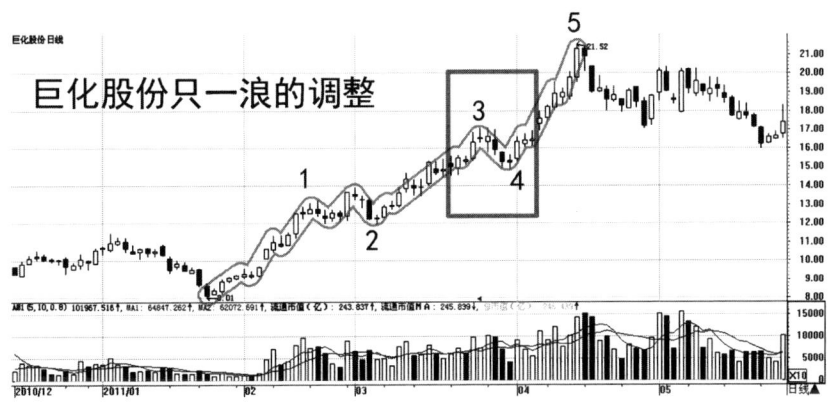

图 12-10

可是四浪只跌了一波，不是三段式的调整，或常见的三角形整理。这又该怎么解释呢？

还是从"波浪理论是陈述行情波动逻辑"的原理出发，允许它有一点点犯规。

其实，很可能在日线上看到的只是一波下跌（比如连续跌了三根阴线），就出现了上涨。但在分时图上，或者是在小时图上，浪形其实也是走出了完整的三段式调整，之后才进入上涨。

有些时候，又出现了多一波。比如，先是上涨了一个波段，之后进入了调整。可是调整结构却出现了明显的 A、B、C 三段，之后再次上涨。

在同一个浪形级别上看，这个调整中的 B 浪显得过于显眼了。如图："延长"的 B 浪

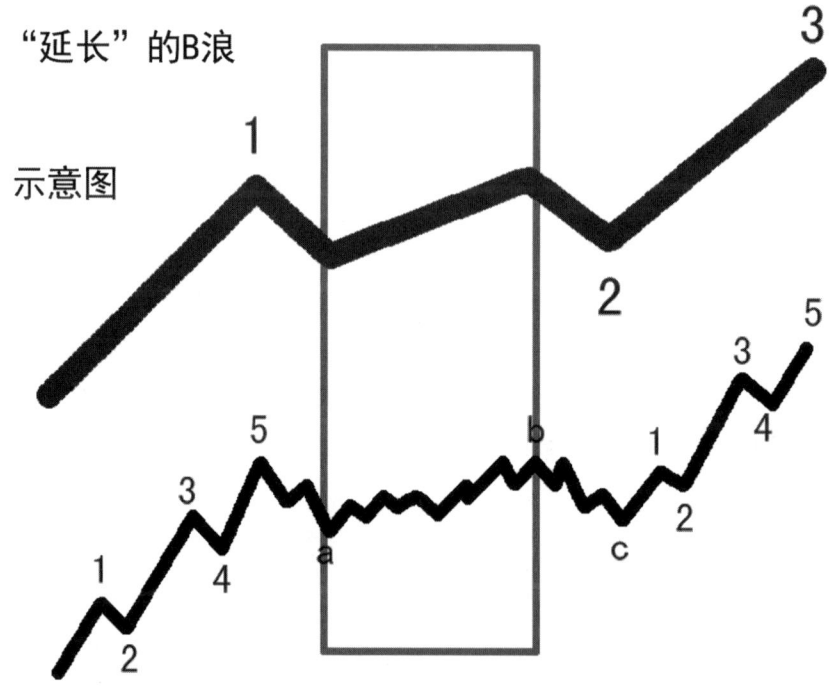

图 12-11

如图所示，2 浪的 B 浪有点大了，应该是看不出来才对。这时候，也不要太较真，其实在调整中出现一次上涨，也是正常的。那么上涨的推动浪中没有出现明显的调整，证明上涨力度是比较强的。在调整中，能出现一个比较明显的上涨浪，那说明调整的时候，多方仍然还有比较强的能量。

这就是对于小盘股，或者对于指数，或者大盘股，过于细微的浪形，出现"犯规"情况的理解和处理办法。

其实不要说小盘股，就连上证指数，也会经常出现 B 浪的时间比 A 浪和 C 浪都要长的情况。上证指数 2245 点到 998 点的调整，就是一个例子。当然，在小时图以上分辨率的图表上，这种情况更加常见。

如图：跨 2 年的 B 浪"延长"

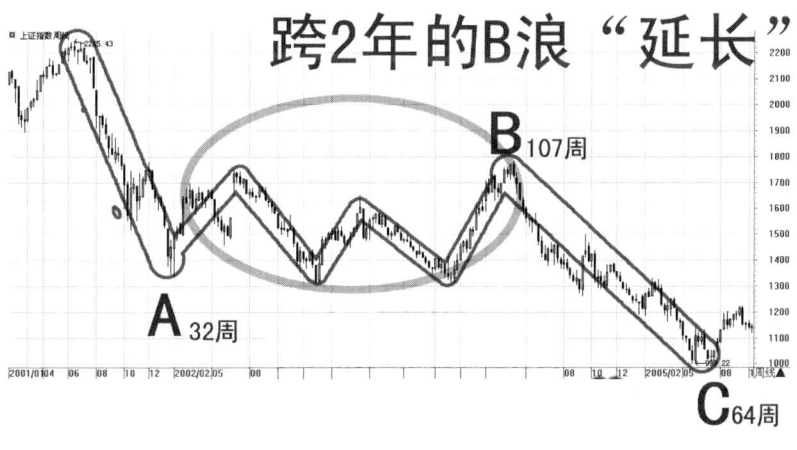

图 12-12

9. 关于财务报表的浪形

财务报表中的每股收益，每股净资产，每股公积金，主营收入等等，是常见的比较关注的数据。

在分析这些数据时，最好能把长期数据在图表上连接起来，也可以看到浪形的变化。

我们会看到，在这种数据的浪形上，它可能更不会遵守一些波浪理论的后来者所定出的"教条"。比如1浪和4浪的可能相碰，或者其它的一些教条的东西。但它会出现总体上涨或下跌的态势，这也是一种趋势性的现象。

但是在做这种浪形分析的时候，我们最该看重的，也是连续的趋势。同样我们要注意的是，不要去抓所谓的业绩拐点。如果一只股票所在的行业，是长年的不景气的夕阳产业，不要希望它能够突飞猛进地走好。

在估值的时候，还有一个重要的思路。不要对价值洼地过于迷恋。要知道，价值洼地和价值泡沫，哪个最能产生我们需要的利润？答案是：价值的泡沫。

从浪形上看，一只股票走出价值洼地的时候，往往是走它的第一浪。之后，当它进入了飞速上涨时，这时候从估值上看，也是泡沫越来越大的时候。

我们前面讲过，波浪理论中的浪形之间具有比例关系。那么，这个3浪不会是最短的一波，往往1浪如果能够上涨100%，或者是200%的话，那么后面的浪形，上涨的比例要比这个比例大得多，可能是3倍甚至5倍。

所以说，真正的利润是来自于泡沫，而不是来自于价值洼地。从价值洼地到它的价值回归，会形成这只股票的上涨趋势（第一浪）。当泡沫产生的时候，才是股价最能给我们创造实际利润的时候（第三浪）。

这里要强调一点，我们不是靠公司的分红来取得收益的。况且就连最最成功的价值投资人——巴菲特，他的收益也是来自于他持有的几只重要的股票上涨的市值收益，而不是分红收益。

当我们发现一只股票，它曾经到达过价值洼地，它之后形成了向价值的回归，走出了上涨的趋势。当它再向上冲突，进入加速上涨，这也是出现泡沫的时候，这时，也是一个交易者——一个以差价为目的的交易者，最应该介入的时候。

这是我对于财务报表和浪形之间关系的思考。

第十三讲
波浪理论史以及我和波浪理论的恋爱史

  尽管关注了股票市场,但在准确的预测和伴随而来的慷慨回报中,成功必定是偶然的。因为人们某种程度上还没认识到股市是一种心理现象就试图对待股市运动。他们尚不理解市场的基本波动是有规律性的。换言之,股价的运动是服从节律或一个有序系列的。

——艾略特《波浪原理》

第十三讲 波浪理论史以及我和波浪理论的恋爱史

1. 艾略特和他的波浪理论

现在，我们来介绍艾略特和他的波浪理论的背景。主要是波浪理论的由来，和他个人的人生背景。

艾略特全名是拉尔夫·纳尔逊·艾略特，美国人。1871 年 7 月 28 日出生于美国玛丽斯维利镇。是家中的第二个孩子。

艾略特在美国来讲，也是当时的"高干子弟"。怎么说呢？他的父母的上一辈都是美国开国元勋的部下。

他的曾祖父叫雨果·艾略特（Hugh Elliott）是参加过 1812 年战争的老兵。

他母亲的爷爷叫乔纳森·罕伯莱特（Joathan Hamblett），更牛，是美国独立战争时期的负伤老兵。后来成为华盛顿的卫兵。

他的父亲弗兰克林（Franklin）是名商人，母亲叫维吉尼亚·纳尔逊（Virginia Nelson），娘家更是很富有。

父亲是个商人，所谓行商坐贾，这个"小高干子弟"从小就跟着父母东奔西跑。

他从小就向往着墨西哥。不象我们中的有些人，总向往着美国。笑谈耳。

成年后的艾略特，真的如愿的去了心向往之的墨西哥，从事与铁路相关的职业。最终做的是会计，并很有成绩。在企业重组资本运作上，已经是小有名声的人物。

在此，我插一句。一个特别熟悉会计的人，一个特别会搞企业重组的人，搞的是什么研究呢？搞居然是属于技术分析范畴的波浪理论研究。搞的不是所谓"F10 研究"（基本面研究）。当时美国也是有上市公司的相关财务报表的，不然也不会有与艾略特同时代的格雷厄姆，这样的价值投资鼻祖。（注：格雷厄姆是价值投资理念的鼻祖级大师。是著名价值投资人巴菲特的导师。杰明·格雷厄姆与大卫·陶德（David Dodd）合著的《有价证券分析》一书，在1934年问世了，从而奠定了他的"财务分析之父"的崇高地位）。

相信艾略特在公司的财务研究方面的能力，不亚于格雷厄姆。但他却宁愿研究价格波动本身的规律。这点值得我们思考，更值得那些高举着价值投资旗帜的人们思考。

其实深谙基本面分析的人，都知道技术分析的重要意义。也知道财务报表的一些可笑之处。

艾略特在墨西哥经历过战争，看过很多人间苦难之后，晚年因为健康原因，不得不回到美国。

回到美国之后，又在"茶室和礼品店"这门生意上，凭借其在会计方面的强项，成为这个领域的专家。

这是一种我们现在不常见到的一种娱乐休闲的商业模式。大概是在店里，既可以品味一些小餐饮，又可以购买礼品。

这种店当时在美国很时髦，很流行。艾略特在这方面，通过他的会计的经验，指导人们怎么开店更成功，还写过一本书，曾经一度想通过推销这本书，来拓展自己的生意。他在书中写出了"广告"：大意是，他指导别人经营茶室和礼品店，只收营业增加部分中的一部分。

他曾经给一个杂志连续投稿，这个杂志很火，后来他一不投稿了，这个杂志好像就倒闭了。是不是因为他不投稿而倒闭的，不得而知。艾略特好像又做的不是很顺心，不是很理想，又放弃了。

他大概是在1932年开始研究股票，从事与股票相关的事情。

他阅读过《道氏理论》，也是《道氏理论评注》最早的订阅者。艾略特在后来推销其波浪理论的时候，也承认过，他的波浪理论是对道氏理论的一个很好的补充。

（注：道氏理论是股市分析中最早的理论，也是技术分析最基础的理论。它的主要精神有六点——平均股价指数包容消化一切，趋势分为主要趋势、次要趋势和短暂趋势三种，趋势分为三个阶段，各指数要相互验

第十三讲　波浪理论史以及我和波浪理论的恋爱史

证，成交量佐证趋势，明确的反转信号才可否定前一个趋势。）

在此之前，他也做股票。做是做，但是他的做法跟普通的股民一样，做所谓的"长线"。挣钱了，套牢了，挣钱了，套牢了，来回折腾。但是都没有仔细研究，从这时开始，他开始研究股票。

艾略特研究股票数据，发现波浪理论，三年后，出版了第一本专著《波浪原理》

此后也一直研究波浪理论并试图推广，直到他去世，那就是1948年。共16年。

据说是到了他去世的时候，也不是一个很富有的人。从实战经验的角度说，他并不能说是一个很成熟的投资人。

当然，我们要知道艾略特是先辈，是波浪理论的鼻祖。作为承其衣钵研究艾略特波浪理论的晚生后辈，应该抱有一种非常虔诚的敬仰之心。这是一定要有的。

但是应该客观的说，艾略特并不是一个特别成功的投资人。为什么呢？

首先他是晚年才开始研究股票的。你想，他从1932年开始正式把精力放到股票上来，这时候他已经是一个60多岁的老人。所以说晚年的时候他才开始认真的研究股票，之后他发现了波浪理论。

晚年的艾略特以什么为生呢？我在他的传记中看到，艾略特他也有过给别人做委托理财的记录，但是传记中没有对此大书特书，可见没有特别大的收益。

同时，由于他的大半辈子时间都用在了铁路、会计或者茶室和礼品店等方面。他大部分的时间没有用于股票研究，他只有晚年的时间才用来研究股票。所以他在股票上面，如果与江恩相比较的话，明显的缺少一些实战经验的成分。

（注：江恩，江恩理论发明人，与艾略特同时代的职业投资人。一个传奇式的人物。据说在投资生涯中，赚取大量财富。又据说，投资很失败，至死身无分文。其江恩理论中谈到过，涨市下跌不超过三天的现象。

更可贵的是他的交易法则,对资金管理有着"教条"式的规定。类似这样的"经验之谈",在波浪理论之中很少见或基本没有提到过。)

但他很有智慧,通过历史数据总结出了规律性的东西,发现了波浪理论。这是艾略特发现波浪理论的一个过程。

他发现波浪理论以后,前面也提到过,他也有过代客理财的经验,但他没有特别的成功。他也向别人推荐波浪理论,希望把这门学说推而广之,而通过这个方式,变成自己的一个新的职业方向,这已经是他晚年的一个崭新的职业方向。

但是在20世纪三四十年代的美国,可能当时美国股市的气氛跟现在中国股市气氛差不多,都把准确率太当回事了。于是乎艾略特就一再强调波浪理论精准度。在波浪理论应用研究上,这也许是把艾略特引入歧途的一个重要原因。

甚至在他1935年发表《波浪原理》时,在题目下方,写出如下的警告:

没有任何一种波浪理论研判能得到有效确认,除非是由我和我认可的学生做出的研判。

晚年的艾略特,一直在发"股票通讯"。这东西有点儿像现在股评家们撰写的投资策略报告,或证券周刊。

他不定期把他对市场的观点,并邮寄给他的客户。这是一种付费的服务项目,按照一定的时间周期进行收费,这是他主要的晚年的生意的方式。

艾略特在1948年1月15日病逝。

在艾略特生前,他的波浪理论应该说没有特别发扬光大,尽管他多次准确预测出了道琼斯股票指数的走势。在高低点,他预测的不错。但是最终还是没有发扬光大。

直到他去世以后,经过很多年之后,在美国,被以普莱切特为首的一些新的波浪理论的继承人发扬光大了。

其中最著名的是普莱切特(Robert·R·Prechter·Jr),被香港的波浪理论大师许沂光，誉为当今的波浪理论的掌门人。

1984 年，普莱切特有一个辉煌的战绩。就是他在期权比赛当中，以真金白银的实盘交易中，在四个月内挣了 444%，这个数挺好记。于是乎也是这个原因，使波浪理论发扬光大的一个理由，毕竟它是能挣钱的一个分析预测的方法。

之后再加上大力的宣传，在国外波浪理论可能有一定的气候。但是我没有足够的证据，就不在这里详述了。

但我知道中国的波浪理论是怎么样来发扬光大的？这就会谈到我怎么了解波浪理论的？

2. 我和波浪理论的"恋爱史"

波浪理论我最早知道它是在 1994 年以前，那是我在一个券商印制的小册子上看到，里边谈技术方法的内容当中，谈到过波浪理论。只画了一个波浪理论的图，很简单的一个八浪图，上涨五浪，下跌三浪。我了解到的只是这么一点点，当时我知道的也不多。

后来我也发现，好像不是什么股票都是按照这个格式去走的。其实是因为当时我知道的太少，还不知道浪形的多种变化。而且当时我也知道了技术分析的形态，和一些指标。当时我对钱龙软件已经掌握的很熟练了，我也觉得波浪理论并不是很重要的。就没有去重视它，这是我第一次接触到波浪理论。

波浪理论借谁的力量在中国发扬光大了呢？

许沂光。应该记住这个人，他在中国推广波浪理论的作用，是功不可没的。

许沂光在 1994 年的 8 月 1 号之后一夜成名。为什么？在 8 月 1 号之前，据说他在公开场合预测中国股市在 1994 年七八月份要爆发猛烈的第三浪的上涨。

1994 年 7 月最后一个交易日之后，中国证监会和国务院等几部委联合发布了三大利好政策：给券商融资，成立中外合作资金，年内不上新股。

这三大利好政策，使股市从七月份最后一个交易日的收盘指数333点，一下跳空高开，这个缺口到今天也没有被回补。之后行情走出了长年的上涨，这个"三大利好政策"前的底部，就成了一个跨世纪的大底部。

总之，这一波上涨的非常强。于是乎借着这一次的预测的准确，又是预测出了一个重大的大行情。许沂光和波浪理论在中国一夜成名。

这时候我也觉得波浪理论有作用了，开始研究波浪理论。找到了一本台湾人写的讲波浪理论的书《判别走势》，加以研读。从而较为详细的了解到了波浪理论的全貌。

但1994年的这一波，走的是一个三段式。如图：325-1052点的三段式浪形

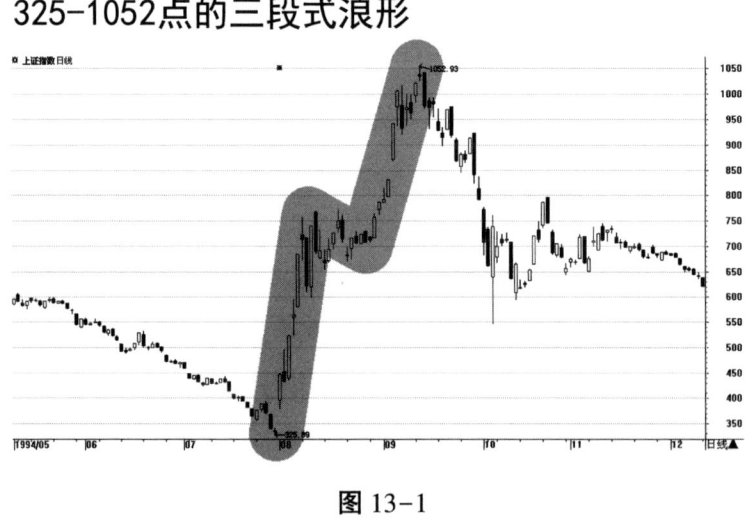

图 13-1

第一段涨到了700多点，777是当时的一个历史关键位。在此震荡，之后突破新高，达到了1052点。之后直接出现回落，没有走出五浪形态。当时我也是在等这个五浪形态。

因为没等来，结果造成了我的损失。因为它一下子跌到了777以下，

第十三讲 波浪理论史以及我和波浪理论的恋爱史

最多跌到了 546 点，之后又形成了中国股市最波澜壮阔的最大振幅的一个长阳线。

那天振幅达 200 多个点！对于底部 546 点来说，200 多个点是相当大的震幅了。当时在海外也是震惊的，在海外媒体上都有见报。说中国股市出现了振荡幅度巨大的一根阳线。

那么，从那时开始，我就开始不相信波浪理论了。我就觉得没什么用，因为它并不准，跟我原来对波浪理论的"不是所有行情都是按波浪理论来走的判断"是一样的。

这就是我第一次启用波浪理论，和第一次把它废掉的过程。弃而不用，即一用一废波浪理论。

再之后，时间推移到了 1995 年 5 月 18 日。

由于国债期货当时交易的异常火爆。资金都往国债期货里去扎，股市很清淡，没有什么人来做。

可是国债期货当时由于风险太大，而且发生了 327 风波，这也是历史上一个重要的事件。

当时我记得情况是这么一个情况：

当时的国债期货走势非常火，向上连续大涨。那时候利率也高，正是高利率的时代。所以国债现货价格也会是上涨。

这时，两个券商打算联手做空，打压国债期货。这里咱不点名了，就说甲券商和乙券商。

1995 年 3 月 27 日，甲券商进场以后进行打压，做空。想把国债期货的主力合约打下来。可是，乙券商，进场发现涨势太厉害了，根本就打不下去。干脆顺势而为，他改为做多。

这时候他一做多，那么行情更要上涨。这样一来，甲券商就要吃大亏了，甲券商急了。

叫来了也不知道多少家银行，多少家机构，之后一块儿联手放空。这时候，你看到国债期货价格出现了陡直的向下跳水动作。一天都涨的挺好，就到尾盘，突然间跳水跳的很多。全天的走势看起来，象一横一竖。

这时候爆仓的机构很多。据说如果按当时的收盘价结算，倒闭的券商有数十家，机构破产的有多少家，甚至会有银行也会破产。更不要说中小投资人的死伤无数。

因为当时甲券商急了嘛。你叛变，我就闹到玩儿命。非把你置于死地。这一下，重磅炸弹扔下去，不光是把对手乙券商给打趴下了，就连这个在场的全部多头，都给打趴下了。

因为这算明显的在操纵股价，于是乎国债期货就被叫停了。

之后的收尾工作好像是自由的协议平仓。我记得当时是这样的，已经不以那个"重磅炸弹"打出的价格算了。多空双方自由协议平仓。就是你挣多少钱，我赔多少钱，大家互相去协议平仓，最后这件事就这样了了。

在5月18号，正式宣布国债期货叫停。于是资金回流股市，一下又爆炸了。又是以大幅的、前所未有的方式向上跳空大涨。如图：1995年的5·18井喷行情

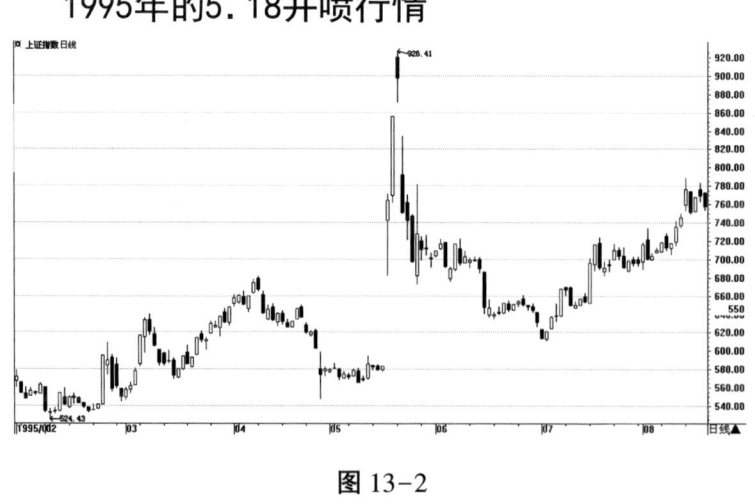

图 13-2

这次大涨的第二天，我清晰的记得一张报纸上（好像是中国证券报）

第十三讲　波浪理论史以及我和波浪理论的恋爱史

登出了一则广告,是一个讲座的广告。许沂光要给大家再做波浪理论的讲座,我印象中是收费的。

题目很大的字,我看到:三浪三如期到来。

对于许大师来说,很不幸的是,这个行情只在高位维持了三天,之后又是跳空向下,大幅下跌。(不知道许大师的讲座是不是办成了,是不是有人退票?)又恢复了它的常态。那么这又怎么用波浪理论解释?

许沂光说三浪三如期到来,我又开始研究波浪理论了。结果又跌回来了,波浪理论又不准了。这波浪理论又一次"骗"了我,之后又开始不研究波浪理论了。

这算是对波浪理论的二用二废。

虽然是不用波浪理论了,但是脑子里偶尔还会有波浪理论这么一个概念,总在盘中会找波浪的形态。

记得有一天,这天的上证指数盘中图,真的走出了推五回三、推五回三,走了几个来回。当时我还很兴奋地跟别人讲:"你看这个上证指数在教我们数浪。"

这段记忆说明,当时还在脑子里琢磨着波浪理论,但是后来逐渐的就不理它了。

人类的潜意识能量加大,我的显意识不理会波浪理论了,但我的潜意识,一定一直在替我研究着波浪理论。要知道,那时候没有一个老师,可以达到我今天对波浪理论的了解深度,和运用水平。我只能靠自己。

记得是在下跌到上证指数 512 之后,行情开始上涨起来。一个比我对波浪理论有研究的一个人,说了一句话,让我又一次和波浪理论"恋爱"。

他说,如果在上涨到上证指数 693 点(这是前面有一波下跌的低点),那就证明现在不是下跌的 C 浪,C 浪就结束了。

他的理由是,那是 C 浪 2 的终点,如果超过了,那么就不是 C 浪 4 的反弹,而是反转了。如图:1995 年 C-4 浪被否定之前

1995年C-4浪被否定之前

图 13-3

后来真的就越涨越强，走出了 1996 年的大牛市。

于是乎我又开始研究波浪理论了，我觉得这东西很有意思，看来是我不会用。就开始学习，开始研究。

那一波的初期，准确地说也就是 1996 年 12 月之前，确实在分时图上，在日线图上，五波推动，三波回调的特征比较明显。

1996 年 12 月 16 日，人民日报发表社论，《正确认识当前股票市场》。同时，又恢复了涨跌停板制度。

受此消息影响，股票连续两天跌停，有的股票拉了好几个跌停才止跌。

在这时候，我又觉得差一浪或者多一浪，又开始怀疑波浪理论了。又一次作废了波浪理论。

这算是三用三废波浪理论。

在几用几废波浪理论之后，还是会常常以浪形的角度观察行情，只是不以其作为判断依据。

经常用于决策的，还是一些指标、画线、形态等方法。

第十三讲 波浪理论史以及我和波浪理论的恋爱史

但有一点我是一直没有放弃的，就是资金管理。

那时候，我有一个外号叫"刘半仓"。为什么叫刘半仓呢？因为那时候，散户常常是满仓全进全出。其实就算到了现在，这也是很多人的交易方式。但我经常是控制仓量，比较重视资金管理制度和交易策略。

我常常对别人说，方法并不是重要的，关键是在资金的运用上。我在本书前面也讲过，波浪理论未必是唯一最好的方法，它只是同时回答了方向、空间、时间这三个问题。

书归正传。经过了 1997 年的上涨，在这一段上涨之中，以当时的水平，看不出什么明显的浪形，后来也就渐渐的淡忘了波浪理论，而且一直到 1999 年 "5·19" 行情以后。

还是觉的波浪理论不准，不合乎中国股市，尤其是上证指数的规律性。其实不然，以波浪理论看那段时间。那是一个大楔形的五浪上涨。如图：325-2245 的楔形第 5 浪

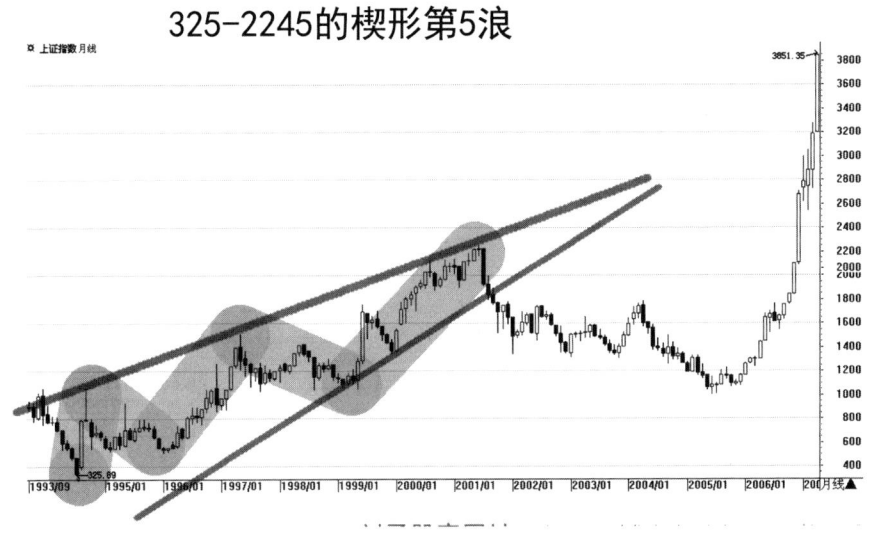

图 13-4

从 325 点一直到 2001 年 2245 点，是一个楔形上涨的第五浪。它是可以走出 5 个 3 波的。是合乎波浪理论语言的。只是当时知道的很少，就觉得怎么也对不上号。

其实在此之间，只是脑子里头会有波浪理论，看到图形像波浪理论就用。数的清就数，数不清就放弃。

况且我已经有了我自己发明的刘子指标系列，就更不愿意用波浪理论了。我是从 1999 年买电脑，回家做股票的。从有电脑以后我就开始研究自己的数学模型，就开始写指标了。而且写了很多，是一个"指标大师"了。

后来也曾经给两家软件公司做过指标的设计师，那时候已经对指标的作用，对形态跟均线的关系等等更为关心。当然这些工具到现在我还在用，并没有放弃。但是我更体系化的主要工具，还是回到了波浪理论上，这是后的话。

之后，一直到 2003 年，我在这段时间，虽然不主要用波浪理论了，但经常还会去考虑到浪形。尽管数不清楚，但还是在努力的想给他数清楚。常常不以交易为目的的数浪，这么数对不对？那么数对不对？

因为怎么数格局好象都不太对。这件事一直困扰着我，困扰到 2003 年。

那时候中国股市正是在一个熊市当中，从见高上证指数 2245 点以后，是振荡向下。我当时是认为，应该在 2003 年的 1 月份，走完了完整的三段式下跌，该进入上涨。如图：2003 年预测图与实际走势图

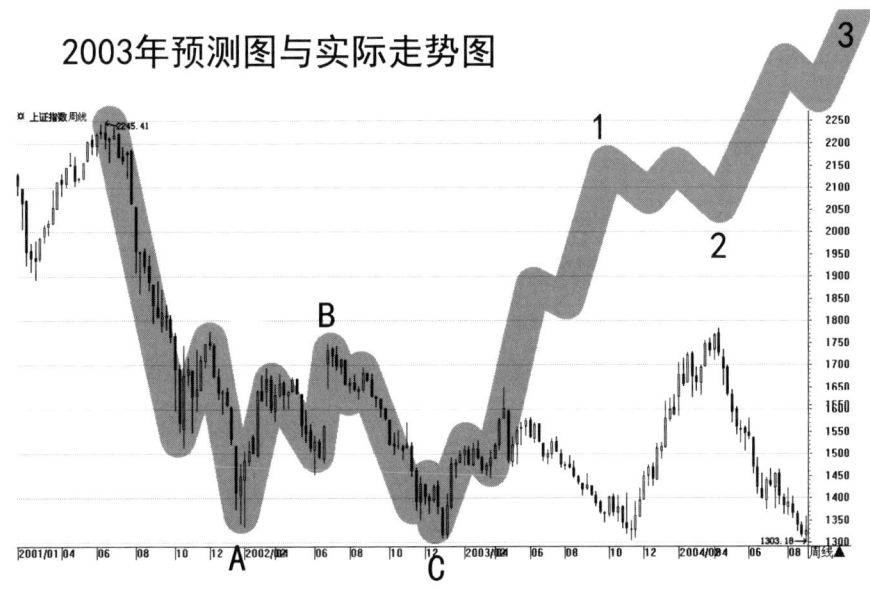

图 13-5

可是之后的上涨很微妙，涨的并不强。之后甚至后来又呈现出三段式上涨，又进入下跌。这时候我终于觉得波浪理论不适合于中国。

那时候我已经在软件公司就职高级分析师，常常给股民讲课。在给股民讲课的时候，有时候会遇到有人在学习波浪理论，我还会给别人打退堂鼓。

对别人讲，波浪理论并不很适合于中国的，为什么呢？因为它是道琼斯指数总结出来的规律，并不一定适合中国。当时还是这么一个态度。

这期间，我彻底的不用波浪理论了。甚至脑子里头都会偶尔的忘掉浪形。尽管想忘忘不掉，因为用的时间太久了，只是总用不好，那时候本着原则就是数的清楚的时候按浪形数，当浪形和我的指标和均线还有形态、趋势发生背离的时候，遵循趋势和指标的指示，就淡化波浪理论了。

其实说起来，这种用法跟我现在的用法，从表面上看还是有一些雷同的。但是本质上是不同的。这就是这本书要展开的一个重要内容。

一直到 2005 年初，那时进入了中国股市的 998 点前的最后的下跌期。

这时候为了找底，我又开始想到了波浪理论。同时，这时候有一个研究了多年的波浪理论的老股友，提示了我一句话："波浪理论很神奇"。

我对这个股友是很信任的，因为这是一个很愿意下工夫研究一件事的人。

他虽然接触波浪理论比我晚，但是他是从大概2000前后一直在研究波浪理论的一个人。我很重视他的话，又开始把波浪理论拣起来，又开始仔细的研读波浪理论的语言，又加以深悟。后来，终于总结出了现在的用法。我发现，原来波浪理论是一种合乎逻辑的语言，来陈述行情波动的逻辑。

任何一种方法，或者说很多方法解释过去，总有偏颇的时候，唯独波浪理论解释过去的浪形全对。

这也要感谢一张图。这是在1999年的时候，我在去参加一个股票的软件的展销会上，我得到了一个1999~2000两年的年历。在这个年历上，画就是上证指数、深圳成指，还有中国的期货指数，以及香港恒生指数的10年的走势图。

我把这张图放在了我卧室的床的正上面。这么多年来，每天我醒来，第一眼看到的都是这张图。

这张图上可以说是走出了所有的浪形，天天就在这里边数浪。我发现，这么多年的行情，用波浪理论语言描述行情，过去的浪形都能够数的清楚。

数不清楚，只是我对这语言可能掌握的不太熟练而已。

艾略特以及其传人，不是不熟练的问题，是太过的教条。这也会在本书中有所阐述。这教条，使他们成为了波浪理论的研究者，而不是应用者。很多研究者同时又是辩护者，总是忙于为自己的预测错误辩护，为波浪理论辩护。

书归正传，继续说我的心得体会。

自此，对波浪理论的应用（我强调一下，是应用），可以说正式的开

第十三讲 波浪理论史以及我和波浪理论的恋爱史

窍了。

这次开始运用这些波浪理论，差不多是从 2005 年开始。

这次再使用波浪理论以来，基本上没有犯过在交易上不能指导行情，甚至发生反作用的错误。

为什么？这也是我们本书要谈到的，我已经不再要求波浪理论"准"了，而是它给我提供一种方法，提供一个范围。

如果说我们不用波浪理论的话，那么未来的行情，就仅说方向，就有涨、跌、盘有三个可能。

那么往前看两步，这就是九种可能：涨后涨，涨后跌，涨后盘，盘后涨，盘后跌，盘后盘，跌后涨，跌后跌，跌后盘。

再看三步，那就是 27 种可能。这里仅仅是说了一个方向的问题，更不要说我们还没有谈到空间的问题，时间的问题。

可是，如果用波浪理论的话，它就能把这么多种可能简化为几种。多则三五种，少则两三种，甚至有时候就只有一种。这是我们后面要说的"重合浪"。

我曾经做这样的比喻：波浪理论中的浪形，就象中国的铁路网。火车往哪儿开？不知道。但肯定的是，它会在轨道上开。有趣的是，从北京出发，无论你要去东北还是山东，都要先经过天津。这就是重合浪。

所以说这就是波浪理论最大的用途，这也是我当前用波浪理论的主要方式。

我现在常说，我是波浪理论大"使"，使用的"使"，不是波浪理论大师，老师的"师"。

本书主要内容是我对波浪理论的心得和我运用的一些经验。但我写下的这些心得，能不能让你得之于心，那就要看你的造化了。

附录

预测是一件多么不可能的事情

戒烟 22 天了。睡眠不好，是一个阶段症状。

我梦见我在上一个节目，编导听说我不预测，就说不能上这个节目了。当时有人劝我，也是这个节目里的人，大意是说，我坚持这样的风格，不如用不负责的预测来欺骗股民更容易。"一点点改变也许就会有巨大的不同"，好像是这么一句话吧？

梦里我就很生气，很反感。刘子股斋也许注定无法成为访问量惊人的博客，因为正像我的学员说的那样，"赢家本来就是少数人"。

预测是一件多么不可能的事情，但却又是一件多么容易在嘴里做到的事情，只要给事后的解释留有余地就可以了，就像算命先生。这就是股神神中神、高手高高手常用的伎俩。

也有一种人，认为自己就是真正的高手，敢于毫不含糊地做板上钉钉式的预测。之后准了一次，或准了一段时间，于是就疯了，再加上媒体的宣传，一个股神就诞生了。但时间不会太长，你方唱罢我登场，走马灯一样。

不过，这倒是一个信号——股神大量产生的时候，往往是牛市的时候。但这种时候，往往也是牛市进入尾声或下半场的时候。

……

本文摘自刘东声的"刘子股斋主人"博客（2014-07-10）博文